今注本二十四史

漢書

漢 班固 撰 唐 顏師古 注

孫曉 主持校注

二 紀〔二〕

中國社會科學出版社

漢書　卷三

高后紀第三

　　高皇后吕氏，[1]生惠帝。佐高祖定天下，父兄及高祖而侯者三人。[2]惠帝即位，尊吕后爲太后。[3]太后立帝姊魯元公主女爲皇后，無子，取後宫美人子名之以爲太子。[4]惠帝崩，太子立爲皇帝，年幼，太后臨朝稱制，[5]大赦天下。迺立兄子吕台、產、禄、台子通四人爲王，[6]封諸吕六人爲列侯。語在《外戚傳》。[7]

　　[1]【顏注】荀悦曰：諱雉之字曰野雞。應劭曰：禮，婦人從夫謚，故稱高也。師古曰：吕后名雉，字娥姁，故臣下諱雉也。姁，音許于反。【今注】吕氏：即劉邦之妻吕雉。《史記》卷九《吕太后本紀》開篇對其經歷有叙述，《漢書》皆移至卷九七《外戚傳》。除本卷外，其事還見於本書卷一《高紀》、卷九七《外戚傳》。

　　[2]【顏注】師古曰：父，謂臨泗侯吕公也。兄，謂周吕侯澤、建成侯釋之。

　　[3]【今注】尊吕后爲太后：《漢書考正》引朱子文説，認爲此“吕后”二字多餘，可删。

　　[4]【今注】美人：秦漢皇帝嬪妃名號。西漢後期制度規定，皇后以外的皇帝妃妾凡分十四等，美人爲第五等，官秩視二千石。

名之以爲太子：惠帝與後宮美人有子，皇后將其名爲己子，而立爲太子。

　　[5]【顏注】師古曰：天子之言，一曰制書，二曰詔書。制書者，謂爲制度之命也，非皇后所得稱。今呂太后臨朝行天子事，斷決萬機，故稱制詔。【今注】稱制：行使皇帝的職權。

　　[6]【顏注】蘇林曰：台，音胞胎。【今注】台産禄：呂台、呂産爲呂后長兄呂澤之子，呂禄爲其次兄呂釋之之子，詳見本書《外戚傳》。查諸《史記·漢興以來諸侯王年表》，惠帝七年（前188），“初置呂國”，高后元年（前187）四月辛卯，呂台獲封呂王，與惠帝子强、不疑封王在同時。又據《史記·呂太后本紀》所載，繼呂台後爲呂王的呂嘉在高后六年被廢，呂産獲封呂王，高后七年遷爲梁王。呂禄於高后七年獲封趙王。呂通於高后八年獲封燕王。獨呂台獲封呂王的時間失載於《呂太后本紀》。

　　[7]【今注】封諸呂六人爲列侯：王先謙《漢書補注》據《史記》指出，高后元年封呂平扶柳侯，呂種沛侯；高后四年封呂他俞侯，呂更始贅其侯，呂忿呂城侯；高后八年封呂莊東平侯。此亦總叙之。呂嬃爲臨光侯，因是女子，不在此六人之數。案，《史記·呂太后本紀》稱惠帝死後，呂后哭而不下淚，張良子辟彊建議丞相上書，令諸呂用事，呂后遂安心，其哭乃哀。《漢書》叙此事於《外戚傳》，其文句略同，然特指“丞相”爲左丞相陳平，未知何據。

　　元年春正月，[1]詔曰：“前日孝惠皇帝言欲除三族皋、妖言令，[2]議未決而崩，[3]今除之。”二月，賜民爵，[4]户一級。初置孝弟、力田，二千石者一人。[5]夏五月丙申，趙王宮叢臺災。[6]立孝惠後宮子强爲淮陽王，[7]不疑爲恒山王，[8]弘爲襄城侯，[9]朝爲軹侯，[10]武爲壺關侯。[11]秋，桃李華。[12]

[1]【今注】案，在此詔之前，《史記》卷九《吕太后本紀》尚叙有吕后欲王諸吕，陳平、周勃支持，王陵反對一事。之後，在十一月，王陵遷爲太傅。《漢書》叙此事於卷四〇《王陵傳》。據本書《百官公卿表》，是年十一月甲子，右丞相王陵爲太傅，左丞相陳平升任右丞相，典客審食其任左丞相。《史記·吕太后本紀》又云"左丞相不治事，令監宫中，如郎中令。食其故得幸太后，常用事，公卿皆因而決事。乃追尊酈侯父爲悼武王，欲以王諸吕爲漸"。《王陵傳》稱此任命用意爲"陽遷陵爲帝太傅，實奪之相權"。王陵在十一月職務發生變動當無疑問。但之前關於王諸吕一事的相關記載尚有爭議，參見後文"高皇帝約"條。

[2]【顏注】師古曰：罪之重者戮及三族，過誤之語以爲妖言，今謂重酷，皆除之。【今注】除三族皋：三族，指父族、母族、妻族。皋，"罪"的異體字。三族罪是一种株連殺害犯法者三族親戚的殘酷法律。因文帝時復有除三族罪之事，而出土張家山漢簡所載高后二年（前186）律令亦有族誅之刑，故學界對此詔令的含義、真實性、實踐情況尚有爭論。（參見〔日〕水間大輔《漢初三族刑的變遷》，《廈門大學學報》2012年第6期；宋潔《西漢法制問題研究》，博士學位論文，湖南大學，2014年） 妖言令：秦漢時罪名之一。妖言即譭謗、妄説之語。《史記》卷八《高祖本紀》載：秦制"誹謗者族，偶語者棄市"。和"三族罪"的爭議相似，依此記載，高后元年已廢妖言令，然《史記》卷一〇《孝文本紀》載文帝二年五月詔書有謂："今法有誹謗妖言之罪，是使衆臣不敢盡情，而上無由聞過失也。將何以來遠方之賢良？其除之。"然則此罪名之廢存當亦存在類似的反復。（參見吕宗力《漢代"妖言"探討》，《中國史研究》2006年第4期；〔日〕大庭脩著，徐世虹等譯《秦漢法制史研究》第三章第三節"誹謗與祅言"，中西書局2017年版）

[3]【今注】崩：古代稱皇帝死爲崩。

[4]【今注】賜民爵：漢代承秦行二十等爵制，以示身份，具體爵名參見本書《百官公卿表上》。其中，第八級公乘與第九級五大夫被認爲是“民爵”與“官爵”的分界，普通民衆與下級吏員賜爵不過公乘，五大夫以上的爵位祇授予六百石以上的官員。由於和平時期賜爵輕濫，至漢末三國，吏民已普遍具有公乘爵，此爵制已名存實亡。（參見凌文超《漢初爵制結構的演變與官、民爵的形成》，《中國史研究》2012 年第 1 期）

[5]【顔注】師古曰：特置孝弟、力田官而尊其秩，欲以勸屬天下，令各敦行務本。【今注】孝弟力田：孝弟，又作“孝悌”，指孝於父母、禮敬兄長者。力田，指勤於農事者，本書卷一〇《成紀》所謂“先帝劭農，薄其租稅，寵其彊力，令與孝弟同科”是也。皆爲鄉官。《後漢書》卷三《章帝紀》李賢注云：“三老、孝悌、力田，三者皆鄉官之名。三老，高帝置，孝悌、力田，高后置，所以勸導鄉里，助成風化也。”今案，此言孝弟力田爲“初置”，然惠帝四年（前 191）春正月已有“舉民孝弟力田者復其身”。兩處記載似相矛盾。蓋惠帝時孝弟力田並非常設選舉之科，故此處方言“初置”。相關研究認爲，惠帝、呂后時的孝弟、力田僅是爲民表率，或免除賦稅，或給予賞賜，而並無鄉官身份。其鄉官身份在文帝時方被確立起來。（參見黄留珠《西漢前期人事制度的改革》，《西北大學學報》1983 年第 2 期）　二千石：漢朝二千石爲中央政府機構的列卿，及地方州牧郡守、諸侯王國相等。又可細分爲中二千石、二千石、比二千石三等。據本書《百官公卿表》顔師古注，中二千石者月各百八十斛，二千石者百二十斛，比二千石者百斛。《續漢書·百官志五》所載與此略同。根據張家山漢簡《秩律》與《新書》《史記》等傳世文獻，閻步克先生又指出漢初祇有二千石，並無中二千石等細分等級，最早的中二千石的記載出現在文帝死後景帝發布的詔書中。楊振紅先生則進一步認爲中二千石的官位是文帝時在賈誼的建議下設立的，是爲了區別漢廷官員與

諸侯官員之地位。而早期中二千石官員亦不止《百官公卿表》所載諸官，如内史、主爵都尉均曾列於中二千石。案，石，漢代度量衡單位，有兩義：一爲重量單位，合一百二十斤。二爲容量單位，合十斗，亦即一斛。馬彪等先生指出，"石"本爲官方重量單位，合十斗的官方容量單位爲"桶（甬）"。因一石重的禾黍可得十斗糙米，一石重的稻禾可得十斗稻米，故實踐中有將十斗稱爲"石"的習慣。王莽時以"斛"作爲合十斗的官方容量單位，此後容量單位"石"便逐漸淡出了。然則根據前文顏注所引二千石的俸禄換算，二千石當指二千石（容量單位）容積的米，抑或二千石重（重量單位）的禾，其餘官秩與此相類。又案，陳夢家先生根據傳世與出土文獻指出，雖然西漢承秦制，官俸以"石"爲名，但主要是代表官秩，實際發俸實以錢爲主。至王莽後期，變爲以穀爲主，東漢則爲半錢半穀，而以穀數爲標準。前文所引顏注所舉具體官俸，當出自東漢之材料，且亦祇是一種計算標準，並非兩漢官俸的實際發放情況。（參見閻步克《〈二年律令·秩律〉的中二千石秩級闕如問題》，《河北學刊》2003年第5期；楊振紅《出土簡牘與秦漢社會（續編）》，廣西師範大學出版社2015年版，第51—57頁；馬彪、林力娜《秦、西漢容量"石"諸問題研究》，《中國史研究》2018年第4期；陳夢家《漢簡所見奉例》，《文物》1963年第5期）

一人：錢大昭《漢書辨疑》指出，此處意爲令兩千石各舉一人，顏師古理解有誤。今案，中華書局1962年版《漢書》中，此句連讀作"初置孝弟力田二千石者一人"，所從當爲顏師古說。然細揣文意，似當以錢大昭說爲長，故此處按錢大昭所釋文意進行標點。又案，夏五月紀事之前，《史記·呂后本紀》尚云："四月，太后欲侯諸呂，迺先封高祖之功臣郎中令無擇爲博城侯。魯元公主薨，賜謚爲魯元太后。子偃爲魯王。魯王父，宣平侯張敖也。封齊悼惠王子章爲朱虛侯，以呂禄女妻之。齊丞相壽爲平定侯。少府延爲梧侯。乃封呂種爲沛侯，呂平爲扶柳侯，張買爲南宫侯。"

[6]【顏注】師古曰：連聚非一，故名叢臺。蓋本六國時趙

王故臺也，在邯鄲城中。【今注】叢臺：戰國時趙國所建，數臺相連，故名，其遺址在今河北邯鄲市叢臺公園內。 災：此指火災。《左傳》宣公十六年有云"凡火，人火曰火，天火曰災"。叢臺之災在本書《五行志》中亦有記載："高后元年五月丙申，趙叢臺災。劉向以爲是時呂氏女爲趙王后，嫉妒，將爲讒口以害趙王。王不疵焉，卒見幽殺。"漢時天人感應思想盛行，劉向乃將此事與呂后七年趙王友被幽殺一事相聯繫。班固將此事錄入本紀，其意當亦在强調此種思想。

[7]【顏注】如淳曰：《外戚恩澤侯表》曰"皆呂氏子也，以孝惠子侯"。晉灼曰：《漢注》名長。韋昭曰：今陳留郡。【今注】淮陽：諸侯王國名。治陳縣（今河南淮陽縣）。

[8]【顏注】如淳曰：今常山也，因避文帝諱改曰常。【今注】恒山：諸侯王國名、郡名。因避漢文帝諱，後改名爲常山。治元氏（今河北元氏縣西北）。

[9]【今注】襄城：侯國名。治所在今河南襄城縣。

[10]【顏注】師古曰：軹，音"只"。【今注】軹：侯國名、縣名。治所在今河南濟源市南。

[11]【今注】壺關：侯國名、縣名。治所在今山西長治市北。案，據《史記·惠景閒侯者年表》，弘、朝、武封侯在四月辛卯，又據《史記·漢興以來諸侯王年表》，强、不疑封王亦在四月辛卯。此外，同日呂台亦獲封爲呂王。本書移三王之封至《異姓諸侯王表》，移三侯之封至《外戚恩澤侯表》。其意當是爲了符合"誅呂"之後漢廷的官方説法，從形式上否定强等之皇室血統。又案，惠帝諸子名字、爵位多有變化，本卷對此記載疏略，表述不甚清楚。今案，惠帝共七子見於記載。一爲太子，即前少帝，後被廢殺；二名彊（强），封淮陽王，早夭；三名不疑，封恒山王（常山王），早夭；四名山，封襄城侯，後更名義，不疑死後封恒山王（常山王），又更名弘，爲後少帝；五名朝，初封軹侯，弘爲帝後封恒山王（常

山王）；六名武，初封壺關侯，彊死後封淮陽王；七名太，初封平
昌侯，後封吕王，又更名吕爲濟川，是爲濟川王，功臣誅諸吕之後
又徙封其於梁。太子身世，前文明言是"皇后取後宫美人子名之"。
强等身世，此處亦明言爲"孝惠後宫子"。至功臣誅諸吕後，相與
"陰謀"，乃忽有"非惠帝子"之説。《史》《漢》叙此事，其微意
甚明。對此問題進行過專門研究的學者絶少信此説。又案，《史記》
認爲封劉强等爲王是"太后欲王吕氏"的手段。在叙述封劉强等事
後，乃云"太后風大臣，大臣請立酈侯吕台爲吕王，太后許之。建
成康侯釋之卒，嗣子有罪，廢，立其弟吕禄爲胡陵侯，續康侯後"。

　　［12］【今注】桃李華：桃樹、李樹開花。桃、李開花本當在
春季，此次在秋季開花，故被視爲異象。

　　二年春，[1]詔曰："高皇帝匡飭天下，[2]諸有功者皆
受分地爲列侯，[3]萬民大安，莫不受休德。[4]朕思念至
於久遠而功名不著，亡以尊大誼、施後世。今欲差次
列侯功以定朝位，[5]臧于高廟，[6]世世勿絶，嗣子各襲
其功位。其與列侯議定奏之。"　丞相臣平言：[7]"謹與
絳侯臣勃、[8]曲周侯臣商、[9]潁陰侯臣嬰、[10]安國侯臣
陵等議，[11]列侯幸得賜餐錢奉邑，[12]陛下加惠，以功
次定朝位，[13]臣請臧高廟。"奏可。春正月乙卯，地
震，羌道、[14]武都道山崩。[15]夏六月丙戌晦，日有蝕
之。[16]秋七月，恒山王不疑薨。[17]行八銖錢。[18]

　　［1］【今注】春：王先謙《漢書補注》引蘇輿説，認爲下文既
云"春正月"，則此"春"當作"冬"。《功臣表》載此事亦未言發
生在何季節。今案，據《史記》卷九《吕太后本紀》記載，是年
冬"十一月，吕王台薨，謚爲肅王，太子嘉代立爲王"。

［2］【顏注】師古曰：匡，正也。飭，整也。"飭"讀與"勅"同，其字從"力"。

［3］【顏注】師古曰：分，音扶問反。

［4］【顏注】師古曰：休，美也，音虛虯反。他皆類此。

［5］【顏注】師古曰：以功之高下爲先後之次。【今注】差次列侯功以定朝位：王先謙《漢書補注》引王先慎說，指出高祖時已排定元功蕭、曹等十八人位次，此復詔盡排列列侯之功，欲以恩結列侯。

［6］【今注】高廟：即高祖廟，又稱"太祖廟"，是祭祀開國皇帝劉邦的宗廟。西漢新帝即位，須拜謁高祖廟，以宣示自己的合法性和正統性。霍光廢昌邑王時，即曾以"未見命高廟"爲由。惠帝時始設，地方諸郡國皆立。據《三輔黃圖》，京師高廟在長安城安門街東。（參見劉慶柱、李毓芳《關於西漢帝陵形制諸問題的探討》，《考古與文物》1985 年第 5 期）

［7］【顏注】師古曰：陳平。【今注】平：陳平。傳見本書卷四〇。

［8］【顏注】師古曰：周勃。【今注】絳：侯國名、縣名。治所在今山西侯馬市東鳳城古城。高祖六年（前 201）封周勃爲絳侯，文帝後元元年（前 163）國除，復爲縣。平帝元始二年（2）紹封絳侯國。 勃：周勃。傳見本書卷四〇。

［9］【顏注】師古曰：酈商。【今注】曲周：縣名。治所在今河北曲周縣東。高祖六年封酈商爲曲周侯，景帝中元元年（前 149）國除。武帝建元四年（前 137）置縣。 商：酈商。傳見本書卷四一。

［10］【顏注】師古曰：灌嬰。【今注】潁陰：侯國名、縣名。治所在今河南許昌市。 嬰：灌嬰。傳見本書卷四一。

［11］【顏注】師古曰：王陵。【今注】安國：侯國名、縣名。治所在河北安平縣東北。 陵：王陵。傳見本書卷四〇。

[12]【顔注】應劭曰：“飱”與“飧”同。諸侯四時皆得賜飱錢。文穎曰：飧，邑中更名算錢，如今長吏食奉，自復膝錢，即租奉也。韋昭曰：孰食曰飧，酒肴曰錢，粟米曰奉。税租奉禄，正所食也。四時得間賜，是爲飧錢。飧，小食也。師古曰：“飱”“飧”同一字耳，音于安反。飧，所謂吞食物也。餐錢，賜厨膳錢也。奉邑，本所食邑也。奉，音扶用反。【今注】賜餐錢奉邑：沈欽韓《漢書疏證》指出，唐於月俸之外，諸司各有食料錢，此制或肇於漢。

[13]【顔注】如淳曰：功大者位在上。《功臣侯表》有第一、第二之次。

[14]【顔注】服虔曰：縣有夷蠻曰道。師古曰：羌道屬隴西郡。【今注】羌道：屬隴西郡。治所在今甘肅舟曲縣北。道，有少數民族聚居的縣級行政區劃。

[15]【顔注】師古曰：武都道屬武都郡。【今注】武都道：屬武都郡，治所在今甘肅西和縣西南。王先謙《漢書補注》認爲，西漢時此地爲武都縣，東漢時方改爲武都道。因而此“道”字當爲衍。

[16]【今注】晦：農曆每月最末一日。　日有蝕之：查諸日食表，呂后二年似無日食（參見張培瑜《三千五百年曆日天象》，大象出版社1997年版）。

[17]【今注】薨：古稱諸侯去世爲薨。案，沈欽韓《漢書疏證》指出，根據《史記》與荀悦《漢紀》，不疑死後，以其弟襄城侯山爲常山王，更名義（即後少帝弘）。他認爲這裏是傳寫脱落。今案，後文弘爲後少帝，亦不書朝爲恒山王；强死後亦不書武爲淮陽王，顯見非傳寫脱落，實爲《漢書》原文疏於記載。又，《史記·呂太后本紀》將此事記於十一月呂王台去世之前，與此不同。

[18]【顔注】應劭曰：本秦錢，質如周錢，文曰“半兩”，重如其文，即八銖也。漢以其太重，更鑄莢錢，今民間名榆莢錢

是也。民患其太輕，至此復行八銖錢。

三年夏，江水、漢水溢，[1]流民四千餘家。[2]秋，星晝見。

[1]【今注】江水：長江。
[2]【顏注】師古曰：水所漂沒也。

四年夏，少帝自知非皇后子，出怨言，[1]皇太后幽之永巷。[2]詔曰：“凡有天下治萬民者，[3]蓋之如天，容之如地；上有驩心㠯使百姓，[4]百姓欣然㠯事其上，驩欣交通而天下治。今皇帝疾久不已，[5]迺失惑昏亂，不能繼嗣奉宗廟，守祭祀，[6]不可屬天下。[7]其議代之。”[8]群臣皆曰：“皇太后爲天下計，[9]所以安宗廟社稷甚深。頓首奉詔。”[10]五月丙辰，立恒山王弘爲皇帝。[11]

[1]【今注】出怨言：據《史記》卷九《呂太后本紀》記載，呂后在令張皇后認前少帝爲子的同時“殺其母”。故前少帝聲言“壯即爲變”，因此被呂后廢殺。本書移此事至卷九七上《外戚傳上》。
[2]【顏注】如淳曰：《列女傳》周宣姜后“脫簪珥，待罪永巷”。後改爲掖庭。師古曰：永，長也。本謂宮中之長巷也。【今注】幽之永巷：幽，囚禁。永巷，《三輔黃圖》卷六：“永巷，永，長也。宮中之長巷，幽閉宮女之有罪者。武帝時改爲掖庭，置獄焉。”王先謙《漢書補注》據《史記》，指出前少帝爲太后幽殺。
[3]【今注】萬民：《史記·呂太后本紀》在“萬民”後多一

“命”字。《集解》注引徐廣云：“一無此字。”

［4］【今注】驩：“歡”的異體字。　呂使百姓：《史記·呂太后本紀》作“以安百姓”。

［5］【今注】疾久不已：已，此處指病愈。《史記·呂太后本紀》作“病久不已”。

［6］【今注】案，《史記·呂太后本紀》此句作“不能繼嗣奉宗廟祭祀”。

［7］【顏注】師古曰：屬，委也，音之欲反。

［8］【今注】其議代之：《史記·呂太后本紀》作“其代之”。

［9］【今注】爲天下計：《史記·呂太后本紀》作“爲天下齊民計”。

［10］【今注】社稷：本指古代帝王祭祀的土地神（社）和穀神（稷），常用來代指國家。　頓首奉詔：《史記·呂太后本紀》作“群臣頓首奉詔”。

［11］【顏注】晉灼曰：《史記》惠帝元年“子不疑爲常山王，子山爲襄城侯”；二年“常山王薨”，即不疑也；“以弟襄城侯山爲常山王，更名義。丙辰，立常山王義爲帝。義更名弘。”《漢書》一之，書弘以爲正也。師古曰：即元年所立弘爲襄城侯者，晉説是也。【今注】立恒山王弘爲皇帝：劉弘稱帝前經歷見晉灼説。又據《史記·呂太后本紀》，劉弘即位後，以軹侯朝爲常山王（即恒山王，避文帝諱改）。案，《史記·呂太后本紀》此年還有“置太尉官，絳侯勃爲太尉”的記載。然此記載似與《呂太后本紀》前文所載陳平、周勃支持呂后王諸呂一事相矛盾。《史記》卷五七《絳侯周勃世家》及本書卷四〇《周勃傳》、卷一九《百官公卿表》皆載周勃爲太尉在惠帝六年（前189），與此不同。

五年春，[1]南粵王尉佗自稱南武帝。[2]秋八月，淮陽王彊薨。[3]九月，發河東、上黨騎屯北地。[4]

[1]【今注】五年:《史記》卷九《吕太后本紀》云:"不稱元年者，以太后制天下事也。"

[2]【顏注】韋昭曰:生以武爲號，不稽古也。師古曰:此說非也。成湯曰"吾武甚"，因自號武王。佗言武帝亦猶是耳，何謂其不稽古乎!【今注】南粤:又作"南越"，國名。都番禺(今廣東廣州市番禺區)。秦始皇統一六國後，進軍嶺南，設桂林、南海、象郡三郡。秦末天下大亂，南海龍川令趙佗乃割據三郡，稱南越王。高祖十一年(前196)，封趙佗爲南越王。在漢初，南越一度與匈奴並稱，被視爲漢廷强敵。武帝元鼎五年(前112)，南越國相呂嘉殺國王和漢使，武帝派兵征討平定。　尉佗:即趙佗。又作"趙它"。真定縣(今河北石家莊市)人。本爲秦吏，秦始皇統一六國後，趙佗先後輔佐屠睢、任囂南征，後任南海郡龍川縣(今廣東龍川縣西)縣令，秦二世時，受南海尉任囂委託，行南海郡尉之職，故又稱"尉佗"。秦亡，中原混亂之際，併桂林、象郡等地爲南越國，稱南越王。漢高祖遣陸賈出使南越之後，趙佗接受漢廷册命，南越爲漢之邊藩。吕后執政時期，雙方交惡，趙佗自號南越武帝。文帝時復遣陸賈出使，南越去帝號而稱臣，重新接受漢廷册命。事見本書卷九五《南粤傳》。關於趙佗去世時間，《史記》卷一一四《南越列傳》云"至建元四年卒。佗孫胡爲南越王"。然建元四年(前137)據秦末漢初太過久遠，如《史記索隱》引皇甫謐說所言，彼時趙佗若在世，已百餘歲。本書卷九五《南粤傳》錄《史記》之記載，則無"卒"字。因此，不少學者對"建元四年"這一記載提出質疑，認爲"卒"字爲衍。有觀點認爲，廣州象崗發現的南越王墓墓主文王趙眛當爲趙佗之子，在趙佗之後、趙胡之前爲南越王，而史失於載(參見張夢晗《南越"文帝"宜爲趙佗子》，載《形象史學研究(2017/上半年)》，社會科學文獻出版社2017年版)。案，此次趙佗稱帝，起因爲"有司請禁粤關市鐵器"，趙佗乃歸咎於長沙王之讒言，遂稱帝，並北侵長沙國。

[3]【今注】淮陽王彊薨：據《史記·呂太后本紀》，劉彊死後，以壺關侯武爲淮陽王。

[4]【今注】河東：郡名。治安邑（今山西夏縣西北）。　上黨：郡名。治長子（今山西長子縣西南）。　北地：郡名。治義渠（今甘肅寧縣西北）。

六年春，星畫見。[1]夏四月，赦天下。秩長陵令一千石。[2]六月，城長陵。[3]匈奴寇狄道，攻阿陽。[4]行五分錢。[5]

[1]【今注】案，據《史記》卷九《呂太后本紀》記載，是年年初，十月，呂王嘉因“居處驕恣”被廢。其叔父呂產受封爲呂王。

[2]【顏注】應劭曰：長陵，高祖陵，尊之，故增其令秩也。【今注】長陵：縣名。屬左馮翊。治所在今陝西咸陽市渭城區韓家灣鄉怡魏村。本指漢高祖劉邦陵墓（遺址在今陝西咸陽市窑店鎮三義村北），高祖十二年（前195）因陵置縣。初屬太常，元帝永光三年（前41）改屬左馮翊。（參見劉慶柱、李毓芳《西漢十一陵》，陝西人民出版社1987年版；焦南峰等《西漢長陵、陽陵GPS測量簡報》，《考古與文物》2006年第6期）

[3]【顏注】張晏曰：起縣邑，故築城也。師古曰：此説非也。《黃圖》云：“長陵城周七里百八十步，因爲殿垣，門四出，及便殿、掖庭、諸官寺，皆在中。”是即就陵爲城，非止謂邑居也。

[4]【顏注】師古曰：狄道，屬隴西。阿陽，天水之縣也。今流俗書本或作“河陽”者，非也。【今注】狄道：屬隴西郡。治所在今甘肅臨洮縣。　阿陽：縣名。治所在今甘肅靜寧縣西南。

[5]【顏注】應劭曰：所謂莢錢者。【今注】案，據《史記》，

是年齊王劉肥之子劉興居獲封東牟侯。

　　七年冬十二月，匈奴寇狄道，略二千餘人。[1]春正月丁丑，趙王友幽死于邸。[2]己丑晦，日有蝕之，[3]既。[4]以梁王呂產爲相國，趙王禄爲上將軍。[5]立營陵侯劉澤爲琅邪王。[6]夏五月辛未，詔曰：“昭靈夫人，太上皇妃也；[7]武哀侯、宣夫人，[8]高皇帝兄、姊也。[9]號謚不稱，其議尊號。”丞相臣平等請尊昭靈夫人曰昭靈后，[10]武哀侯曰武哀王，宣夫人曰昭哀后。六月，趙王恢自殺。[11]秋九月，[12]燕王建薨。[13]南越侵盗長沙，[14]遣隆慮侯竈將兵擊之。[15]

　　[1]【今注】略：通“掠”。搶劫，奪取。殿本作“畧”。

　　[2]【今注】趙王友：劉邦之子，此年正月來長安朝見。因與呂后所配諸呂女不睦，乃被讒殺，以平民禮儀葬之於長安平民墳墓之旁。傳見本書卷三八。劉邦共八子，《史記》卷九《呂太后本紀》言之甚詳，《漢書》略加修改，移之於卷三八《高五王傳》。然修改以後，對此卷之理解頗有影響，故録此段文字如下：“高祖八子：長男肥，孝惠兄也，異母，肥爲齊王；餘皆孝惠弟，戚姬子如意爲趙王，薄夫人子恒爲代王，諸姬子子恢爲梁王，子友爲淮陽王，子長爲淮南王，子建爲燕王。”

　　[3]【今注】日有蝕之：《史記·呂太后本紀》記載此次日食云“晝晦。太后惡之，心不樂，乃謂左右曰：‘此爲我也。’”

　　[4]【今注】既：即日全食。查諸日食表，公元前181年3月4日，亦即呂后七年正月己丑確有日食，西安地區食甚時刻爲下午3時25分，食分高達0.99，與此記載相合（參見張培瑜《三千五百年曆日天象》）。

[5]【今注】梁：諸侯國名。都睢陽縣（今河南商丘市睢陽區）。　上將軍：戰國時魏、秦、燕、齊等國皆置，西漢沿置。爲督軍征戰的主帥，一説爲前軍之將。位極尊。案，《漢書考正》引劉放説，指出據本書卷九七《外戚傳》，呂産爲相國、呂禄爲上將軍在呂后臨終時，此記録當誤。今案，《史記·呂太后本紀》是年二月的記載爲“徙梁王恢爲趙王。呂王産徙爲梁王，梁王不之國，爲帝太傅。立皇子平昌侯太爲呂王。更名梁曰呂，呂曰濟川。”又載，是年秋，“太傅産”與丞相陳平請封呂禄爲“趙王”。然則劉放説是，呂産此時所任非相國，應爲太傅。且呂禄此時亦尚未受封趙王。

[6]【今注】營陵：侯國名、縣名。治所在今山東昌樂縣東南。　劉澤：劉邦族弟。傳見本書卷三五。　琅邪：王國名、郡名。治東武（今山東諸城市）。案，據《史記》卷五一《荆燕世家》記載，劉澤封琅邪王全因謀士田生運作。然《史記·呂太后本紀》云：“太后女弟呂嬃有女爲營陵侯劉澤妻，澤爲大將軍。太后王諸呂，恐即崩後劉將軍爲害，乃以劉澤爲琅邪王，以慰其心。”而本書卷三五劉澤本傳雖録田生之事，却仍特地添加了一句“又太后女弟呂須女亦爲營陵侯妻”，可見班固亦認爲此爲其獲封琅邪王之關鍵。

[7]【今注】昭靈夫人：劉邦生母，《史記》卷八《高祖本紀》稱爲“劉媪”者。王雲度先生據“太上皇妃”這一稱號及其他論據，指出劉媪與劉太公當已離異，太公正妻爲劉交之母（參見王雲度《劉邦血親析疑》，《中國史研究》1997年第4期）。

[8]【今注】武哀侯：劉邦長兄，早年去世。

[9]【顔注】如淳曰：皆追謚。

[10]【今注】丞相臣平：即陳平。

[11]【今注】趙王恢：劉邦之子，本爲梁王，在趙王友死後徙封趙王。因與呂后所配諸呂女不睦，而抑鬱自殺，傳見本書卷三八。案，《史記·呂太后本紀》此處尚有云“宣平侯張敖卒，以子

偃爲魯王，敖賜謐爲魯元王"。

[12]【今注】秋：《史記·吕太后本紀》此處有記載云："秋，太后使使告代王，欲徙王趙。代王謝，願守代邊。太傅産、丞相平等言，武信侯吕禄上侯，位次第一，請立爲趙王。太后許之，追尊禄父康侯爲趙昭王。"　九月：錢大昭《漢書辨疑》指出，荀悦《漢紀》作"八月"。王先謙《漢書補注》引蘇輿説，指出《史記》《資治通鑑》皆作"九月"，當是《漢紀》爲誤。

[13]【今注】燕：諸侯國名。都薊（今北京西南）。　建：劉邦之子。傳見本書卷三八。案，《史記·吕太后本紀》稱"（燕王建）有美人子，太后使人殺之，無後，國除"。本書《外戚傳》亦稱吕后殺"燕王建子"。然"美人子"非嫡子，本無繼承王位之資格，吕后欲奪其國亦無需殺其子。趙王友爲吕后所害，然其子劉遂、劉辟彊尚皆未被害，似無專害燕王建子之理。其後齊王劉襄起兵檄文亦僅云吕后"殺三趙王，滅梁、趙、燕"，而不言殺燕王建子一事。

[14]【今注】長沙：諸侯王國名。治臨湘（今湖南長沙市）。案，漢廷此次南征，戰況並不順利，士兵不適應當地暑溼氣候，瘟疫流行，以致"兵不能隃領"，綿延至高后駕崩，乃回軍。至文帝繼位，方復與南越修好。參見本書卷九五《南粵傳》。

[15]【顔注】應劭曰：竈姓周，高祖功臣也。隆慮，今林慮也，後避殤帝諱，故改之。師古曰：慮，音"廬"。【今注】隆慮：一作"臨慮"。侯國名、縣名。治所在今河南林縣。東漢時避殤帝諱，改名"林慮"。

八年春，[1]封中謁者張釋卿爲列侯。[2]諸中官、宦者令丞皆賜爵關内侯，食邑。[3]夏，江水、漢水溢，流萬餘家。[4]

[1]【今注】八年：《史記》卷九《呂太后本紀》有云："十月，立呂肅王子東平侯呂通爲燕王，封通弟呂莊爲東平侯。" 春：王先謙《漢書補注》據《外戚恩澤侯表》，指出張釋卿獲封於四月丁酉，已是夏，非春。王氏認爲，或是於春時興封侯之議，至四月方正式獲封。今案，《史記·呂太后本紀》是年三月紀事云"三月中，呂后祓，還過軹道，見物如蒼犬，據高后掖，忽弗復見。卜之，云趙王如意爲祟。高后遂病掖傷"。《漢書》移此事至《五行志》。此事直接導致呂后的去世。在呂后病掖傷之後，去世之前，尚有記載云"高后爲外孫魯元王偃年少，蚤失父母，孤弱，乃封張敖前姬兩子，侈爲新都侯，壽爲樂昌侯，以輔魯元王偃。及封中大謁者張釋爲建陵侯，呂榮爲祝茲侯。諸中宦者令丞皆爲關內侯，食邑五百户"。其所載張釋卿獲封既在呂后病後，與"四月"之記載更爲相近。

[2]【顏注】孟康曰：宦官也。如淳曰：《百官表》謁者掌賓贊受事。灌嬰爲中謁者。後常以閹人爲之。諸官加中者，多閹人也。【今注】謁者：職官名。春秋戰國已有，秦、漢承之。西漢時掌賓贊受事，郎中令（光禄勳）屬官，員七十人，秩比六百石。
張釋卿：《漢書考證》齊召南，指出《恩澤侯表》作"張釋"，《燕王劉澤傳》作"張卿"。錢大昭《漢書辨疑》指出，《史記》表及《後漢書》卷三〇下《襄楷傳》作"張澤"。王先謙《漢書補注》指出，本書卷九四《匈奴傳》作"張澤"，《史記·呂太后本紀》作"中大謁者張釋"。之所以有此歧異，他認爲是由於古時"釋""澤"通假。而"卿"則爲美稱，若言某"甫"。

[3]【顏注】如淳曰：列侯出關就國，關內侯但爵耳。其有加異者，與之關內之邑，食其租税。《宣紀》曰"德、武食邑也"（蔡琪本、大德本、殿本作"也"前有"是"字）。師古曰：諸中官，凡閹人給事於中者皆是也。宦者令丞，宦者署之令丞。【今注】中官：陳直《漢書新證》："王后屬官，統稱爲中官。《貞松堂

集古遺文》補遺卷下、三頁，有王后中官鼎，蓋宦者爲之。" 宦者令丞：宦爲星座名，宦者四星在帝座之西，故轉用爲帝王近幸者的稱謂。宦者是古代專供君主及其家族役使的人員，西漢宦者並不都是閹人，自東漢始，均爲閹人擔任。陳直《漢書新證》指出："各宮皆有宦者，因宮殿名稱而異，統屬於少府宦者令丞。"可見宦者令丞歸少府管理，主要職責爲統領宦者。 關内侯：秦置二十等爵，漢沿襲，關内侯爲第十九級。一般關内侯無具體封土而享受租稅收入，此處特言食邑，屬於特殊待遇。

[4]【今注】案，王先謙《漢書補注》指出，本書《五行志》亦記此水災事，作"漢中、南郡水復出，流六千餘家。南陽沔水流萬餘家"。

秋七月辛巳，皇太后崩于未央宮。[1]遺詔賜諸侯王各千金，將相列侯下至郎吏各有差。大赦天下。[2]

[1]【今注】皇太后崩：《史記》卷九《呂太后本紀》及本書《五行志》皆言呂后因是年三月發生的"犬禍"而病死。有學者認爲，相關記載中所謂"見物如蒼犬"實即蒼犬。呂后被蒼犬咬傷，最終死於狂犬病發（參見閻愛民、馬孟龍《呂后"病犬禍而崩"新説——從醫療史的視角對呂后之死史料的解釋》，《南開學報》2007年第2期）。又，據《史記·呂太后本紀》記載，呂后臨終前，令呂禄主北軍，呂産居南軍，勿送喪，以防大臣爲變。《漢書》移至《外戚傳》，然文字略有修改。《呂太后本紀》云："我即崩，帝年少，大臣恐爲變。"《外戚傳》則云"我即崩，恐其爲變"。呂后死後，葬於漢高祖長陵。 未央宮：漢正宮。在秦章臺基礎上修建，位於漢長安城地勢最高的西南角龍首原上，因在長安城安門大街之西，又稱西宮。（參見李毓芳《漢長安城未央宮的考古發掘與研究》，《文博》1995年第3期；陳蘇鎮《未央宮四殿考》，《歷史

研究》2016 年第 5 期）

　　[2]【今注】郎吏：官名。或稱郎官、郎。漢九卿之一郎中令
（光禄勳）屬官，掌守皇宫門户，出行充皇帝車騎。有議郎、中郎、
侍郎、郎中等。秩自比六百石至比三百石不等，無定員。案，除以
上諸事外，據《史記》記載，在吕后死後，漢廷還有如下職位變
動："以吕王産爲相國，以吕禄女爲帝后。高后已葬，以左丞相審
食其爲帝太傅。"

　　上將軍禄、相國産顓兵秉政，[1]自知背高皇帝
約，[2]恐爲大臣諸侯王所誅，[3]因謀作亂。[4]時齊悼惠
王子朱虚侯章在京師，[5]以禄女爲婦，知其謀，[6]迺使
人告兄齊王，[7]令發兵西。章欲與太尉勃、丞相平爲内
應，[8]以誅諸吕。齊王遂發兵，[9]又詐琅邪王澤發其國
兵，并將而西。[10]産、禄等遣大將軍灌嬰將兵擊之。
嬰至滎陽，[11]使人諭齊王與連和，待吕氏變而共
誅之。[12]

　　[1]【顔注】師古曰：顓，讀與專同。【今注】顓兵秉政：王
先謙《漢書補注》據《史記》，指出高后病重時，已令吕禄爲上將
軍，居北軍；吕産居南軍。今案，據《史記》卷五七《絳侯周勃
世家》記載，當時"勃爲太尉，不得入軍門。陳平爲丞相，不得任
事"，功臣與諸吕的矛盾由此激化。

　　[2]【顔注】師古曰：非劉氏而王，非有功而侯。【今注】自
知背高皇帝約：此句《史記》卷九《吕太后本紀》無。高皇帝約，
即所謂"白馬之盟"。較詳細的記載見於本書卷四〇《王陵傳》所
載王陵語："高皇帝刑白馬而盟曰：'非劉氏而王者，天下共擊之。'
今王吕氏，非約也。"此盟約亦被視爲"誅吕"的合法性之一。但

有學者對此記載提出了質疑。其中，劉鳴指出，高祖十二年三月詔書尚云“其有功者上致之王，次爲列侯，下乃食邑……吾於天下賢士功臣，可謂亡負矣”。時距劉邦去世不過兩個月。而其後周勃、陳平被派去捉拿樊噲，亦無參與所謂“白馬之盟”的時間。此一時間論據頗爲有力。（參見劉鳴《白馬之盟真僞辨》，載《秦漢研究》第 6 輯，陝西人民出版社 2012 年版；葉少飛、田志勇《“白馬盟約”辯疑》，載《史記論叢》第十集，中國文史出版社 2013 年版）

[3]【今注】恐爲大臣諸侯王所誅：《史記·呂太后本紀》此句作“畏高帝故大臣絳、灌等”。諸侯王，《漢書考正》宋祁引蔡邕説，稱皇子封爲王者，相當於古諸侯，又加號稱王，故云諸侯王。封爲侯者，稱之爲諸侯。

[4]【今注】因謀作亂：觀之後諸呂面臨變亂時之行事，可謂毫無章法，呂禄所爲更與紈絝無異，是知諸呂固有弄權之實，然並無“作亂”之心。近現代研究者多棄所謂諸呂“作亂”之説不采。（參見呂思勉《秦漢史》，上海古籍出版社 2005 年版，第 67 頁；安作璋《論呂后》，《山東師範學院學報》1962 年）

[5]【今注】齊悼惠王：即劉邦長子劉肥。　朱虛：縣名。治所在今山東臨朐縣東南。高后二年（前 186）封齊悼惠王子劉章爲朱虛侯，文帝二年（前 178）國除爲縣。　章：劉章，劉肥之子。在“誅呂”一事中出力甚多，文帝繼位後獲封爲城陽王，去世後謚爲“景”。在其去世後，或因其在誅諸呂過程中的傳奇表現及其所獲不甚公平的待遇，“城陽景王”成爲齊地的重要信仰。此信仰貫穿兩漢，興旺不絶。直至東漢末年，被當作“淫祠”打擊，方告衰微。（參見張華松《漢代城陽景王神崇拜始末考》，載《齊魯文化研究》第 3 輯）

[6]【今注】知其謀：《史記·呂太后本紀》作“陰知其謀。恐見誅”。

[7]【今注】齊王：齊哀王劉襄，劉邦長子劉肥之子。

[8]【今注】太尉：官名。漢三公之一。掌管軍事，爲武官

之長。

[9]【今注】齊王遂發兵：《史記·呂太后本紀》叙此事云“齊王欲發兵，其相弗聽。八月丙午，齊王欲使人誅相，相召平乃反，舉兵欲圍王，王因殺其相，遂發兵”。《史記》卷五二《齊悼惠王世家》叙此事較詳，本書卷三八《高五王傳》承之。據傳中所載，當時齊相召平發兵圍王，而中尉魏勃騙取召平兵權後圍相府，召平乃自殺。所言與《呂太后本紀》略異。

[10]【今注】詐琅邪王澤發其國兵：齊王以出讓起事領導權爲餌，誘劉澤來齊而劫之，盡發琅邪國兵。劉澤本傳諱言此事，見於本書卷三八《高五王傳》。案，《史記·呂太后本紀》在此處尚載齊王遺諸侯書，《漢書》移至《高五王傳》。

[11]【今注】滎陽：縣名。屬河南郡。治所在今河南滎陽市東北。

[12]【顏注】師古曰：變，謂發動也。【今注】諭齊王與連和：灌嬰連和齊王一事，《史記·呂太后本紀》所叙較詳，《漢書》移至《高五王傳》。案，《史記·呂太后本紀》叙連和事後，復有云“呂禄、呂產欲發亂關中，内憚絳侯、朱虛等，外畏齊、楚兵，又恐灌嬰畔之，欲待灌嬰兵與齊合而發，猶豫未決。當是時，濟川王太、淮陽王武、常山王朝名爲少帝弟，及魯元王呂后外孫，皆年少未之國，居長安。趙王禄、梁王產各將兵居南北軍，皆呂氏之人。列侯群臣莫自堅其命。太尉絳侯勃不得入軍中主兵”。

太尉勃與丞相平謀，以曲周侯酈商子寄與禄善，使人劫商，令寄紿説禄[1]曰：“高帝與呂后共定天下，劉氏所立九王，呂氏所立三王，皆大臣之議。事已布告諸侯王，諸侯王以爲宜。今太后崩，帝少，足下不急之國守藩，[2]迺爲上將將兵留此，爲大臣諸侯所疑。何不速歸將軍印，以兵屬太尉，[3]請梁王亦歸相國印，與大臣盟而之國？齊兵必罷，大臣得安，足下高枕而王千里，此萬世之利也。"禄然其計，使人報産及諸呂老人。或以爲不便，計猶豫[4]未有所決。禄信寄，與俱出游，[5]過其姑呂嬃。[6]嬃怒曰："汝爲將而棄軍，呂氏今無處矣！"[7]迺悉出珠玉寶器散堂下，曰："無爲它人守也！"[8]

[1]【顔注】師古曰：紿，誑也。【今注】使人劫商：《史記》卷九《呂太后本紀》此處有"曲周侯酈商老病"，似當爲叙其被劫之原因。

[2]【顔注】師古曰：之，往也。

[3]【顔注】師古曰：屬，音之欲反。

[4]【顔注】師古曰：猶，獸名也。《爾雅》曰"猶如麂，善登木"。此獸性多疑慮，常居山中，忽聞有聲，即恐有人且來害之，每豫上樹，久之無人，然後敢下，須臾又上，如此非一。故不決者稱猶豫焉。一曰，隴西俗謂犬子爲猶，犬隨人行，每豫在前，待人不得，又來迎候，故云猶豫也。麂，音"几"（几，蔡琪本作"九"）。【今注】猶豫：王念孫《讀書雜志・漢書第一》指出，"猶豫"爲雙聲字，猶楚詞之言"夷猶"，並非所謂"獸畏人而豫上樹"，亦非所謂"犬子豫在人前"。顔師古之説襲《顔氏家訓》而誤。

[5]【今注】游：王先謙《漢書補注》指出，《史記》"游"下有"獵"字。荀悦《漢紀》從《漢書》，《資治通鑑》從《史記》。

[6]【顔注】張晏曰：嬃，音"須"。師古曰：呂后妹。【今注】呂嬃：呂后之妹。錢大昭《漢書辨疑》根據《説文解字》《離騷》之記載，認爲"嬃"爲"姊"之意，呂嬃爲呂后姊。但王鳴

盛《十七史商榷》卷九指出本書卷四〇《陳平傳》明言嬃爲吕后之妹。

[7]【顏注】師古曰：言見誅滅，無處所也。"處"字或作"類"，言無種類也。

[8]【今注】案，《史記·吕太后本紀》此處後有云"左丞相食其免"。

八月庚申，[1]平陽侯窋行御史大夫事，[2]見相國産計事。郎中令賈壽使從齊來，[3]因數産[4]曰："王不早之國，今雖欲行，尚可得邪？"具以灌嬰與齊、楚合從狀告産。[5]平陽侯窋聞其語，馳告丞相平、太尉勃。勃欲入北軍，不得入。[6]襄平侯紀通尚符節，[7]迺令持節矯内勃北軍。[8]勃復令酈寄、典客劉揭説禄[9]曰："帝使太尉守北軍，欲令足下之國，急歸將印辭去。[10]不然，禍且起。"禄遂解印屬典客，[11]而吕兵授太尉勃。勃入軍門，行令軍中曰："爲吕氏右袒，爲劉氏左袒。"[12]軍皆左袒。勃遂將北軍。然尚有南軍，[13]丞相平召朱虚侯章佐勃。勃令章監軍門，令平陽侯告衞尉，[14]毋内相國産殿門。産不知禄已去北軍，入未央宫欲爲亂，殿門弗内，徘徊往來。[15]平陽侯馳語太尉勃，勃尚恐不勝，未敢誦言誅之，[16]迺謂朱虚侯章曰："急入宫衞帝。"章從勃請卒千人，入未央宫掖門，[17]見産廷中。餔時，遂擊産。[18]産走。天大風，從官亂，莫敢鬭者。逐産，殺之郎中府吏舍厠中。[19]

[1]【今注】八月：《資治通鑑》卷一三《漢紀》高皇后八年

《考異》指出，此處"八月"當作"九月"。梁玉繩《史記志疑》、張文虎《校刊史記集解索隱正義札記》皆從此說。查諸今人張培瑜《三千五百年曆日天象》，庚申日在九月，《考異》所論甚是。　庚申：《史記》卷九《呂太后本紀》作"庚申旦"，與後文"日餔時，遂擊產"恰相照應。

[2]【顏注】師古曰：窋，曹參子也，音竹出反。【今注】平陽：縣名、侯國名。治所在今山西臨汾市西南。　窋：曹窋，曹參之子，代任敖爲御史大夫，文帝即位前坐事免，爲張蒼所代。後曾舉薦鼂錯。參見本書卷四二《張周趙任申屠傳》、卷四九《爰盎鼂錯傳》。《漢書考正》劉攽指出，根據本書《百官公卿表》及卷四二《周昌傳》，高后四年（前184）時曹窋已爲御史大夫，誅諸呂後免，在此處"行"字當誤。王先謙《漢書補注》則指出，《史記》《資治通鑑》亦作"行"。他認爲，當時曹窋雖爲御史大夫，然高后已詔張蒼代之，故稱爲"行"。《任敖傳》云"窋誅諸呂。後坐事免"，而《文帝紀》勸進已書"御史大夫臣蒼"。是知曹窋在誅諸呂後已免，已不預迎立文帝之事。

[3]【今注】郎中令：秦置，漢因之，武帝時更名光祿勳，掌宮殿掖門户。秩中二千石，位列九卿。　賈壽：王先謙《漢書補注》指出，本書《百官公卿表》中郎中令無賈壽，或是缺略所致。

[4]【顏注】師古曰：數，責之也，音數具反。

[5]【顏注】師古曰：齊、楚俱在山東，連兵西向，欲誅諸呂，亦猶六國爲從以敵秦，故言合從也。從，音子容反。【今注】案，王先謙《漢書補注》據《史記》，指出當時賈壽還催促呂產急入宮。

[6]【今注】北軍：漢代屯衞京城的主力禁衞軍。因西漢時皇帝所在未央宮在長安城南部，故護衞宮城者稱南軍，由衞尉率領；百姓與京師駐防軍在長安城北部，故稱北軍，初以中尉統率，武帝時京師軍隊規模擴大，增設八校尉統領。同時更名中尉爲執金吾，

不再執掌北軍。(參見黄今言《秦漢軍制史論》，江西人民出版社1993年版，第141—142頁；熊鐵基《秦漢軍事制度史》，廣西人民出版社1990年版，第66頁；臧知非《試論漢代中尉、執金吾和北軍的演變》，《益陽師專學報》1989年第2期)

[7]【顔注】張晏曰：紀通，信子也。尚，主也。今符節令也。晉灼曰：紀信焚死，不見其後。《功臣表》云，紀通，紀成之子，以成死事，故封侯。師古曰：晉說是也。【今注】紀通：《漢書考正》劉攽認爲，漢高帝不當忘紀信之功，"成"或爲紀信名。《漢書考證》齊召南則指出，紀成在鴻門宴時已出現，本書《功臣表》記載其戰死於好時，非滎陽，其與紀信爲兩人甚明。紀成子紀通、周苛子周成、酈食其子酈疥皆受封。紀信當是無子孫可封，故表中不載。

[8]【顔注】師古曰：矯，詐也，詐以天子之命也。【今注】内：錢大昭《漢書辨疑》指出，此處"内"與"納"通假，下文"毋内相國産殿門""殿門弗内"皆同。

[9]【顔注】應劭曰：典客，今大鴻臚也。師古曰：揭，音"竭"。【今注】典客：漢景帝改名大行令，武帝始改大鴻臚。掌少數民族事務，及諸侯王喪事，又掌引導百官朝會，兼管京師郡國邸舍及郡國上計吏之接待。成帝時省典屬國併入，又兼管少數民族朝貢使節、侍子。九卿之一，秩中二千石。

[10]【今注】案，將印，蔡琪本、大德本、殿本作"將軍印"。

[11]【顔注】師古曰：屬，音之欲反。【今注】案，《史記·呂太后本紀》此處有"呂禄以爲酈兄不欺己"，"酈兄"即酈寄，《漢書》刪此句。

[12]【顔注】師古曰：袒，脱衣袖而肉袒也。左右者，偏税其一耳(税，大德本、殿本作"脱")。袒，音徒旱反。【今注】爲呂氏右袒：王應麟《困學紀聞》卷一二指出，諸禮皆左袒，而獨

受刑右袒，因此認爲周勃此語已有威脅之意，非簡單測人心從違。然閻若璩、全祖望以戰國王孫賈、秦末陳勝右袒爲例，認爲王説不成立。

[13]【今注】案，吳仁傑《兩漢刊誤補遺》卷一指出，西漢南北軍雖號爲表裏，其實實力懸殊。高祖時，發中尉卒三萬人。王温舒爲中尉時，覆脱卒，得數萬人。可見北軍規模之大。相反，蓋寬饒爲衛司馬，所率不過數千人衛卒。故西漢常以北軍爲重。周勃掌北軍，則吕産束手就戮。戾太子不得北軍之助，最終敗於丞相之兵。《資治通鑑》卷一三《漢紀》高皇后八年胡三省注指出，根據本書《百官公卿表》，中壘校尉掌北軍壘門；其外又有中尉掌徼循京師。《續漢書》劉昭注亦稱舊有中壘校尉，領北軍營壘之事。光武中興後省中壘。又據《百官公卿表》，中壘以下八校尉皆爲武帝時初置。然則武帝以前北軍屬中尉，故領中壘令、丞等官；南軍當爲衛尉所統。據《百官公卿表》，衛尉掌宮門衛屯兵。周勃入北軍後尚有南軍，乃先使曹窋告衛尉毋内吕産殿門，然後使朱虛侯殺之，以此知南軍屬衛尉。

[14]【今注】衛尉：戰國秦置，西漢沿置。掌宮門屯衛兵。秩中二千石，列位九卿。

[15]【顔注】師古曰：徘徊猶傍偟，不進之意也。徘，音"裴"。

[16]【顔注】鄧展曰：誦言，公言也。【今注】誦：錢大昕《廿二史考異·漢書一》指出，《史記》"誦"作"訟"。韋昭云："訟猶公也。"

[17]【顔注】師古曰：非正門，而在兩旁，若人之臂掖也。【今注】案，章從勃請卒千人，《史記·吕太后本紀》作"朱虛侯請卒，太尉予卒千余人。"

[18]【今注】案，餔時，蔡琪本作"日晡時"，大德本、殿本作"日餔時"。

［19］【顏注】如淳曰：《百官表》郎中令掌宫殿門户，故其府在宮中（其，殿本作"某"）；後轉爲光禄勳。【今注】郎中府：郎中，官名。漢承秦置，爲九卿之一郎中令（光禄勳）屬官，爲郎官之一種。掌宿衞殿門、車騎，内充侍衞，外從作戰。秩比三百石。王先謙《漢書補注》指出，《馮唐傳》"爲郎中署長"。郎中府當即郎中署。

章已殺産，帝令謁者持節勞章。[1]章欲奪節，謁者不肯，章迺從與載，因節信馳斬長樂衞尉吕更始。[2]還入北軍，復報太尉勃。勃起拜賀章，曰："所患獨産，今已誅，天下定矣。"辛酉，斬吕禄，[3]笞殺吕嬃。[4]分部悉捕諸吕男女，無少長皆斬之。[5]

［1］【顏注】師古曰：慰問之。

［2］【顏注】師古曰：因謁者所持之節用爲信也。章與謁者同車，故爲門者所信，得入長樂宮。【今注】長樂衞尉：太后屬官。不常置，掌長樂宮衞士守衞宮門和宮中巡邏，秩二千石。長樂，即長樂宮。本秦興樂宮，漢高祖時擴建，改名長樂宮，在此視朝。漢惠帝以後爲太后寢宮。遺址在今陝西西安市西北漢長安故城東南隅。　吕更始：吕氏宗親。據《史記》卷九《吕太后本紀》，吕后四年（前184）獲封贅其侯。

［3］【今注】殺：殿本作"斬"，《史記·吕太后本紀》作"捕斬"。

［4］【今注】案，《史記·吕太后本紀》此處還有"使人誅燕王吕通，而廢魯王偃。壬戌，以帝太傅食其復爲左丞相。戊辰，徙濟川王王梁，立趙幽王子遂爲趙王。遣朱虚侯章以誅諸吕氏事告齊王，令罷兵。灌嬰兵亦罷滎陽而歸"。

［5］【顏注】師古曰：分，音扶問反。【今注】案，《史記·吕

太后本紀》此句在周勃語後，斬呂禄等事之前。

　　大臣相與陰謀，以爲少帝及三弟爲王者皆非孝惠子，[1]復共誅之，[2]尊立文帝。[3]語在《周勃》《高五王傳》。[4]

　　[1]【今注】少帝及三弟爲王者：後少帝弘、恒山王朝、淮陽王武及呂后七年（前181）受封的濟川王太。劉太受封事見《史記》卷九《呂太后本紀》。案，《史記》載大臣陰謀之語，《漢書》置於卷四〇《周勃傳》。

　　[2]【今注】案，誅少帝兄弟事，《史記·呂太后本紀》詳叙於迎文帝之後，《漢書》移至《周勃傳》。

　　[3]【今注】案，關於立誰爲帝，大臣曾有争執，《史記·呂太后本紀》所載甚詳：“或言‘齊悼惠王高帝長子，今其適子爲齊王，推本言之，高帝適長孫，可立也’。大臣皆曰：‘呂氏以外家惡而幾危宗廟，亂功臣。今齊王母家駟鈞，駟鈞，惡人也。即立齊王，則復爲呂氏。’欲立淮南王，以爲少，母家又惡。乃曰：‘代王方今高帝見子，最長，仁孝寬厚。太后家薄氏謹良。且立長故順，以仁孝聞於天下，便。’乃相與共陰使人召代王。代王使人辭謝。再反，然後乘六乘傳。後九月，晦日己酉，至長安，舍代邸。大臣皆往謁，奉天子璽上代王，共尊立爲天子。代王數讓，群臣固請，然後聽。”其内容與本書《高五王傳》所承的《史記》卷五二《齊悼惠王世家》文字不同，但因其意相近，故《漢書》删而不用。

　　[4]【今注】案，《史記·呂太后本紀》以“代王立爲天子。二十三年崩，謚爲孝文皇帝”一句結尾。

　　贊曰：孝惠、高后之時，海内得離戰國之苦，君臣俱欲無爲，故惠帝拱己，[1]高后女主制政，不出房

闥，[2]而天下晏然，刑罰罕用，民務稼穡，衣食
滋殖。[3]

[1]【顏注】師古曰：垂拱而治。

[2]【顏注】師古曰：闥，宮中小門，音他曷反。

[3]【顏注】師古曰：滋，益也。殖，生也。【今注】案，此
贊語與《史記》"太史公曰"略同。本書卷八九《循吏傳》正義亦
修改化用了此段贊語。

漢書　卷四

文紀第四^[1]

[1]【今注】案，文紀，蔡琪本、大德本、殿本作“文帝紀”。

　　孝文皇帝，^[1]高祖中子也。母曰薄姬。^[2]高祖十一年，誅陳豨，^[3]定代地，立子恒爲代王，^[4]都中都。^[5]十七年秋，高后崩，^[6]諸呂謀爲亂，^[7]欲危劉氏。丞相陳平、大尉周勃、朱虚侯劉章等共誅之，^[8]謀立代王。語在《高后紀》《高五王傳》。

　　[1]【顏注】荀悦曰：諱恒之字曰常。應劭曰：《謚法》“慈惠愛人曰文”（人，蔡琪本、殿本作“民”）。
　　[2]【顏注】如淳曰：姬，音怡，衆妾之摠稱（摠，殿本作“總”。本注下同）。《漢官儀》曰“姬妾數百”，《外戚傳》亦曰“幸姬戚夫人”。臣瓚曰：《漢秩禄令》及《茂陵書》，姬並内官也，秩比二千石，位次婕妤下，在八子上。師古曰：姬者，本周之姓，貴於衆國之女，所以婦人美號皆稱姬焉。故《左氏傳》曰“雖有姬、姜，無棄蕉萃”。姜亦大國女（蔡琪本、大德本、殿本句末有“也”字）。後因摠謂衆妾爲姬。《史記》云“高祖居山東時好美姬”是也。若姬是官號，不應云“幸姬戚夫人”。且《外戚傳》備列后妃諸官，無姬職也。如云“衆妾摠稱”則近之；不

當音怡，宜依字讀耳。瓚説謬也。

[3]【今注】陳豨：秦末漢初宛句（今山東菏澤市西南）人。初爲劉邦郎中。劉邦征匈奴至平城返，封爲列侯，任趙相國，監趙，住邊境，統領邊兵。慕戰國時魏信陵君之爲人，廣招賓客，爲周昌所告，恐被誅乃陰使人聯絡逃亡匈奴的韓王信，舉兵反漢，自立爲代王。劉邦親自率兵征伐，陳豨被漢將樊噲擊殺。

[4]【今注】案，立子恒，蔡琪本、大德本、殿本作“立”。

[5]【今注】中都：縣名。治所在今山西平遥縣西南。王先謙《漢書補注》指出，劉恒先都晉陽，見本書卷一下《高紀下》；中都爲徙都。

[6]【顔注】張晏曰：代王之十七年也。【今注】案，《史記》卷一〇《孝文本紀》此處有“九月”二字。《漢書》之所以刪之，當是因相關記載存在矛盾。《史記》卷九《吕太后本紀》紀功臣平諸吕事在“八月庚申”，與《孝文本紀》矛盾。《漢書》卷三《高后紀》從“八月”之説，故在此處刪“九月”，約略言之。事實上，《資治通鑑考異》已指出，《史記·吕太后本紀》“八月”當作“九月”。梁玉繩《史記志疑》、張文虎《校刊史記集解索隱正義札記》皆從此説。查諸今人張培瑜《三千五百年曆日天象》（大象出版社 1997 年版），八月無“庚申”，庚申日確在九月。《漢書》誤刪之。

[7]【今注】諸吕謀爲亂：《史記·孝文本紀》此句作“諸吕吕産等欲爲亂”。

[8]【今注】丞相：官名。漢三公之一。輔佐皇帝，掌全國政務。陳平爲丞相在惠帝六年（前 189）。　陳平：劉邦手下的重要謀士。傳見本書卷四〇。　大尉：即太尉。官名。漢三公之一。掌管軍事，爲武官之長。蔡琪本、大德本、殿本均作“太尉”。　周勃：劉邦麾下戰將。傳見本書卷四〇。　朱虛：縣名。治所在今山東臨朐縣東南。吕后二年（前 186）封齊悼惠王子劉章爲朱虛侯，

文帝二年（前 178）國除爲縣。　劉章：齊悼惠王劉肥之子，齊哀王劉襄之弟。在“誅呂”一事中出力頗多，親自率軍誅殺呂產。文帝繼位後獲封爲城陽王，去世後謚爲“景”。傳見本書卷三八。在其去世後，或因其在誅諸呂過程中的傳奇表現及其所獲不甚公平的待遇，“城陽景王”成爲齊地的重要信仰。此信仰貫穿兩漢，興旺不絕。直至東漢末年，被當作“淫祠”打擊，方告衰微。（參見張華松《漢代城陽景王神崇拜始末考》，載《齊魯文化研究》第 3 輯，山東文藝出版社 2004 年版）

　　大臣遂使人迎代王。郎中令張武等議，[1]皆曰：“漢大臣皆故高帝時將，習兵事，多謀詐，其屬意非止此也，[2]特畏高帝、呂太后威耳。今已誅諸呂，新喋血京師，[3]以迎大王爲名，實不可信。願稱疾無往，以觀其變。”中尉宋昌進曰：[4]“群臣之議皆非也。夫秦失其政，豪傑並起，人人自以爲得之者以萬數，然卒踐天子位者劉氏也，[5]天下絕望，一矣。高帝王子弟，地犬牙相制，所謂盤石之宗也，[6]天下服其彊，二矣。漢興，除秦煩苛，約法令，施德惠，[7]人人自安，難動搖，三矣。夫以呂太后之嚴，立諸呂爲三王，擅權專制，然而太尉以一節入北軍，一呼，[8]士皆袒左爲劉氏，畔諸呂，[9]卒以滅之。此乃天授，非人力也。今大臣雖欲爲變，百姓弗爲使，[10]其黨寧能專一邪！內有朱虛、東牟之親，[11]外畏吳、楚、淮南、琅邪、齊、代之彊。[12]方今高帝子獨淮南王與大王，[13]大王又長，賢聖仁孝，聞於天下，故大臣因天下之心而欲迎立大王，大王勿疑也。”代王報太后，計猶豫未定。卜之，兆得大橫。[14] 占曰：“大橫庚庚，余爲天王，夏啓以光。”[15] 代王曰：“寡人固已爲王，又何王乎？”卜人曰：“所謂天王者，乃天子也。”於是代王乃遣太后弟薄昭見大尉勃，[16] 勃等具言所以迎立王者。[17] 昭還報曰：“信矣，無可疑者。”代王笑謂宋昌：[18]“果如公言。”乃令宋昌驂乘，[19] 張武等六人乘六乘傳[20]詣長安。至高陵止，[21] 而使宋昌先之長安觀變。

[1]【今注】郎中令：王先謙《漢書補注》指出，漢初諸王國官制與漢朝相同，張武此時爲代國之郎中令，後任漢朝之郎中令。今案，王國郎中令掌王大夫、郎中宿衛。漢廷郎中令職責詳見後文注釋。　張武：文帝心腹之臣，先後爲代國、漢廷郎中令。後曾任將軍抗擊匈奴。

[2]【顏注】師古曰：言常有異志也。屬意，猶言注意也。屬，音之欲反。

[3]【顏注】服虔曰：喋，音躢屣履之躢。如淳曰：殺人流血滂沱爲喋血。師古曰：喋，音大頰反，本字當作“蹀”。蹀，謂履涉之耳。

[4]【今注】中尉：此指王國中尉，爲王國頂級武官。典武職，備盜賊。　宋昌：文帝心腹之臣。初以家吏身份從劉邦起事，以都尉之職從守滎陽，至此爲代國中尉。以勸代王入京，封壯武侯，任衛將軍。景帝中四年（前146），侯爵被奪。王先謙《漢書補注》指出，司馬貞《史記索隱》引《東觀漢記·宋楊傳》，稱宋義之後有宋昌，又指出《會稽典錄》亦云宋昌爲宋義之孫。今案，結合宋昌履歷來看，所謂“宋義之後”的説法當爲附會。

[5]【顏注】師古曰：卒，終也。

[6]【顏注】師古曰：犬牙，言地形如犬之牙交相入也。【今

注】案，《史記》卷一〇《孝文本紀》司馬貞《索隱》指出此語出自《太公六韜》，意爲其國如盤石。

　　[7]【顏注】師古曰：約，省也。

　　[8]【顏注】師古曰：呼，叫也，音火故反。他皆類此。【今注】北軍：漢代屯衛京城的主力禁衛軍。因西漢時皇帝所在未央宮在長安城南部，故護衛宮城者稱南軍，由衛尉率領；百姓與京師駐防軍在長安城北部，故稱北軍，初以中尉統率，武帝時京師軍隊規模擴大，增設八校尉統領。同時更名中尉爲執金吾，不再執掌北軍。（參見黃今言《秦漢軍制史論》，江西人民出版社 1993 年版，第 141—142 頁；熊鐵基《秦漢軍事制度史》，廣西人民出版社 1990 年版，第 66 頁；臧知非：《試論漢代中尉、執金吾和北軍的演變》，《益陽師專學報》1989 年第 2 期）

　　[9]【今注】畔：同“叛”。叛亂。

　　[10]【顏注】師古曰：爲，音于僞反。

　　[11]【今注】朱虛：指朱虛侯劉章。　東牟：指東牟侯劉興居，劉章之弟。傳見本書卷三八。東牟，侯國名。治所在今山東烟臺市牟平區。

　　[12]【今注】吳楚淮南琅邪齊代：指吳王劉濞、楚王劉交、淮南王劉長、琅邪王劉澤、齊王劉襄及代王劉恒。代王即文帝，其餘諸王傳見本書卷三五、三六、三八、四四。此句意指諸侯王皆爲皇室宗親，且有相當實力，不容功臣篡位。

　　[13]【今注】淮南王：指劉邦少子劉長。高祖十一年（前196），立爲淮南王。後以驕橫不法、陰謀反叛之罪，於文帝六年（前 174）被貶謫蜀地，途中不食而死。謐爲“厲”。傳見本書卷四四。有觀點認爲，史籍所載其母懷孕時間與分娩時間存在矛盾，劉長實爲劉邦養子（參見王雲度《劉長非劉邦之子剖析》，《中國史研究》1996 年第 1 期）。

　　[14]【顏注】應劭曰：龜曰兆，筮曰卦。卜以荆灼龜，文正

橫也。

[15]【顏注】服虔曰：庚庚，橫兒也（兒，蔡琪本、殿本作"貌"）。李奇曰：庚庚，其縣文也。占謂其縣也。張晏曰：先是五帝官天下，老則嬗賢，至夏啓始傳嗣，能光先君之業。文帝亦襲父迹，言似啓也。師古曰：縣，音丈救反，本作"籀"。籀，書也。謂讀卜詞。【今注】案，王先謙《漢書補注》指出，《史記集解》亦引張晏説，但在開始處多"橫謂無思不服。庚，更也。言去諸侯而即帝位也"一句。

[16]【今注】薄昭：西漢會稽吳人。高祖薄姬弟。高祖時爲郎。後隨薄姬往代國。呂后卒，以中大夫迎漢文帝於代。文帝立，封軹侯。後以殺使者坐罪自殺。

[17]【顏注】師古曰：説所以迎代王之意也。【今注】者：王先謙《漢書補注》引王先慎説，認爲"者"字令文義不順，《史記》此處作"意"，當以《史記》爲是。顏師古云"説所以迎代王之意"，據此，王氏認爲唐時所見本尚作"意"，不作"者"。

[18]【今注】案，謂宋昌，蔡琪本、大德本、殿本皆作"謂宋昌曰"。

[19]【顏注】師古曰：乘車之法，尊者居左，御者居中，又有一人處車之右，以備傾側。是以戎事則稱車右，其餘則曰驂乘。驂者，三也，蓋取三人爲名義耳。

[20]【顏注】張晏曰：傳車六乘也。師古曰：傳，音張戀反。【今注】乘六乘傳：以清代張文虎金陵書局本爲底本的中華書局1954年版《史記》作"乘傳"，大部分《史記》傳世版本亦同。中華書局修訂版《史記》據日本東北大學圖書館寫本《史記》，結合卷九《呂太后本紀》、卷一〇一《袁盎鼂錯列傳》改作"乘六乘傳"，與《漢書》卷九同。今案，"六乘傳"當解作"六匹馬所駕之車"。（參見梁錫鋒《漢代乘傳制度探討》，《河南師範大學學報》2004年第2期）

［21］【今注】高陵：縣名。治所在今陝西西安市高陵區。高陵本秦舊縣，秦孝公時置。秦封泥有“高陵”“高陵丞印”，傳世秦官印有“高陵右尉”，皆爲秦設高陵縣的佐證。

昌至渭橋，[1]丞相已下皆迎。昌還報，代王乃進至渭橋。群臣拜謁稱臣，代王下拜。太尉勃進曰：“願請閒。”[2]宋昌曰：“所言公，公言之，所言私，王者無私。”太尉勃乃跪，上天子璽。[3]代王謝曰：“至邸而議之。”[4]

［1］【顏注】蘇林曰：在長安北三里。【今注】渭橋：《史記》卷一〇《孝文本紀》《索隱》引《三輔故事》，稱咸陽宮在渭北，興樂宮在渭南，秦昭王在兩宮之間作渭橋，長三百八十步。

［2］【顏注】師古曰：閒，容也，猶今言中閒也（猶今言，大德本、殿本同，蔡琪本作“猶合言”）。請容暇之，頃當有所陳，不欲於衆顯論也。他皆類此。

［3］【今注】璽：王先謙《漢書補注》指出，《史記》“璽”下有“符”字；《資治通鑑》同。下文亦言“璽符”，則“符”字當有。

［4］【顏注】師古曰：郡國朝宿之舍，在京師者率名邸。邸，至也，言所歸至也，音丁禮反。他皆類此。

閏月己酉，入代邸。[1]群臣從至，上議曰：“丞相臣平、太尉臣勃、大將軍臣武、[2]御史大夫臣蒼、[3]宗正臣郢、[4]朱虛侯臣章、東牟侯臣興居、典客臣揭[5]再拜言大王足下：[6]子弘等皆非孝惠皇帝子，[7]不當奉宗廟。臣謹請陰安侯、[8]頃王后、[9]琅邪王、[10]列侯、吏二千石議，大王高皇帝子，宜爲嗣。願大王即天子位。”代王曰：“奉高帝宗廟，重事也。寡人不佞，[11]不足以稱。[12]願請楚王計宜者，[13]寡人弗敢當。”群臣皆伏，固請。代王西鄉讓者三，南鄉讓者再。[14]丞相平等皆曰：“臣伏計之，大王奉高祖宗廟最宜稱，雖天下諸侯萬民皆以爲宜。臣等爲宗廟社稷計，不敢忽。[15]願大王幸聽臣等。臣謹奉天子璽符再拜上。”代王曰：“宗室將相王列侯以爲其宜寡人，[16]寡人不敢辭。”遂即天子位。群臣以次侍。[17]使太僕嬰、東牟侯興居先清宮，[18]奉天子法駕迎代邸。[19]皇帝即日夕入未央宮；[20]夜拜宋昌爲衞將軍，領南北軍，[21]張武爲郎中令，行殿中。[22]還坐前殿，下詔曰：“制詔丞相、太尉、御史大夫：閒者諸呂用事擅權，[23]謀爲大逆，欲危劉氏宗廟，賴將相列侯宗室大臣誅之，皆伏其辜。朕初即位，其赦天下，賜民爵一級，[24]女子百戶牛酒，[25]酺五日。”[26]

[1]【今注】閏月己酉：《漢書考正》劉攽認爲，己酉去誅諸呂三十七日。今案，《史記》卷一〇《孝文本紀》無此句，當是據《史記》卷九《呂太后本紀》“後九月晦日己酉”之記載而補，然並未補入“晦日”的記載，或是因班固不確定此記載是否正確。察諸今人張培瑜《三千五百年曆日天象》，高后八年（前180）後九月己酉確係晦日，誅諸呂之九月朔日爲辛亥，初十爲庚申。算來此時距誅諸呂已四十九日。劉攽說誤。

[2]【顏注】服虔曰：柴武。【今注】武：柴武，又作“陳武”。以五百人起事於薛，後歸劉邦。漢四年（前203），隨韓信擊

殺龍且。漢六年獲封爲棘蒲侯。漢十一年，擊斬韓王信。文帝三年（前177），平定濟北王劉興居。文帝後元元年（前163）去世。錢大昭《漢書辨疑》認爲，此處當爲灌嬰，非柴武。《史記》《漢書》皆誤。今案，灌嬰本率軍與齊軍在滎陽對峙，其與諸功臣議定立代王後，自當返回滎陽，以防齊軍生變。文帝即位時灌嬰當不在長安，此上書自無具名。

[3]【顏注】文穎曰：張蒼。【今注】御史大夫：丞相副貳，秩中二千石，協調處理天下政務，而以監察、執法爲主要職掌，爲全國最高監察、執法長官。主管圖籍秘書檔案、四方文書，百官奏議經其上呈，皇帝詔命由其承轉丞相下達執行，負責考課、監察、彈劾官吏，典掌刑獄，收捕、審訊有罪官吏等，或派員巡察地方，鎮壓事變，有時亦督兵出征。丞相缺位，常由其遞補。詳見本書《百官公卿表上》。 蒼：張蒼。本爲秦御史，後投劉邦。先後任常山太守、代相、計相、淮南相，功臣誅諸呂後擢其爲御史大夫，後任丞相。傳見本書卷四二。張蒼通數術曆法，爲漢廷確定曆法、度量衡等制度，曾整理刪補《九章算術》（參見朱桂昌《兩漢時期數學發展概略》，《思想戰綫》1977年第6期）。

[4]【顏注】文穎曰：劉郢。【今注】宗正：秦置，一說西周至戰國皆置，秦、漢沿置，管理皇族外戚事務。例由宗室擔任。列卿之一，秩中二千石。 郢：劉郢，一作"劉郢客"。楚元王子。後繼王位，是爲楚夷王。事見本書卷三六《楚元王傳》。王念孫《讀書雜志·漢書第一》指出，本書卷八八《儒林傳》及《史記·孝文本紀》記宗正名皆與此同。然本書《諸侯王表》《王子侯表》《百官公卿表》《楚元王傳》及《史記·惠景閒侯者表》皆作"郢客"。王先謙《漢書補注》認爲，當以"郢客"爲是，此處"郢"下脫"客"字。

[5]【顏注】蘇林曰：劉揭也。師古曰：揭，音竭。【今注】典客：秦置，漢景帝改名大行令，武帝始改大鴻臚。掌少數民族事

務，及諸侯王喪事，又掌引導百官朝會，兼管京師郡國邸舍及郡國上計吏之接待。成帝時省典屬國併入，又兼管少數民族朝貢使節、侍子。列卿之一，秩中二千石。　揭：劉揭。高祖時由郎而爲典客。誅諸呂時，奪呂祿兵符，關殿門拒呂産等入。共立文帝，封陽信侯。

[6]【今注】案，由"上議曰"至此，《史記·孝文本紀》做了改寫，《漢書》當係據原始資料照搬了原文。

[7]【顏注】師古曰：不詳其有爵位，故摠謂之子。

[8]【顏注】蘇林曰：高帝兄伯妻，羹頡侯母，丘嫂也。晉灼曰：若蕭何夫人封爲鄼侯也。【今注】陰安：縣名。治所在今河南清豐縣北。

[9]【顏注】蘇林曰：高帝兄仲妻也。仲名喜，爲代王，後廢爲郃陽侯。子濞爲吳王，故追謚爲頃王。如淳曰：《王子侯表》曰合陽侯喜以子濞爲王（合，殿本作"郃"），追謚爲頃王。頃王后封陰安侯，時呂須爲林光侯，蕭何夫人亦爲鄼侯。又《宗室侯表》此時無陰安侯，知其爲頃王后也（知，蔡琪本、殿本"安知"）。案《漢祠令》，陰安侯，高帝嫂也。師古曰：諸謚爲"傾"者，《漢書》例作"頃"字，讀皆曰"傾"。【今注】頃王后：王先謙《漢書補注》指出，《史記》卷一〇《孝文本紀》"頃王后"上有"列侯"二字。司馬貞《索隱》注云："頃王后是代王后，文帝之伯母。代王降爲郃陽侯，故云'列侯頃王后'。"又云蘇林、徐廣、韋昭以陰安侯、頃王后爲二人封號，而樂彥、如淳以頃王后別封陰安侯，與《漢祠令》相會。王氏指出，羹頡侯母亦高帝嫂也，與《漢祠令》並不違背。據《史記》加"列侯"二字，王氏認爲當爲二人。又案，《漢書考證》齊召南指出，顏注"林光"，當作"臨光"，《史記》卷九五《樊噲列傳》可證。

[10]【顏注】文穎曰：劉澤也。【今注】琅邪王：指劉邦族弟劉澤。傳見本書卷三五。琅邪，王國名、郡名。治東武縣（今山東

諸城市）。

[11]【顔注】師古曰：不佞，不材也。【今注】二千石：因漢代所得俸禄以米穀爲準，故官秩等級以重量單位“石”名。漢朝二千石爲中央政府機構的列卿，及地方州牧郡守、諸侯王國相等。又可細分爲中二千石、二千石、比二千石三等。據本書《百官公卿表》顏師古注，中二千石者月各百八十斛，二千石者百二十斛，比二千石者百斛。根據張家山漢簡《秩律》與《新書》《史記》等傳世文獻，閻步克先生又指出漢初祇有二千石，並無中二千石等細分等級，最早的中二千石的記載出現在文帝死後景帝發布的詔書中。楊振紅先生則進一步認爲中二千石的官位是文帝時在賈誼的建議下設立的，是爲了區別漢廷官員與諸侯官員之地位。而早期中二千石官員亦不止《百官公卿表》所載諸官，如内史、主爵都尉均曾列於中二千石。（參見閻步克《〈二年律令·秩律〉的中二千石秩級闕如問題》，《河北學刊》2003 年第 5 期；楊振紅《出土簡牘與秦漢社會（續編）》，廣西師範大學出版社 2015 年版，第 51—57 頁）

[12]【顔注】師古曰：稱，副也，音尺孕反。其下皆同。

[13]【顔注】蘇林曰：楚王名交，高帝弟也。【今注】楚王：此指劉邦異母弟楚元王劉交。傳見本書卷三六。

[14]【顔注】如淳曰：讓群臣也。或曰，賓主位東西面，君臣位南北面，故西鄉坐三讓不受，群臣猶稱宜，乃更南鄉坐，示變即君位之漸也。師古曰：鄉，讀曰嚮。

[15]【顔注】師古曰：忽，急忘也。【今注】案，《漢書考正》劉攽、王先謙《漢書補注》認爲“忽”爲“輕易”（忽視、輕視）之意。

[16]【今注】其宜寡人：王念孫《讀書雜志·漢書第一》認爲“其”字令文義不順。《史記·孝文本紀》作“莫宜寡人”，當以《史記》爲是。“莫宜寡人”，意爲“無若寡人之宜者”。上文丞相平等曰“大王奉高祖宗廟最宜稱，雖天下諸侯萬民皆以爲宜”，

故此處云"宗室將相王列侯以爲莫宜寡人"。

　　[17]【顏注】師古曰：各依職位。

　　[18]【顏注】應劭曰：舊典，天子行幸所至，必遣静室令，先案行清净殿中，以虞非常。【今注】太僕：周置，秦、漢沿置。掌皇帝專用車馬，兼管官府畜牧業。列位九卿，秩中二千石。嬰：夏侯嬰，劉邦親信將軍，號爲滕公。傳見本書卷四一。　清宫：《資治通鑑》卷一三《漢紀》高皇后八年胡三省注指出，當時群臣雖奉文帝即位，而少帝仍居宫中，故需"清宫"。王先謙《漢書補注》引王先慎説指出，東牟侯劉興居係自請清宫，事見本書卷三八《高五王傳》。

　　[19]【顏注】如淳曰：法駕者，侍中驂乘，奉車郎御，屬車三十六乘。

　　[20]【今注】未央宫：漢正宫。在秦章臺基礎上修建，位於漢長安城地勢最高的西南角龍首原上，因在長安城安門大街之西，又稱西宫。（參見李毓芳《漢長安城未央宫的考古發掘與研究》，《文博》1995年第3期；陳蘇鎮《未央宫四殿考》，《歷史研究》2016年第5期）

　　[21]【今注】衛將軍：西漢初爲將軍名號，統兵征戰，事訖則罷。漢文帝即位，拜宋昌爲之，總領南、北軍，始成爲重要武職，其後常典京城、皇宫禁衛軍隊。與大將軍、驃騎將軍、車騎將軍皆位比公。　領南北軍：王先謙《漢書補注》指出，《史記》作"鎮撫南北軍"。

　　[22]【顏注】師古曰：行，謂案行也，音下更反。【今注】郎中令：秦置，漢因之，武帝時更名光禄勳，掌宫殿掖門户。秩中二千石，位列九卿。

　　[23]【顏注】師古曰：閒者，猶言中閒之時也。他皆倣此（他皆倣此，殿本作"他皆類此"，蔡琪本作"佗皆類此"）。

　　[24]【今注】爵：漢代承秦行二十等爵制，以示身份，具體

爵名參見本書《百官公卿表上》。其中，第八級公乘與第九級五大夫被認爲是“民爵”與“官爵”的分界，普通民衆與下級吏員賜爵不過公乘，五大夫以上的爵位祇授予六百石以上的官員。由於和平時期賜爵輕濫，至漢末三國，吏民已普遍具有公乘爵，此爵制已名存實亡。（參見錢大昭《漢書辨疑》；凌文超《漢初爵制結構的演變與官、民爵的形成》，《中國史研究》2012 年第 1 期）

[25]【顔注】蘇林曰：男賜爵，女子賜牛酒。師古曰：賜爵者，謂一家之長得之也。女子，謂賜爵者之妻也。率百户共得牛若干頭，酒若干石，無定數也。【今注】女子：“女子”之解釋，分歧較大。顔師古認爲指的是賜爵者之妻，《後漢書》卷三《章帝紀》李賢注認爲指的是以女子爲户主的家庭，西嶋定生則認爲包括所有女子（［日］西嶋定生《中國古代帝國的形成與結構——二十等爵制研究》第四章第三節《關於“女子百户牛酒”》，中華書局 2004 年版）。 百户牛酒：牛酒，牛和酒。古代用作饋贈、宴請、祭祀的物品。“百户”指的是漢廷賞賜民間牛酒的標準。《史記·封禪書》云：“賜民百户牛一，酒十石。”可見此句意當爲“每百户賞賜一頭牛、十石酒”。因賜牛酒往往與賜爵、賜酺並行，因而有觀點認爲，牛酒是用於賜爵之後的酒禮之會，其用意在於通過坐席的序列確立爵位地位。（參見［日］西嶋定生《中國古代帝國的形成與結構——二十等爵制研究》第四章第三節《關於“女子百户牛酒”》；郭俊然《漢代賜牛酒現象探析》，《北方論叢》2016 年第 6 期）

[26]【顔注】服虔曰：酺，音蒲。文穎曰：音步。漢律，三人以上無故群飲酒，罰金四兩。今詔横賜得令會聚飲食五日也。師古曰：酺之爲言布也，王德布於天下而合聚飲食爲酺。服音是也。字或作“餔”，音義同。【今注】酺：聚會飲酒。

元年冬十月辛亥，皇帝見于高廟。[1]遣車騎將軍薄昭迎皇太后于代。[2]詔曰：“前吕産自置爲相國，[3]吕禄爲上將軍，[4]擅遣將軍灌嬰將兵擊齊，[5]欲代劉氏。嬰留滎陽，與諸侯合謀以誅吕氏。吕産欲爲不善，[6]丞相平與太尉勃等謀奪産等軍。朱虚侯章首先捕斬産。太尉勃身率襄平侯通持節承詔入北軍。[7]典客揭奪吕禄印。其益封太尉勃邑萬户，賜金五千斤。丞相平、將軍嬰邑各三千户，金二千斤。朱虚侯章、襄平侯通[8]邑各二千户，金千斤。封典客揭爲陽信侯，[9]賜金千斤。”

[1]【今注】高廟：即高祖廟，又稱“太祖廟”，是祭祀開國皇帝劉邦的宗廟。西漢新帝即位，須拜謁高祖廟，以宣示自己的合法性和正統性。霍光廢昌邑王時，即曾以“未見命高廟”爲由。惠帝時始設，地方諸郡國皆立。據《三輔黄圖》，京師高廟在長安城安門街東（參見劉慶柱、李毓芳《關於西漢帝陵形制諸問題的探討》，《考古與文物》1985 年第 5 期）。案，《史記》卷一〇《孝文本紀》此日紀事尚有云“右丞相平徙爲左丞相，太尉勃爲右丞相，大將軍灌嬰爲太尉”。

[2]【今注】車騎將軍：漢初爲臨時將軍之號，因領車騎士得名，事訖即罷。武帝後常設，地位次於大將軍、驃騎將軍。武帝後常典京城、皇宫禁衛軍隊，出征時常總領諸將軍。文官輔政者亦或加此銜，領尚書政務，成爲中朝重要官員。　迎皇太后于代：《史記·孝文本紀》記此事於次日，亦即壬子日。

[3]【今注】吕産：西漢諸侯王。吕后長兄周吕侯吕澤次子。

[4]【今注】吕禄：西漢諸侯王。吕后次兄建成侯吕釋之子。

[5]【今注】案，擅，殿本作“壇”。　灌嬰：睢陽人，以販帛爲業。項梁死後，劉邦還軍於碭，灌嬰乃從之。彭城之敗後被任

命爲漢軍之騎將，擊破楚軍騎兵於滎陽。傳見本書卷四一。

　　［6］【今注】滎陽：縣名。屬河南郡。治所在今河南滎陽市東北。

　　［7］【今注】襄平：縣名。治所在今遼寧遼陽市。高祖八年（前199）封紀通爲襄平侯，武帝元封元年（前110）國除爲縣。通：紀通。其父紀成隨劉邦起兵破秦，復從漢中定三秦，戰死於好時。通因紀成之功而獲封襄平侯。

　　［8］【今注】案，王先謙《漢書補注》引王先愼說指出，東牟侯劉興居亦同受封賜，見本書卷三八《高五王傳》。王先謙亦指出，《史記》此處有“東牟侯劉興居”六字。

　　［9］【今注】陽信：侯國名、縣名。治所在今河北無棣縣東北。

　　十二月，立趙幽王子遂爲趙王，[1]徙琅邪王澤爲燕王。[2]呂氏所奪齊、楚地皆歸之。[3]盡除收帑相坐律令。[4]

　　［1］【今注】趙幽王：劉邦第六子劉友。因與呂后所配諸呂女不睦，呂后七年（前181）被讒殺，以平民禮儀葬於長安平民墳墓之旁。傳見本書卷三八。案，立趙王遂的具體時間《史記》卷一〇《孝文本紀》未載。

　　［2］【今注】徙琅邪王澤爲燕王：《史記·孝文本紀》記此事在十月庚戌，亦即十月初一。

　　［3］【今注】呂氏所奪齊楚地皆歸之：《史記·孝文本紀》記此事於十月辛亥日。案，王先謙《漢書補注》引王啓原說，呂后時劉澤封琅邪王，琅邪係奪自齊國。呂台以彭城封爲呂王，彭城係奪自楚國。今諸呂既誅，呂國被廢，劉澤又徙封，故仍以其地還齊、楚二國。

[4]【顏注】應劭曰：帑，子也。秦法，一人有罪，并其室家。今除此律。師古曰："帑"讀與"奴"同，假借字也。【今注】盡除收帑相坐律令：呂后元年已除三族罪，與此似存在矛盾。而出土張家山漢簡《二年律令》（成篇時間在呂后二年）還載有三族罪，使此問題更爲複雜。有觀點認爲，在律條廢除之前所犯之罪仍需處罰，因此妖言令雖在呂后元年被廢，但在《二年律令》中並未被移除。在功臣平滅諸呂後此令復被設立，用以誅殺諸呂一黨，至此乃被廢除（參見［日］水間大輔《漢初三族刑的變遷》，《廈門大學學報》2012年第6期）。又，王先謙《漢書補注》指出，《史記》此處載除收帑相坐之詔議，《漢書》則載入《刑法志》，又補充云"後新垣平謀逆，復行三族之誅"。

正月，有司請蚤建太子，[1]所以尊宗廟也。詔曰："朕既不德，上帝神明未歆饗也，[2]天下人民未有愿志。[3]今縱不能博求天下賢聖有德之人而嬗天下焉，[4]而曰豫建太子，是重吾不德也。[5]謂天下何！[6]其安之。"[7]有司曰："豫建太子，所以重宗廟社稷，不忘天下也。"上曰："楚王，季父也，春秋高，閱天下之義理多矣，[8]明於國家之體。吳王於朕，兄也；淮南王，弟也。皆秉德以陪朕，[9]豈爲不豫哉！諸侯王宗室昆弟有功臣，多賢及有德義者，若舉有德以陪朕之不能終，是社稷之靈，天下之福也。今不選舉焉，而曰必子，[10]人其以朕爲忘賢有德者而專於子，非所以憂天下也。朕甚不取。"[11]有司固請曰："古者殷、周有國，治安皆且千歲，[12]有天下者莫長焉，[13]用此道也。[14]立嗣必子，所從來遠矣。高帝始平天下，建諸侯，爲帝者太祖。諸侯王列侯始受國者亦皆爲其國祖。子孫繼嗣，世世不絕，天下之大義也。故高帝設之以撫海內。[15]今釋宜建[16]而更選於諸侯宗室，非高帝之志也，更議不宜。[17]子啓最長，[18]敦厚慈仁，[19]請建以爲太子。”上乃許之。因賜天下民當爲父後者爵一級。[20]封將軍薄昭爲軹侯。[21]

［1］【顏注】師古曰，蚤，占以爲早晚宁也。【今注】蚤：王先謙《漢書補注》認爲“蚤”與“早”通假，非古字。

［2］【今注】歆饗：鬼神享受祭品、香火。 也：《漢書考正》宋祁指出其所見南本、浙本無“也”字。王先謙《漢書補注》指出《史記》亦無“也”字，當以《史記》爲是。

［3］【顏注】應劭曰：慁，音篋。慁，滿也。師古曰：慁，快也。【今注】慁：“愜”的異體字。《史記》卷一〇《孝文本紀》作“嗛”。

［4］【顏注】晉灼曰：嬗，古“禪”字。【今注】案，嬗，《史記·孝文本紀》作“禪”。

［5］【顏注】師古曰：重，謂增益也，音直用反。他皆類此。

［6］【顏注】師古曰：猶言何以稱天下之望。

［7］【顏注】師古曰：安猶徐也。言不宜汲汲耳。

［8］【顏注】如淳曰：閱猶更慁也。

［9］【顏注】文穎曰：陪，輔也。【今注】案，王先謙《漢書補注》指出《史記》“兄也”下有“惠仁以好德”五字，後文無“皆”字。

［10］【顏注】師古曰：必將傳位於子。

［11］【顏注】師古曰：不取，猶言不用此爲善也。

［12］【顏注】師古曰：治安，言治理而且安寧也。治，音丈吏反。

［13］【顏注】師古曰：言上古已来（已，蔡琪本、大德本、

殷本作"以"），國祚長久，無及殷周者也。

　　［14］【顏注】師古曰：所以能爾者，以承嗣相傳故也。

　　［15］【顏注】師古曰：設，置立也。謂立此法也。

　　［16］【顏注】師古曰：釋，捨也。宜建適嗣（宜建適嗣，蔡琪本、大德本、殿本作"宜建謂適嗣"）。

　　［17］【顏注】師古曰：不當更議。

　　［18］【顏注】文穎曰：景帝名。【今注】子啓：啓，即漢景帝。王先謙《漢書補注》引蘇輿説，指出《史記》此處因避諱寫作"子某"，而此《紀》直書"子啓"，當是因親盡而不諱。下文"勾以啓告朕"，《史記》亦刪去"啓"字。

　　［19］【今注】敦厚：王先謙《漢書補注》指出，荀悦《漢紀》與此同，作"敦厚"；《史記》《資治通鑑》則作"純厚"。

　　［20］【顏注】師古曰：雖非己生、正嫡，但爲後者即得賜爵。【今注】爲父後者：指家族之嗣子。案，何焯《義門讀書記》卷一五認爲，"當爲父後"所指當爲嫡長，與顏師古觀點不同。

　　［21］【顏注】師古曰：軹，音只。

　　三月，有司請立皇后。皇太后曰："立太子母竇氏爲皇后。"[1]

　　［1］【今注】立太子母竇氏爲皇后：何焯《義門讀書記》卷一五指出，因代王王后先卒，竇姬乃以子貴，故先建太子，後立皇后。"立太子母"四字上，《史記》有"諸侯皆同姓"五字。意指周代天子與異姓諸侯王結親，然現今諸侯皆同姓，故不可拘以舊制，必與諸侯王結親。自此後，景帝立王后，武帝立衛后，對皇后出身皆無要求，與先秦時期截然不同。另外，此時尚有長沙王是異姓王。劉鳴《〈史記〉校讀一則》（載《秦漢研究》第8輯，陝西人民出版社2014年版）則認爲《史記》"諸侯皆同姓"五字爲衍，

衍自上文立太子的討論中，"楚王，季父也"一句之前。

詔曰：[1]"方春和時，草木群生之物皆有以自樂，而吾百姓鰥寡孤獨窮困之人或阽於死亡，[2]而莫之省憂。[3]為民父母將何如？其議所以振貸之。"[4]又曰："老者非帛不煖，非肉不飽。[5]今歲首不時使人存問長老，[6]又無布帛酒肉之賜，將何以佐天下子孫孝養其親！今聞吏稟，當受鬻者或以陳粟，[7]豈稱養老之意哉！具為令。"[8]有司請令縣道，[9]年八十已上，賜米人月一石，肉二十斤，酒五斗。其九十已上，又賜帛人二疋，[10]絮三斤。[11]賜物及當稟鬻米者，長吏閱視，丞若尉致。[12]不滿九十，嗇夫、令史致。[13]二千石遣都吏循行，[14]不稱者督之。[15]刑者及罪有耐以上，不用此令。[16]

[1]【今注】案，《史記》卷一〇《孝文本紀》未錄此詔書原文，僅略云"上為立后故，賜天下鰥寡孤獨窮困及年八十已上孤兒九歲已下布帛米肉各有數"。

[2]【顏注】服虔曰：阽，音反坫之坫。孟康曰：阽，音屋檐之檐。如淳曰：阽，近邊欲墮之意。師古曰：服、孟二音並通。

[3]【顏注】師古曰：省，視也。

[4]【顏注】師古曰：振，起也。為給貸之令，其存立也。諸振救、振贍，其義皆同。今流俗作字從貝者，非也，自別有訓。貸，音吐戴反。【今注】振貸：賑災措施。借貸與受災民衆錢物，到期歸還，近人呂思勉對此制梳理頗詳（參見呂思勉《呂思勉讀史札記》，上海古籍出版社2005年版，第598—600頁）。

[5]【顏注】師古曰：煖，溫也，音乃短反。

[6]【顏注】師古曰：存，省視也。

[7]【顏注】師古曰：稟，給也。鬻，淖糜也。給米使爲糜鬻也。陳，久舊也。《小雅·甫田之詩》曰"我取其陳"。鬻，音之六反。淖（淖，大德本作"淖弱也"，殿本作"淖溺也"），音女教反。【今注】受鬻：領取做粥用的糧食。鬻，粥。本書卷六《武紀》載武帝建元元年（前140）詔書有云"民年九十以上，已有受鬻法"。是知此是漢廷表示尊老的一種長期福利制度。出土張家山漢簡《二年律令·傅律》有云，"大夫以上［年］九十，不更九十一，簪裏九十二，上造九十三，公士九十四，公卒、士五（伍）九十五以上者，稟鬻米月一石"，此當即受鬻法之具體規定，可見在呂后時已有此制。武帝以後，因財政壓力等原因，此種以月度發米的規定似未能持續，而是受《禮記·月令》影響，逐漸演變爲持續東漢一朝的仲秋"行糜粥"之制，其福利意義已大爲減少，更多的祇剩象徵意義（參見趙凱《西漢"受鬻法"探論》，《中國史研究》2007年第4期）。

[8]【顏注】師古曰：使其備爲條制（條制，大德本、殿本作"修制"）。

[9]【顏注】師古曰：或縣或道，皆用此制也。有蠻夷曰道。

[10]【今注】疋（pǐ）：同"匹"。

[11]【顏注】師古曰：絮，綿也。【今注】案，由"年八十"至此，似爲文帝制定的每月向八十、九十歲老人發放福利的長期制度。因而有觀點認爲，此是文帝對《二年律令》所見受鬻法的改進，去掉了爵位限制，年齡降爲八十，所發福利大幅度增加。趙凱《〈漢書·文帝紀〉"養老令"新考》（《南都學壇》2011年第6期）指出，此處文帝所賜財物太過豐厚，若月月如此，則其待遇不但遠高於三老等鄉官，甚至超過許多低等官吏的月俸，與其他賜詔中的身份地位排列相反，更非漢廷財政所能負擔。結合《後漢書》卷五《安帝紀》的相關記載，前文"賜米人月一石"一句的"月"字當

爲衍。然則此二句當爲一次性的賞賜，並非是對受鬻法的改進。此後的内容方與改進受鬻法有關。

[12]【顏注】師古曰：長吏，縣之令、長也。若者，豫及之詞。致者，送至也。或丞或尉，自致之也。【今注】長吏：王先謙《漢書補注》指出，據本書《百官公卿表》，縣中尚有丞、尉，秩四百石至二百石。令、長、丞、尉，皆爲長吏，非僅顏師古所言之令、長。　丞：官名。此指縣丞。秦漢縣級行政機構佐官之一。位僅次於縣令（長），秩四百石至二百石，由中央任命，員額多爲一人。職掌文書及倉、獄事宜，佐助令（長）。　尉：官名。此指縣尉。秦漢縣府佐官，職主盜賊，有單獨治所。關於秦縣令、丞、尉的具體職責，可參見沈剛《秦縣令、丞、尉問題發微》（載《出土文獻研究》第17輯，中西書局2018年版）。案，從《後漢書》等傳世史料來看，此種令官員親致粟米的的制度至東漢猶然。但從漢畫像石等出土材料來看，此種規定在實際中實已流於具文，實際仍需老者到倉庫親自領取。（參見趙凱《西漢“受鬻法”探論》）

[13]【今注】嗇夫：鄉官名。王先謙《漢書補注》指出，據本書《百官公卿表》，鄉有嗇夫之官，“職聽訟，收賦税”。　令史：王先謙《漢書補注》指出，據《百官公卿表》，百石以下官吏有斗食、佐史，爲少吏。《資治通鑑》卷一三《漢紀》孝文皇帝元年胡三省注引《漢官》，稱斗食佐史即爲斗食令史。

[14]【顏注】蘇林曰：取其都吏有德也。如淳曰：律説，都吏今督郵是也。閑惠曉事，即爲文無害都吏。師古曰：如説是也。行，音下孟反。【今注】都吏：官名。漢初郡國派遣巡行屬縣之官。西漢中期以後爲新置的督郵所取代。

[15]【顏注】師古曰：循行有不如詔意者，二千石察視責罰之。【今注】督：吳仁傑《兩漢刊誤補遺》指出，“督”有兩義，一爲“督察”；二爲決罰之名，即杖刑。與杖刑類似的有鞭笞之刑，鞭刑用生熟革鞭其背，可至殘肌膚；笞用竹笞其臀，可至露形體；

杖督則用荆，對人的傷害較輕，因而被視作輕一等的刑罰。魏明帝時，婦人判笞者按杖督執行，以免其露形體。隋去鞭刑，唐因隋舊，督責鞭罰之制，並廢不用。是以顏師古有此誤。許慎《説文解字》釋"殺"爲"擊物"，而"督""殺"同"篤"音。或因古字少，故即以"督"爲"殺"。王先謙《漢書補注》認爲"督"與"殺"通假。此類言"古字少"的説法皆不成立。

[16]【顏注】蘇林曰：一歲爲罰作，二歲刑以上爲耐之（耐之，殿本、大德本、蔡琪本作"耏"）。耐，能任其罪也。師古曰：刑，爲先被刑也。有罪，在吏未決者也。言八十、九十之人雖合加賜，其中有被刑罪者，不在此賜物令條中也。【今注】案，罪有，蔡琪本、殿本、大德本均作"有罪"。　耏：古輕刑之名。一種剃掉鬍鬚兩年的刑罰。一歲刑爲罰作，二歲刑以上爲耐。耐，"而"指面頰上的鬍鬚，"寸"指法度，刑法。在面頰上施刑罰，指剃鬚。字本作"耏"。案，王先謙《漢書補注》指出，又據《史記》，孤兒九歲以下亦得賜。

楚元王交薨。

四月，齊、楚地震，二十九山同日崩，大水潰出。[1]

[1]【顏注】師古曰：旁決曰潰，上湧曰出。【今注】二十九山：王先謙《漢書補注》指出本書《五行志》作"山二十九所"。

六月，令郡國無來獻。[1]施惠天下，諸侯四夷遠近驩洽。[2]乃脩代來功。[3]詔曰："方大臣誅諸吕迎朕，朕狐疑，皆止朕，[4]唯中尉宋昌勸朕，朕已得保宗廟。[5]以尊昌爲衛將軍，[6]其封昌爲壯武侯。諸從朕六人，皆至九卿。"^[7]又曰:"列侯從高帝入蜀漢者六十八人,^[8]益邑各三百戶。吏二千石以上從高帝潁川守尊等十人食邑六百戶,^[9]淮陽守申屠嘉等十人五百戶,^[10]衛尉足等十人四百戶。"^[11]封淮南王舅趙兼爲周陽侯,^[12]齊王舅駟鈞爲靖郭侯,^[13]故常山丞相蔡兼爲樊侯。^[14]

[1]【今注】案,由"六月"至此,《史記》卷一〇《孝文本紀》無。

[2]【今注】驩(huān):同"歡"。

[3]【顏注】師古曰:自代來時有功者(殿本句尾有"也"字)。【今注】乃脩代來功:王先謙《漢書補注》指出,《史記》此處作"乃循從代來功臣","循""脩"形似而誤。

[4]【顏注】師古曰:狐之爲獸,其性多疑,每渡冰河,且聽且渡。故言疑者,而稱狐疑。

[5]【今注】已:王先謙《漢書補注》引蘇輿説,指出《史記》"已"作"以","以""已"兩字通假。

[6]【顏注】師古曰:尊,高也,高其官秩。

[7]【顏注】師古曰:張武等。【今注】皆至九卿:蔡琪本、大德本均作"官皆至九卿"。王先謙《漢書補注》認爲,"皆至九卿"非詔文,詔應云"諸從朕六人,進秩有差"。此爲修史者終言之。

[8]【今注】蜀漢:《史記·孝文本紀》作"蜀、漢中"。

[9]【今注】案,以,蔡琪本作"已"。 潁川:郡名。治陽翟(今河南禹州市)。 守:郡守。職官名。秦及漢初地方郡的最高長官。漢景帝中二年(前148)更爲太守,秩二千石。

[10]【今注】淮陽:郡名。治陳縣(今河南淮陽縣)。 申屠嘉:漢初大臣,在文帝末年、景帝初年任丞相。傳見本書卷四二。

[11]【今注】衛尉:戰國秦置,西漢沿置,掌宮門屯衛兵,

秩中二千石，列位九卿。　足：王先謙《漢書補注》指出，本書《百官公卿表》孝文二年（前178）所記爲"衞尉足"；《史記》作"定"。

［12］【今注】淮南：諸侯王國名。治壽春（今安徽壽縣）。趙兼：淮南屬王劉長之舅父。後以封爵爲氏。其子周陽由爲景帝朝著名酷吏。　周陽：侯國名、縣名。治所在今山西聞喜縣東北。

［13］【顏注】如淳曰：邑名也，六國時齊有靖郭君。靖，音静。師古曰：《外戚恩澤侯表》云"鄒侯駟鈞，以齊王舅侯"，今此云"靖郭"，豈初封靖郭，後改爲鄒乎？鄒，音一戶反，又音於庶反。【今注】靖郭侯：王先謙《漢書補注》指出，《史記》作"清郭侯"，裴駰《集解》引如淳注云"清，音静"。案，《史記·孝文本紀》此處有"秋封"二字。

［14］【今注】常山：郡名、諸侯王國名。治元氏（今河北元氏縣西北）。　丞相：錢大昕《廿二史考異·漢書一》認爲，"丞"字衍。周壽昌《漢書注校補》指出，景帝中五年纔改諸侯王國丞相爲相，此時稱"丞相"無誤。"丞"字非衍。此故常山王之丞相也。《功臣表》作"常山相"，當爲省文。王先謙《漢書補注》同意周説，並指出《史記》亦有"丞"字。　樊：侯國名、縣名。治所在今山東濟寧市東。案，是年末《史記·孝文本紀》還記載了周勃辭職一事，内容與其本《傳》略同，《漢書》乃删之。

二年冬十月，丞相陳平薨。[1] 詔曰："朕聞古者諸侯建國千餘，[2] 各守其地，以時入貢，民不勞苦，上下驩欣，靡有違德。今列侯多居長安，邑遠，[3] 吏卒給輸費苦，而列侯亦無繇教訓其民。[4] 其令列侯之國，爲吏及詔所止者，遣太子。"[5]

［1］【今注】丞相陳平薨：錢大昭《漢書辨疑》指出，《漢書》

中，遇丞相薨，一般書日不書姓。惟陳平、灌嬰書姓，不書日；申
屠嘉不書日；翟方進書姓，仍書日。今案，《史記》卷一〇《孝文
本紀》此處尚有"復以絳侯勃爲丞相"之記載。

〔2〕【今注】千餘：王先謙《漢書補注》指出，《史記》有
"歲"字，義異。

〔3〕【顏注】師古曰：所食之邑去長安遠。【今注】邑遠：王
先謙《漢書補注》引王啓原曰，三輔之地不用以封列侯。故列侯食
邑距長安千百里，故云"邑遠"。關內侯則食邑關中，比於周之圻
內諸侯，但比列侯低一等。

〔4〕【顏注】師古曰："繇"讀與"由"同。

〔5〕【顏注】李奇曰：爲吏，謂爲卿大夫者。詔所止，特以
恩愛見留。【今注】太子：周壽昌《漢書注校補》指出，漢制中，
王及列侯長子皆稱太子，王母稱太后，非天子專稱。

十一月癸卯晦，[1]日有食之。[2]詔曰："朕聞之，天
生民，爲之置君以養治之。人主不德，布政不均，則
天示之災，以戒不治。[3]乃十一月晦，日有食之，適見
于天，[4]災孰大焉！[5]朕獲保宗廟，以微眇之身託于士
民君王之上，[6]天下治亂，在予一人，[7]唯二三執政猶
吾股肱也。朕下不能治育群生，上以累三光之明，[8]其
不德大矣。令至，其悉思朕之過失，[9]及知見之所不
及，匄以啓告朕。[10]及舉賢良方正能直言極諫者，以
匡朕之不逮。[11]因各敕以職任，務省繇費以便民。[12]
朕既不能遠德，故悃然念外人之有非，[13]是以設備未
息。今縱不能罷邊屯戍，又飭兵厚衛，[14]其罷衛將軍
軍。[15]太僕見馬遺財足，[16]餘皆以給傳置。"[17]

［1］【今注】晦：農曆每月最末一日。

［2］【今注】日有食之：查諸日食表，公元前 178 年 1 月 2 日，亦即文帝二年十一月癸卯晦確有日食，西安地區食甚時刻爲下午 3 時 23 分，食分爲 0.31，與此記載相合（參見張培瑜《三千五百年曆日天象》，大象出版社 1997 年版）。案，《史記》卷一〇《孝文本紀》此處尚有云"十二月望，日又食"（"望"指每月月圓的那一天）。然張守節《正義》已指出，此記載不合"日蝕則朔，月蝕則望"的自然規律，當誤。蓋因此故，而《漢書》删之。裴駰《集解》引徐廣説，指出有的版本作"月又食"，然按慣例史書一般不記載月食。辛德勇《史記新本校勘》第四篇之《孝文本紀》則指出，《史記·天官書》有云"月蝕，將相當之"，《漢書·天文志》有云"月食修刑"。他認爲，《史記》記月食是爲了表示文帝對周勃等功臣的責難。

［3］【顏注】師古曰：治，音直吏反。

［4］【顏注】師古曰：適，讀曰謫，責也，音張革反。見，音胡電反。

［5］【顏注】師古曰：災莫大於此。【今注】案，何焯《義門讀書記》卷一五認爲，自秦以來皇帝即不"畏天"，至文帝始聞此言。

［6］【今注】士民：王先謙《漢書補注》指出，《史記》中，"士"字作"兆"。

［7］【今注】案，《尚書·湯誥》有云"萬方有罪，在予一人"。

［8］【顏注】師古曰：三光，日、月、星也。累，音力瑞反。

［9］【顏注】師古曰：令，謂此詔書。

［10］【顏注】師古曰：匄，音蓋。匄亦乞也。啓，開也。言以過失開告朕躬，是則於朕爲恩惠也。《商書·説命》曰"啓乃心，沃朕心"。

[11]【顏注】師古曰：匡，正也。逮，及也。不逮者，意慮所不及。【今注】賢良：選舉科目。始於漢文帝，常與方正、文學、能直言極諫者連稱，也稱賢良文學、賢良方正。

[12]【顏注】師古曰：省，減也，音所領反。繇，音傜（音傜，蔡琪本作"讀曰傜"）。

[13]【顏注】蘇林曰：惘，寢視不安皃也（不安皃也，蔡琪本作"不安貌也"，殿本作"不安貌"）。孟康曰：惘，猶介然也。非，蓋非也。師古曰：孟説是也。惘，音下板反。

[14]【顏注】師古曰：飭，整也，音敕。

[15]【今注】衛將軍軍：王先謙《漢書補注》指出，此軍爲宋昌所領。

[16]【顏注】師古曰：遺，留也。財與纔同。纔，少也。太僕見在之馬今當減，留纔足充事而已。

[17]【顏注】師古曰：傳，音張戀反。置者，置傳驛之所，因名置也。他皆類此。

春正月丁亥，[1]詔曰："夫農，天下之本也，其開藉田，[2]朕親率耕，以給宗廟粢盛。[3]民讁作縣官及貸種食未入、入未備者，皆赦之。"[4]

[1]【今注】丁亥：《史記》卷一〇《孝文本紀》未載此具體日期。沈欽韓《漢書疏證》指出，根據《通典》卷四六吉禮五所載何佟之語，自漢文帝在丁亥日耕籍田以來，後王相承用之，至北齊猶然。

[2]【顏注】應劭曰：古者天子耕藉田千畝，爲天下先。藉者，帝王典藉之常也。韋昭曰：藉，借也。借民力以治之，以奉宗廟，且以勸率天下，使務農也。臣瓚曰：景帝詔曰"朕親耕，后親桑，爲天下先"，本以躬親爲義，不得以假借爲稱也。藉，謂

蹈藉也。師古曰：瓚説是也。《國語》曰"宣王即位，不藉千畝，虢文公諫"，斯則藉非假借明矣。【今注】其開藉田：藉，殿本作"籍"。王先謙《漢書補注》指出，《説文》"耤"下云"帝耤千畝也。古者使民如借，故謂之耤，从耒，昔聲"；"藉"下云"祭藉也。一曰草不編，狼藉"；"籍"下云"簿書也"。據此，王先謙認爲，其字當本作"耤"。又引王啓原説指出，據本書《食貨志》，文帝用賈誼言開藉田。據本書卷六五《東方朔傳》，顧成廟當爲漢代藉田定所。據後文文帝四年（前176）服虔注，顧成廟在長安城南。孝武耕於上林，孝昭耕於鈎盾弄田，與此不同，故在紀中特別寫明。

［3］【顏注】師古曰：黍稷曰粢，在器曰盛。粢，音咨。

［4］【顏注】師古曰：種者，五穀之種也。食者，所以爲糧食也。貸，音吐戴反。種，音之勇反。【今注】案，由"民謫作"至此，《史記·孝文本紀》無，爲《漢書》所補。謫，大德本同，蔡琪本、殿本作"讁"。

三月，有司請立皇子爲諸侯王。詔曰："前趙幽王幽死，朕甚憐之，已立其太子遂爲趙王。遂弟辟彊[1]及齊悼惠王子朱虚侯章、東牟侯興居有功，可王。"乃遂立辟彊爲河間王，[2]章爲城陽王，[3]興居爲濟北王。[4]因立皇子武爲代王，[5]參爲太原王，[6]揖爲梁王。[7]

［1］【顏注】師古曰：辟彊，言辟禦彊梁者，亦猶辟兵、辟非耳。辟，音必亦反。彊，音其良反。一説，辟讀曰闢，彊讀曰疆。闢疆，言開土地也。《賈誼書》曰："衛侯朝於周，周行人問其名，衛侯曰：'辟彊。'行人還之曰：'啓彊、辟彊，天子之號也，諸侯弗得用。'更其名曰燬。"則其義兩説並通。他皆類此。

【今注】案，王先謙《漢書補注》引王先慎説指出，顔注中，賈誼所叙衛侯此事出自《韓非子·外儲説右下》。他認爲，既然周時尚不許臣子名辟疆，則漢初亦不當取此意，當以前説是。

[2]【今注】案，王先謙《漢書補注》指出，"遂"字因涉上文而衍。　河間：諸侯王國名。治樂成（今河北獻縣東南）。

[3]【今注】案，《史記》卷一〇《孝文本紀》此句作"以齊劇郡立朱虛侯爲城陽王"。城陽，諸侯王國名。治莒縣（今山東莒縣）。

[4]【今注】濟北：諸侯王國名。治博陽（今山東泰安市東南）。

[5]【今注】武：文帝子，景帝同母弟，後徙封於梁。七國之亂時堅守梁國，對漢廷平滅吳楚叛軍貢獻極大。後因覬覦皇位繼承權刺殺袁盎等人，爲景帝所疏，抑鬱而終。傳見本書卷四七。代：諸侯國名。都代縣（今河北蔚縣東北）。

[6]【今注】參：文帝與諸姬之子，後改封代王，兼領太原。文帝後二年（前162）去世。傳見本書卷四七。　太原：諸侯王國名。治晉陽縣（今山西太原市西南）。

[7]【今注】揖：文帝少子，漢文帝十一年（前169）墜馬夭亡。其太傅賈誼傷之，歲餘亦死。傳見本書卷四七。　梁：諸侯國名。都睢陽縣（今河南商丘市睢陽區）。案，朱一新《漢書管見》指出，本書《諸侯王表》載代王等均以二月乙卯立，與紀差一月。

五月，[1]詔曰："古之治天下，朝有進善之旌，[2]誹謗之木，[3]所以通治道而來諫者也。今法有誹謗訞言之罪，[4]是使衆臣不敢盡情，而上無由聞過失也。將何以來遠方之賢良？其除之。民或祝詛上，以相約而後相謾，[5]吏以爲大逆。其有他言，吏又以爲誹謗。此細民之愚，無知抵死，[6]朕甚不取。自今已來，[7]有犯此者勿聽治。"

[1]【今注】五月：《史記》卷一〇《孝文本紀》未載此時間。

[2]【顏注】應劭曰：旌，幡也，堯設之五達之道，令民進善也。如淳曰：欲有進者，立於旌下言之。【今注】進善之旌：沈欽韓《漢書疏證》指出，《管子·桓公問》有云："舜有告善之旌，而主不蔽也。"《文苑英華》盧碩《畫諫》自注云："《兩漢故事》：'文帝三年，于永明殿畫屈軼草、進善旌、誹謗木、敢諫鼓、獬豸，凡有五邑物也。'"

[3]【顏注】服虔曰：堯作之，橋交午柱頭（橋，蔡琪本、大德本、殿本作"橋梁"；蔡琪本、殿本句尾有"也"字）。應劭曰：橋梁邊板，所以書政治之愆失也。至秦去之，今乃復施也。師古曰：應說是也。【今注】誹謗之木：沈欽韓《漢書疏證》引崔豹《古今注》，指出誹謗之木即華表，並描述其形狀。

[4]【顏注】師古曰：高后元年詔除妖言之令，今此又有訞言之罪，是則中間曾重復設此條也。"訞"與"妖"同。【今注】今法有誹謗訞言之罪：高后元年（前187）同時廢除三族罪與妖言令，至文帝繼位後，又先後有廢除之令。如前文注釋，有觀點認爲三族罪爲高后八年功臣平諸呂後所復，用以誅殺諸呂一黨。然則妖言令或亦是當時所復。

[5]【顏注】師古曰：譺，欺也。初爲要約，共行祝詛，後相欺誑，中道而止，無實事也。譺，音慢，又音莫連反。【今注】祝詛：祈求鬼神加禍於敵對之人的行爲。案，辛德勇認爲，本句意爲帝王與民衆相約某事，其後又相譺，以致發生民衆"祝詛上"的行爲。由於帝王之過在先，故文帝認爲當赦此罪。辛氏進一步認爲，此詔書當有文帝問責周勃、陳平等廢立大臣之政治用意。（參見辛德勇《〈史記〉新本校勘》第四篇之《孝文本紀》，廣西師範大學出版社2017年版，第378—381頁）

[6]【顏注】師古曰：抵，觸也，亦至也。

[7]【今注】案，已，蔡琪本、大德本、殿本作"以"。

九月，初與郡守爲銅虎符、竹使符。[1]

[1]【顏注】應劭曰：銅虎符第一至第五，國家當發兵，遣使者至郡合符，符合乃聽受之。竹使符皆以竹箭五枚，長五寸，鐫刻篆書，第一至第五。張晏曰：符以代古之圭璋，從簡易也。師古曰：與郡守爲符者，謂各分其半，右留京師，左以與之。使，音所吏反。【今注】郡守：王先謙《漢書補注》指出，"郡守"，《史記》作"郡國守相"。　銅：王先謙《漢書補注》指出，司馬貞《史記索隱》引張晏稱用銅是取其同心之意。　虎符：錢大昭《漢書辨疑》引《説文》，指出爲了取"威武"之意，發兵之玉、銅皆用虎形。又，司馬貞《史記索隱》引衛宏《漢舊儀》，認爲銅虎符長六寸。然從出土銅虎符來看，其長度在二至四寸，並無長六寸者。司馬貞引文之誤當因迷信秦及漢初用水德，"數用六"所致。事實上，"數用六"源自先秦時代以"十二""六"爲"天數"的思想。是先秦秦漢時期較爲流行的潮流，而非普遍的制度。（參見朱翠翠《秦漢符信制度研究》，上海師範大學 2009 年碩士論文；安子毓《秦"數以六爲紀"淵源考》，《中國史研究》2018 年第 4 期）案，辛德勇認爲，此令之目的在於使文帝牢固掌握軍權（參見辛德勇《史記新本校勘》第四篇之《孝文本紀》，第 382—383 頁）。

詔曰：[1]"農，天下之大本也，民所恃以生也，而民或不務本而事末，[2]故生不遂。[3]朕憂其然，故今兹親率群臣農以勸之。其賜天下民今年田租之半。"[4]

〔1〕【今注】案,《史記》卷一〇《孝文本紀》未録此詔,爲《漢書》所補。

〔2〕【今注】末:指商業。中國古代重農輕商,以農爲"本",以商爲"末"。

〔3〕【顔注】師古曰:衣食乏絶,致有夭喪,故不遂其生。

〔4〕【顔注】師古曰:免不收之。

三年冬十月丁酉晦,日有食之。[1]十一月丁卯晦,日有食之。[2]

〔1〕【今注】日有食之:查諸日食表,公元前178年12月22日,亦即文帝三年十月丁酉晦確有日食,西安地區食甚時刻爲下午2時28分,食分爲0.39,與此記載相合(參見張培瑜《三千五百年曆日天象》)。

〔2〕【今注】案,日有食之,殿本作"日有蝕之"。今案,《史記》卷一〇《孝文本紀》未載十一月日食。查諸日食表,文帝三年十一月開始一年多皆無日食,此記載當誤。當從《史記》。(參見張培瑜《三千五百年曆日天象》)

詔曰:"前日詔遣列侯之國,辭未行。丞相朕之所重,其爲朕率列侯之國。"遂免丞相勃,遣就國。十二月,[1]太尉潁陰侯灌嬰爲丞相。[2]罷太尉官,屬丞相。

〔1〕【今注】十二月:此時間《史記》卷一〇《孝文本紀》無,爲《漢書》所補。

〔2〕【今注】潁陰:侯國名、縣名。治所在今河南許昌市。

夏四月,城陽王章薨。淮南王長殺辟陽侯審

食其。[1]

[1]【顏注】師古曰：殺之於其家。【今注】辟陽：侯國名、縣名。治所在今河北衡水市冀州區東南。　審食其：沛縣（今江蘇沛縣）人。初爲劉邦舍人，曾與呂后一同被項羽俘獲，乃爲呂后寵信。漢高祖時封辟陽侯，高后時爲左丞相。漢文帝即位，罷相，後爲淮南王劉長所殺。案，淮南王長以審食其未力保其母性命爲由而殺之，詳見本書卷四四《淮南王傳》。案，《史記》卷一〇《孝文本紀》此句作“淮南王長與從者魏敬殺辟陽侯審食其”。

五月，匈奴入居北地、河南爲寇。[1]上幸甘泉，[2]遣丞相灌嬰擊匈奴，[3]匈奴去。發中尉材官屬衞將軍，[4]軍長安。

[1]【顏注】師古曰：北地郡之北，黄河之南，即白羊所居。【今注】北地：郡名。治義渠（今甘肅寧縣西北）。　河南：即河南地，在今内蒙古河套黄河以南地區。《資治通鑑》卷一四《漢紀》孝文皇帝三年胡三省注指出，此地在北河之南。即蒙恬所收，衞青所奪之白羊地（白羊爲匈奴王號）。案，王先謙《漢書補注》指出，《史記》此處作“入北地，居河南爲寇”。當以《史記》爲是。

[2]【顏注】如淳曰：蔡邕云：“天子車駕所至，民臣以爲僥幸，故曰幸。見令、長、三老、官屬，親臨軒作樂，賜以食、帛、越巾、佩帶之屬（食帛，蔡琪本、大德本、殿本作“酒食帛蒿”）；民爵有級數，或賜田租之半。故因謂之幸也。”師古曰：甘泉在雲陽，本秦林光宫。【今注】甘泉：左馮翊雲陽縣有甘泉山，在今陝西淳化縣西北，山上有甘泉宫。案，《史記》卷一〇《孝文本紀》此處載文帝出擊匈奴詔書，時間爲六月。《漢書》移

至本書卷九四上《匈奴傳上》，而未細載此時間。

[3]【今注】案，王先謙《漢書補注》指出，關於灌嬰所率兵力，本書《匈奴傳上》所載爲“邊吏車騎八萬”，《五行志》所載爲“車騎士八萬五千人”。

[4]【今注】材官：秦漢時期於内地郡國設置的步兵部隊，東漢省。

上自甘泉之高奴，[1]因幸太原，見故群臣，皆賜之。舉功行賞，諸民里賜牛酒。[2]復晉陽、中都民三歲租。[3]留游太原十餘日。

[1]【顏注】師古曰：之，往也。高奴，上郡之縣。【今注】高奴：縣名。治所在今陝西延安市北。案，《史記》卷一〇《孝文本紀》載文帝至高奴之日期爲“辛卯”。

[2]【顏注】師古曰：里別率賜之。【今注】里：古代居民聚居的地方。在鄉爲閭，在邑爲里。漢代的里之間設有圍墙，置里監門，掌管里門開閉。

[3]【顏注】師古曰：復，音方目反。【今注】晉陽：縣名。治所在今山西太原市西南。　中都：縣名。治所在今山西平遥縣西南。案，王先謙《漢書補注》指出，晉陽、中都皆文帝爲代王時之都城。

濟北王興居聞帝之代，欲自擊匈奴，乃反，發兵欲襲滎陽。於是詔罷丞相兵，以棘蒲侯柴武爲大將軍，[1]將四將軍[2]十萬衆擊之。祁侯繒賀爲將軍，[3]軍滎陽。秋七月，[4]上自太原至長安。[5]詔曰：“濟北王背德反上，詿誤吏民，[6]爲大逆。濟北吏民兵未至先自定及呂軍城邑降者，皆赦之，復官爵。[7]與王興居去來者，赦之。"[8]八月，虜濟北王興居，自殺。[9]赦諸與興居反者。

[1]【顏注】臣瓚曰：《漢帝年紀》爲陳武，此云柴武，爲有二姓。【今注】棘蒲：侯國名、縣名。治所在今河北魏縣南。　柴武．王先謙《漢書補注》指出，本書卷一上《高紀上》、《高惠高后文功臣表》俱作"陳武"，《史記》亦同。

[2]【今注】四將軍：《漢書考證》齊召南指出，根據《史記·漢興以來將相名臣表》，四將軍爲昌侯盧卿、共侯盧罷師、甯侯魏遫、深澤侯趙將夜。

[3]【今注】祁：侯國名、縣名。治所在今山西祁縣東南。高祖六年（前201）封繒賀爲祁侯，武帝元光二年（前133）國除，復爲縣。

[4]【今注】秋：王先謙《漢書補注》指出，本書《五行志》："秋，天下旱。"

[5]【今注】案，《史記》卷一〇《孝文本紀》記文帝至長安日期爲辛亥。

[6]【顏注】師古曰：詿亦誤也，音卦。【今注】詿誤：錢大昭《漢書辨疑》認爲，"詿誤"一詞本自《史記》卷七〇《張儀傳》。周壽昌《漢書注校補》指出，顏注本之《說文》，然"誤誤"不合文辭。《廣雅》釋"詿"爲"欺"。本書卷九九上《王莽傳上》"臣莽當被詿上誤朝之罪"一句，其注亦訓爲"欺"。

[7]【今注】案，蔡琪本、大德本、殿本此處有顏注"師古曰復音扶目反"八字。

[8]【顏注】師古曰：雖始與興居共反，今棄之去而來降者，亦赦。【今注】與王興居去來者：《漢書考正》劉攽指出，高帝詔有云"與綰居去來歸者，赦之"，則此文亦當云"與王興居居去來

者，赦之”，此處當脱一“居”字。王先謙《漢書補注》則指出，
《史記》亦作“與王興居去來”，文意似亦明。去，意謂叛去。來，
意謂來降。然裴駰《集解》引徐廣云：“乍去乍來也。”顔注云“棄
之去而來降”，此意又似當如劉説添“居”字。案，赦之，蔡琪
本、殿本作“亦赦之”。

［9］【今注】案，沈欽韓《漢書疏證》指出，《西京雜記》載
劉興居反事，稱其舉兵時遇大風東來，旌旗上天，馬皆不進。興居
仍不聽諫，卒自殺。

四年冬十二月，丞相灌嬰薨。

夏五月，復諸劉有屬籍，家無所與。[1]賜諸侯王子
邑各二千户。

［1］【顔注】師古曰：復，音方目反。與，音豫（音豫，蔡
琪本作“讀曰豫”）。

秋九月，封齊悼惠王子七人爲列侯。[1]

［1］【今注】案，錢大昭《漢書辨疑》指出，《王子侯表》悼
惠王子十人皆以五月甲寅封，與此“七人”“九月”不同。王鳴盛
《十七史商榷》卷九指出，荀悦《漢紀》與《文帝紀》此處同。王
先謙《漢書補注》指出，本書卷三八《高五王傳》亦誤作“七
人”。　三人皆認爲當以表爲是。

絳侯周勃有罪，[1]逮詣廷尉詔獄。[2]

［1］【今注】絳：縣名。治所在今山西曲沃縣西南侯馬市東鳳

城古城。高祖六年（前 201）封周勃爲絳侯，文帝後元元年（前
163）國除，復爲縣。平帝元始二年（2）紹封絳侯國。　周勃有
罪：王先謙《漢書補注》指出，因其持兵自衛，故有人告勃反。

[2]【今注】廷尉：戰國秦始置，秦、西漢沿置。主管詔獄。
列位九卿，秩中二千石。　詔獄：意指奉皇帝詔令繫獄的案件（參
見宋傑《漢代監獄制度研究》，中華書局 2013 年版）。

作顧成廟[1]

[1]【顏注】服虔曰：廟在長安城南，文帝作。還顧見城，
故名之。應劭曰：文帝自爲廟制度，卑狹，若顧望而成，猶文王
靈臺不日成之，故曰“顧成”。賈誼曰：“因顧成之廟，爲天下太
宗，與漢無極。”如淳曰：身存而爲廟，若《尚書》之《顧命》
也。景帝廟號德陽，武帝廟號龍淵，昭帝廟號徘徊，宣帝廟號樂
游，元帝廟號長壽，成帝廟號陽池。師古曰：以還顧見城，因即
爲名，於義無取。又書本不作城郭字。應說近之。【今注】顧成
廟：《三輔黃圖》卷五云：“文帝廟，號顧成廟。孝文四年作顧成
廟，在長安城南。文帝自爲廟，制度逼狹，若顧望而成，猶文王靈
臺不日成之，故曰顧成也。”

五年春二月，地震。
夏四月，除盜鑄錢令。[1]更造四銖錢。[2]

[1]【顏注】應劭曰：聽於民鑄也（於，大德本、殿本作
“放”）。

[2]【顏注】應劭曰：文帝以五分錢太輕小，更作四銖錢，
文亦曰“半兩”，今民間半兩錢最輕小者是也。【今注】四銖錢：
實重四銖，錢文依舊爲“半兩”的錢。此種錢行用至武帝時。此時

允許民間鑄錢，但要求必須符合此規定。違反規定者處以黥刑。案，王先謙《漢書補注》指出，賈誼、賈山皆曾諫此事，詳見本書《食貨志》及卷五一《賈山傳》。又案，文帝四年、五年紀事，《史記》卷一〇《孝文本紀》未載。

六年冬十月，桃李華。[1]

[1]【今注】桃李華：桃樹、李樹開花。桃、李開花本當在春季，此次在冬季開花，故被視爲異象。此事《史記》卷一〇《孝文本紀》未載。

十一月，[1]淮南王長謀反，[2]廢遷蜀嚴道，死雍。[3]

[1]【今注】十一月：此時間《史記》卷一〇《孝文本紀》無，爲《漢書》所補。

[2]【今注】案，有觀點認爲，淮南王劉長並無實際謀反行爲。（參見呂壯《西漢淮南王劉長謀反案考辨》，《寧夏大學學報》2019 年第 3 期；孫家洲《西漢淮南王劉長“謀反”與死亡之謎》，《文史天地》2020 年第 2 期）

[3]【顏注】師古曰：遷於蜀郡之嚴道，行至扶風雍（蔡琪本、大德本、殿本“雍”後有“縣”字），在道而死也。【今注】蜀：郡名。治成都（今四川成都市）。　嚴道：縣道名。治所在今四川滎經縣。　死雍：殿本缺“雍”字。雍，縣名。屬右扶風，治所在今陝西鳳翔縣西南豆腐村、河南屯之間。王念孫《讀書雜志·漢書第一》指出，顏師古注“在道而死”，本書《五行志》作“道死雍”，《史記·漢興以來將相名臣表》亦云“道死雍”，可見“死雍”上當更有一“道”字，而今本脫之。案，《史記·孝文本紀》

叙此事較詳，並連及叙封其諸子事。此事在其本傳有原始文書詳
叙，蓋因此故，《漢書》作了簡寫，而將封其諸子事繫於後文。

七年冬十月，令列侯太夫人、夫人、諸侯王子及
吏二千石無得擅徵捕。[1]

[1]【顔注】如淳曰：列侯之妻稱夫人。列侯死，子復爲列
侯，乃得稱太夫人，子不爲列侯不得稱之。

夏四月，赦天下。
六月癸酉，未央宫東闕罘罳災。[1]

[1]【顔注】如淳曰：東闕與其兩旁罘罳皆災也。晉灼曰：
東闕之罘罳獨災也。師古曰：罘罳，謂連闕曲閣也，以覆重刻垣
墉之處，其形罘罳然，一曰屏也。罘，音浮。【今注】東闕：闕，
古代皇宫門外兩邊供瞭望的樓臺，中有通道。本書卷一下《高紀
下》云"蕭何治未央宫，立東闕、北闕、前殿、武庫、大倉"。顔
注云"未央殿雖南嚮，而上書奏事謁見之徒皆詣北闕，公車司馬亦
在北焉。是則以北闕爲正門，而又有東門、東闕。至於西南兩面，
無門闕矣。蓋蕭何初立未央宫，以厭勝之術，理宜然乎？"今案，
如顔師古所言，未央宫確以北闕爲正門，與後世以南門爲正門的習
俗大不相同。然其原因非所謂厭勝，而是當時由北極、北斗崇拜帶
來的尊北之風。而設東闕則當與上古以來尊日的習俗有關。（參見
宋艷萍《漢闕與漢代政治史觀》，載《形象史學研究》，人民出版
社 2014 年；安子毓《方位尊崇淵源考》，《社會科學戰綫》2017 年
第 10 期）　罘（fú）罳（sī）：亦作"罘思"。古代設於宫闕、墓
闕等上的交疏透孔的窗櫺，鏤木爲之。一説爲門闕外之屏。　災：
此指火災。《左傳》宣公十六年有云"凡火，人火曰火，天火曰

災"。

八年夏，封淮南厲王長子四人爲列侯。[1]

[1]【今注】案，王先謙《漢書補注》指出，賈誼曾反對此事並上諫，見本書卷四八《賈誼傳》。

有長星出于東方。[1]

[1]【顏注】文穎曰：孛、彗、長三星，其占略同，然其形象小異。孛星光芒短，其光四出蓬蓬孛孛也。彗星光芒長，參參如埽彗。長星光芒有一直指，或竟天，或十丈，或三丈，或二丈，無常也。大法，孛、彗星多爲除舊布新、火災，長星多爲兵革事。

九年春，大旱。
十年冬，行幸甘泉。
將軍薄昭死。[1]

[1]【顏注】鄭氏曰：昭殺漢使者，文帝不忍加誅，使公卿從之飲酒，欲令自引分。昭不肯。使群臣喪服往哭之，乃自殺。有罪，故言死。如淳曰：一說，昭與文帝博不勝，當飲酒，侍郎酌，爲昭少，一侍郎遣呵之（遣，蔡琪本、大德本、殿本作"譴"）。時此郎下沐，昭使人殺之，是以文帝使自殺。師古曰：《外戚恩澤侯表》云坐殺漢使者（殺漢使者，蔡琪本、大德本、殿本作"殺漢使者自殺"）。鄭説是也。

十一年冬十一月，行幸代。春正月，上自代還。

夏六月，梁王揖薨。

匈奴寇狄道。[1]

[1]【今注】狄道：屬隴西郡。治所在今甘肅臨洮縣。

十二年冬十二月，河決東郡。[1]

[1]【今注】河決東郡：王先謙《漢書補注》指出，此事詳見本書《溝洫志》。東郡，郡名。治濮陽縣（今河南濮陽市西南）。

春正月，賜諸侯王女邑各二千户。

二月，出孝惠皇帝後宮美人，令得嫁。

三月，除關無用傳。[1]

[1]【顏注】張晏曰：傳，信也，若今過所也。如淳曰：兩行書繒帛，分持其一，出入關，合之乃得過，謂之傳也。李奇曰：傳，棨也。師古曰：張說是也。古者或用棨，或用繒帛。棨者，刻木爲合符也。傳，音張戀反。棨，音啓。【今注】除關：廢除關禁。“關”之所指，是環繞關中的五關（扞關、隕關、函谷關、武關、臨晉關）和“諸塞之河津”即關中與關外的水路交通要津。案，沈欽韓《漢書疏證》指出，本書卷六四下《終軍傳》所用傳爲帛書，故謂之繻。清代謂之路引。

詔曰：“道民之路，在於務本。朕親率天下農，十年于今，而野不加辟，[1]歲一不登，民有飢色，[2]是從事焉尚寡，而吏未加務。[3]吾詔書數下，歲勸民種樹，[4]而功未興，是吏奉吾詔不勤，而勸民不明也。且吾農民甚苦，而吏莫之省，[5]將何以勸焉？其賜農民今年租稅之半。"

[1]【顏注】師古曰：辟，讀曰闢。闢（蔡琪本、大德本同，殿本無"闢"字），開也。

[2]【顏注】師古曰：登，成也。言五穀一歲不成則眾庶飢餒，是無蓄積故也。

[3]【顏注】師古曰：從事，從農事也。【今注】案，蔡琪本、大德本、殿本"加務"後有"也"字。

[4]【顏注】師古曰：樹，謂蓺殖也。

[5]【顏注】師古曰：省，視也。

又曰："孝悌，天下之大順也。力田，爲生之本也。三老，眾民之師也。廉吏，民之表也。朕甚嘉此二三大夫之行。今萬家之縣，云無應令，[1]豈實人情？是吏舉賢之道未備也。其遣謁者勞賜三老、孝者帛人五匹，悌者、力田二匹，廉吏二百石以上率百石者三匹。[2]及問民所不便安，而以戶口率置三老、孝悌、力田常員，[3]令各率其意以道民焉。"[4]

[1]【顏注】師古曰：無孝悌、力田之人可應察舉之令。

[2]【顏注】師古曰：自二百石已上（已，蔡琪本、大德本、殿本作"以"），每百石加三匹（蔡琪本、殿本句末有"也"字）。【今注】謁者：職官名。春秋戰國已有，秦、漢承之。西漢時掌賓贊受事，郎中令（光祿勳）屬官，員七十人，秩比六百石。

[3]【顏注】師古曰：計戶口之數以率之，增置其員，廣教化也。【今注】三老孝悌力田：皆爲鄉官。三老，先秦以來掌教化

之鄉官，西漢又增縣三老。孝悌，又作"孝弟"，指孝於父母、禮敬兄長者。力田，指勤於農事者。皆爲鄉官。

［4］【顏注】師古曰：道，音導（音，蔡琪本、大德本、殿本作"讀曰"）。

十三年春二月甲寅，詔曰："朕親率天下農耕以供粢盛，皇后親桑以奉祭服，其具禮儀。"［1］

［1］【顏注】師古曰：今立耕桑之禮制也。【今注】案，由漢文帝七年至此之紀事，《史記》卷一〇《孝文本紀》皆未載。

夏，除祕祝，［1］語在《郊祀志》。五月，除肉刑法，語在《刑法志》。［2］

［1］【顏注】應劭曰：祕祝之官，移過于下，國家諱之，故曰祕也。【今注】祕祝：王先謙《漢書補注》引洪亮吉指出，此制或源自《周禮·甸師》所載代王受災眚的記載。案，《史記》此處載文帝詔書云："蓋聞天道禍自怨起而福繇德興。百官之非，宜由朕躬。今祕祝之官移過于下，以彰吾之不德，朕甚不取。其除之"。《漢書》節略移至《郊祀志》。

［2］【今注】案，《史記》卷一〇《孝文本紀》詳叙此事，《漢書》移至《刑法志》而有增補。

六月，［1］詔曰："農，天下之本，務莫大焉。今廑身從事，［2］而有租税之賦，是謂本末者無以異也，［3］其於勸農之道未備。其除田之租税。賜天下孤寡布帛絮各有數。"［4］

[1]【今注】六月：此時間《史記》卷一〇《孝文本紀》無。

[2]【顏注】晉灼曰：“癉（癉，殿本作“厪”）”，古“勤”字。【今注】癉：王先謙《漢書補注》指出，“癉”《史記》作“勤”。癉，殿本作“厪”。

[3]【顏注】李奇曰：本，農也。末，賈也。言農與賈俱出租，無異也，故除田租。【今注】謂：《漢書考正》劉攽指出，此處“謂”疑當作“爲”字。王先謙《漢書補注》則指出，《史記》即作“爲”。然古時“謂”“爲”通假，劉説非是。

[4]【今注】案，《史記・孝文本紀》無此句。

十四年冬，匈奴寇邊，[1]殺北地都尉卬。[2]遣三將軍軍隴西、北地、上郡，[3]中尉周舍爲衞將軍，[4]郎中令張武爲車騎將軍，軍渭北，車千乘，騎卒十萬人。上親勞軍，勒兵，申教令，[5]賜吏卒。自欲征匈奴，群臣諫，不聽。皇太后固要，上乃止。[6]於是以東陽侯張相如爲大將軍，[7]建成侯董赫內史欒布皆爲將軍，[8]擊匈奴。匈奴走。

[1]【今注】匈奴寇邊：《史記》卷一〇《孝文本紀》此句作“匈奴謀入邊爲寇，攻朝邢塞”。

[2]【顏注】師古曰：《功臣表》云餠侯孫單以父北地都尉卬力戰死事（餠，大德本、殿本作“鉼”），文帝十四年封，與此正合，然則卬姓孫。而徐廣乃云姓段（段，蔡琪本、大德本、殿本作“叚”，本注下同），説者因曰段會宗即卬之玄孫，無所據也。會宗，《漢書》有傳，班固不云是卬後，何從而知之乎？【今注】都尉：職官名。佐郡太守典武職甲卒，掌治安，防盜賊，爲一郡之最高武官，秩比二千石。案，都尉原稱郡尉，漢景帝中二年

（前 148）更爲現名，此處當爲史家據後世職官名稱追書。　印：
王先謙《漢書補注》指出，《資治通鑑》卷一五《漢紀》孝文皇帝
十四年胡三省注亦云徐廣稱印姓段。然裴駰《史記集解》注引徐説
與顏略同。或是顏、胡采他人説而誤以爲徐也。此事在本書卷九四
《匈奴傳》中有詳細記載。

　　[3]【今注】隴西：郡名。治狄道（今甘肅臨洮縣）。　上郡：
治膚施（今陝西榆林市東南）。案，《漢書考證》齊召南指出，根
據本書《匈奴傳》，三將軍爲：上郡將軍昌侯盧卿、北地將軍甯侯
魏遬、隴西將軍隆慮侯周竈。

　　[4]【今注】案，含，蔡琪本、大德本、殿本作“舍”，當
據改。

　　[5]【顏注】師古曰：申，謂約束之。

　　[6]【顏注】文穎曰：要，劫也，哀痛祝誓之言。

　　[7]【今注】東陽：侯國名。治所在今山東武城縣東北。高祖
六年（前 201）封張相如爲東陽侯，景帝四年（前 153）國除爲縣。
宣帝本始四年（前 70）封清河綱王子劉弘爲東陽侯。　張相如：
高祖六年爲中大夫，以河間守擊陳豨，因功封侯，食邑一千三百
户。文帝時，爲太子太傅。

　　[8]【今注】建成侯董赫内史欒布皆爲將軍：《漢書考證》齊
召南指出，《史記》此處作“成侯赤爲内史，欒布爲將軍”。根據
本書《高惠高后文功臣表》，董赫是董渫之子，封成侯，非建成侯。
《百官公卿表》於是年書“内史董赤”。而據卷三七《欒布傳》，欒
布未嘗爲内史，《百官公卿表》亦不書。此文“建成侯”當衍
“建”字，又誤以“内史”連“欒布”。王先謙基本同意齊説，並
指出《匈奴傳》亦無“建”字。但又認爲内史無涉軍事，疑《史
記》亦爲誤文。今案，據後文“發内史卒萬五千人”，可見内史手
下亦負責一定兵力。又據《匈奴傳》，此次匈奴十四萬入侵，聲勢
極大，其候騎甚至已達到甘泉，内史地區已受威脅。任命董赫爲内

史，發動内史地區兵力擊匈奴亦非不可解之事。内史，職官名、政區名。秦漢京畿地方由内史治理，遂以職官名爲政區名。内史與郡同級，嶽麓書院藏秦簡記有"内史郡二千石官共令"（參見陳松長主編《嶽麓書院藏秦簡（肆）》，上海辭書出版社 2015 年版，第196 頁）。欒布，漢初名將，曾爲梁王彭越大夫，後爲漢都尉。文帝時爲燕相，官至將軍。七國之亂平定後，封鄃侯。傳見本書卷三七。

　　春，詔曰："朕獲執犧牲珪幣以事上帝宗廟，[1]十四年于今。歷日彌長，以不敏不明[2]而久撫臨天下，朕甚自媿。[3]其廣增諸祀壇場珪幣。[4]昔先王遠施不求其報，望祀不祈其福，右賢左戚，先民後己，[5]至明之極也。今吾聞祠官祝釐，[6]皆歸福於朕躬，不爲百姓，朕甚媿之。夫以朕之不德，而專鄉獨美其福，[7]百姓不與焉，[8]是重吾不德也。[9]其令祠官致敬，無有所祈。"

　　[1]【今注】珪：一作"圭"。古代帝王、諸侯朝聘或祭祀時所執的長條形玉板。　幣：繒帛。古時用以祭祀或贈送禮物。

　　[2]【顏注】師古曰：敏，材識捷疾。

　　[3]【顏注】師古曰：媿，古"愧"字。

　　[4]【顏注】師古曰：築土爲壇，除地爲場。幣，祭神之帛。【今注】壇：王先謙《漢書補注》指出，《史記》"壇"字作"墠"。

　　[5]【顏注】師古曰：以賢爲上，然後及親也（王先謙《漢書補注》認爲，顏注當在"左戚"二字下）。

　　[6]【顏注】如淳曰：釐，福也。《賈誼傳》"受釐坐宣室"是也。師古曰："釐"本字作"禧"，假借用耳，同音僖。【今注】

釐（xǐ）：福氣、吉祥。

[7]【今注】專鄉：周壽昌《漢書注校補》指出，《禮記·祭義》云：“饗者，鄉也。”《儀禮·燕禮》注云：“主國君饗時。”《釋文》：“‘饗’，本作‘鄉’。”王先謙《漢書補注》同意周說，指出此處《史記》作“躬享”，《資治通鑑》作“專饗”。

[8]【顏注】師古曰：與，音預（音預，蔡琪本作“讀曰豫”，殿本作“音豫”）。

[9]【顏注】師古曰：重，音直用反。

十五年春，黃龍見於成紀。[1]上乃下詔議郊祀。公孫臣明服色，新垣平設五廟。[2]語在《郊祀志》。夏四月，上幸雍，始郊見五帝，赦天下，脩名山大川嘗祀而絕者，有司以歲時置禮。[3]

[1]【顏注】師古曰：成紀，隴西縣。【今注】成紀：縣名。屬天水（顏注誤），治所在今甘肅靜寧縣西南（一說在今甘肅秦安縣北）。

[2]【顏注】文穎曰：公孫臣，魯人也。應劭曰：新垣平，趙人也（王先謙《漢書補注》指出，文、應之說本之於《史記》）。師古曰：五廟，即下渭陽五帝之廟也。

[3]【今注】案，歲時置禮，蔡琪本、大德本、殿本作“歲時致禮”。又，自“黃龍見於成紀”至此，《史記》卷一〇《孝文本紀》所敘較詳，《漢書》移至《郊祀志》，而有增删。

九月，詔諸侯王公卿郡守舉賢良能直言極諫者，上親策之，[1]傅納以言。[2]語在《鼂錯傳》。[3]

[1]【今注】上親策之：周壽昌《漢書注校補》認爲，這是漢廷以對策取士之始。前此即位二年詔舉賢良方正能直言極諫者，但未見何人得舉；至是以三道策士，而鼂錯以高第由太子家令遷中大夫。

[2]【顏注】師古曰：傅，讀曰敷。敷陳其言而納用之。【今注】案，此事《史記》卷一〇《孝文本紀》未載。

[3]【顏注】師古曰：錯，音千故反。

十六年夏四月，[1]上郊祀五帝于渭陽。[2]

[1]【今注】夏四月：此時間《史記》卷一〇《孝文本紀》未載。

[2]【顏注】韋昭曰：在渭城。師古曰：《郊祀志》云在長安東北，非渭城也。韋說謬（蔡琪本、大德本、殿本句末有“矣”字）。【今注】五帝：此當指五方帝。《淮南子·天文》云：“東方，木也。其帝太皞，其佐句芒，執規而治春，其神爲歲星……南方，火也。其帝炎帝，其佐朱明，執衡而治夏，其神爲熒惑……西方，金也。其帝少昊，其佐蓐收，執矩而治秋，其神爲太白……北方，水也。其帝顓頊，其佐玄冥，執權而治冬，其神爲辰星……中央，土也。其帝黃帝，其佐后土，執繩而治四方，其神爲鎮星。”　渭陽：指渭河北岸。案，《史記·孝文本紀》叙此事云“上親郊見渭陽五帝廟，亦以夏答禮而尚赤”。

五月，立齊悼惠王子六人、淮南厲王子三人皆爲王。[1]

[1]【今注】齊悼惠王：即齊王劉肥。劉邦庶長子，母爲曹姬。惠帝即位，奉獻城陽郡爲惠帝姐魯元公主湯沐邑，以免受呂后

誅殺。惠帝六年（前 189）去世，謚號悼惠。傳見本書卷三八。

　　秋九月，得玉杯，[1]刻曰“人主延壽”。令天下大
酺，[2]明年改元。

　　[1]【顏注】應劭曰：新垣平詐，令人獻之。
　　[2]【今注】案，《史記》卷一〇《孝文本紀》記此事於次年。

　　後元年[1]冬十月，[2]新垣平詐覺，謀反，[3]夷
三族。

　　[1]【顏注】張晏曰：新垣平候日再中，以爲吉祥，故改元
年，以求延年之祚也。【今注】後元年：《漢書考正》宋祁指出當
時但稱“元年”，史家追書“後”字以區別初元。王先謙《漢書補
注》引司馬貞《史記索隱》指出《史記》卷五《秦本紀》記載惠
文王十四年（前 324）更爲元年，《汲冢竹書》載魏惠王亦有後元，
當取法於此。案，應劭《風俗通義》卷二記載，漢代有傳說稱文帝
即位時，“後期不得立，日爲再中”。此傳説或源自張晏注所言新垣
平候日再中一事。
　　[2]【今注】冬十月：此時間《史記》卷一〇《孝文本紀》
未載。
　　[3]【顏注】師古曰：以詐事發覺，自恐被誅，因謀反也。

　　春三月，孝惠皇后張氏薨。[1]

　　[1]【顏注】張晏曰：后黨於呂氏，廢處北宮，故不曰崩。
【今注】張氏：張耳孫女，張敖與魯元公主之女。案，何焯《義門

讀書記》卷一五指出，張晏説本之本書《外戚傳》。不以后禮喪葬，故不曰“崩”；但書曰“皇后”，則其但退處，未嘗被廢。周壽昌《漢書注校補》指出，廢后死不書，景帝薄后、成帝許后書廢，不書死，此爲史例。孝惠后雖廢置別宮，然無明詔廢之，故仍書薨。

詔曰：“閒者數年比不登，[1]又有水旱疾疫之災，朕甚憂之。愚而不明，未達其咎。意者朕之政有所失而行有過與？[2]乃天道有不順，地利或不得，人事多失和，鬼神廢不享與？何以致此？將百官之奉養或廢，[3]無用之事或多與？何其民食之寡乏也！夫度田非益寡，而計民未加益，[4]以口量地，其於古猶有餘，而食之甚不足者，其咎安在？無乃百姓之從事於末以害農者蕃，[5]爲酒醪以靡穀者多，[6]六畜之食焉者衆與？細大之義，吾未能得其中。[7]其與丞相列侯吏二千石博士議之，[8]有可以佐百姓者，率意遠思，[9]無有所隱也。”[10]

[1] 【顏注】師古曰：比猶頻也。

[2] 【顏注】師古曰：與，讀曰歟，音弋於反。下皆類此。

[3] 【今注】案，廢，大德本、殿本作“費”。

[4] 【顏注】師古曰：度，謂量計之，音徒各反。

[5] 【顏注】師古曰：末，謂工商之業也。蕃亦多也，音扶元反。

[6] 【顏注】師古曰：醪，汁滓酒也。靡，散也。醪，音來高反。靡，音糜。

[7] 【顏注】師古曰：中，音竹仲反。

[8] 【今注】博士：官名。秦置，漢因之，隸屬九卿之一奉常

（太常）。掌通古今，教弟子；國有疑事，掌承問對。初秩比四百石，後升比六百石，設僕射一人領之。漢武帝罷黜百家之前，博士治各家之學，其後乃專立儒學一家。

[9]【今注】率意：王先謙《漢書補注》引蘇輿説認爲，"率意"爲"極意"之意。王先謙指出"率"無"極"義。元、成《紀》多言"悉意"，當即"率意"之意。

[10]【今注】案，無有所隱也，蔡琪本、大德本、殿本作"無有所隱"。

二年夏，行幸雍棫陽宮。[1]

[1]【顏注】蘇林曰：棫，音域。張晏曰：秦昭王所作也。晉灼曰：《黃圖》："在扶風。"【今注】棫陽宮：宮殿名。在秦雍城遺址南郊，亦即今陝西鳳翔縣城南（參見馬振智、焦南峰《蘄年、棫陽、年宮考》，載《陝西省考古學會第一屆年會論文集》）。秦昭襄王時始建。秦始皇曾遷其母於此宮。

六月，代王參薨。匈奴和親。[1]詔曰："朕既不明，不能遠德，使方外之國或不寧息。夫四荒之外不安其生，[2]封圻之內勤勞不處，[3]二者之咎，皆自於朕之德薄而不能達遠也。[4]閒者累年，匈奴並暴邊境，多殺吏民，邊臣兵吏又不能諭其內志，以重吾不德。[5]夫久結難連兵，中外之國將何以自寧！今朕夙興夜寐，勤勞天下，憂苦萬民，爲之惻怛不安，[6]未嘗一日忘於心，故遣使者冠蓋相望，結轍於道，[7]以諭朕志於單于。[8]今單于反古之道，[9]計社稷之安，便萬民之利，新與朕俱棄細過，偕之大道，[10]結兄弟之義，以全天下元元之民。^[11]和親以定，始于今年。"

[1]【今注】和親：王先謙《漢書補注》指出，此事詳見《匈奴傳》，爲文帝迫於邊患而和親。案，由後元年春紀事至此，《史記》卷一〇《孝文本紀》未載。

[2]【顏注】師古曰：戎狄荒服，故曰四荒，言其荒忽去來無常也。《爾雅》曰："孤竹、北戶、西王母、日下，謂之四荒。"

[3]【顏注】師古曰：圻亦畿字。王畿千里。不處者，不獲安居。

[4]【今注】達遠：王先謙《漢書補注》指出，"達遠"《史記》作"遠達"。

[5]【顏注】師古曰：諭，曉告也。重，音直用反。【今注】案，王先謙《漢書補注》指出，"其"《史記》作"吾"。

[6]【顏注】師古曰：惻，痛也。怛，恨也。怛，音丁曷反（曷，蔡琪本、大德本作"葛"）。【今注】惻怛：王先謙《漢書補注》指出，"惻怛"《史記》作"怛惕"。

[7]【顏注】韋昭曰：使車往還，故徹如結也（徹，蔡琪本、殿本作"轍"）。【今注】結徹：王先謙《漢書補注》指出，"結徹"《史記》作"結軼"。徹，大德本同，蔡琪本、殿本作"轍"。

[8]【顏注】師古曰：單于，匈奴天子之號也。單，音蟬。

[9]【顏注】師古曰：反，還也。

[10]【顏注】師古曰：偕亦俱也。之，往也，趣也。

[11]【顏注】師古曰：元元，善意也。

三年春二月，行幸代。

四年夏四月丙寅晦，^[1]日有食之。^[2]五月，赦天下。免官奴婢爲庶人。行幸雍。

[1]【今注】丙寅：查諸曆表，是年四月晦日干支爲丙辰（參見張培瑜《三千五百年曆日天象》）。

[2]【今注】日有食之：查諸日食表，是年無日食，此記載似誤（參見張培瑜《三千五百年曆日天象》）。

五年春正月，行幸隴西。三月，行幸雍。秋七月，行幸代。[1]

[1]【今注】案，由漢文帝後三年紀事至此，《史記》卷一〇《孝文本紀》未載。

六年冬，匈奴三萬騎入上郡，三萬騎入雲中。[1]以中大夫令免爲車騎將軍屯飛狐，[2]故楚相蘇意爲將軍屯句注，[3]將軍張武屯北地，河内太守周亞夫爲將軍次細柳，[4]宗正劉禮爲將軍次霸上，[5]祝兹侯徐厲爲將軍次棘門，[6]以備胡。

[1]【今注】雲中：郡名。治雲中縣（今内蒙古托克托縣古城村）。

[2]【顏注】如淳曰：在代郡。師古曰：中大夫，官名，其人姓令名免耳。此諸將軍下至徐厲，皆書姓，而徐廣以爲“中大夫令”是官名，此說非也。據《百宮表》（宮，蔡琪本、大德本、殿本作“官”），景帝初改衛尉爲中大夫令，文帝時無此官。而中大夫是郎中令屬官，秩比二千石。【今注】中大夫令免：周壽昌《漢書注校補》指出，本書《百官公卿表》云惠帝七年（前188）“奉常免”，師古云“名免也”，蓋與此爲同一人。顏注根據景帝改衛尉爲中大夫令，文帝時尚不能稱爲由，稱此官名爲中大夫，其姓

爲令。然英布爲九江王時已稱"淮南王";武帝太初元年（前104）
更名大農令爲大司農,然《食貨志》於衛青擊胡即稱大司農,而在
武帝以後仍稱大農;武帝始設三輔,然景帝中六年（前144）詔已
稱三輔。蓋皆爲補稱或追稱,可見《漢書》於此無定例。則似當以
徐廣説爲是。今案,顏師古以官名爲據或不確切,然其指出此處諸
將軍皆書姓,這一點無從反駁。若無確據,仍當以顏説爲是。中大
夫,官名。漢九卿之一郎中令（光禄勳）屬官,掌議論,無定員。
秩比二千石。武帝太初元年改名光禄大夫。　飛狐:即飛狐陘,又
名飛狐道。南起今河北淶源縣北馬蹄梁,北至河北蔚縣。陘長四十
餘里,兩邊峭壁高達二千米,最窄處僅十米左右。"太行八陘"之
一,爲連接華北平原與内蒙古高原的重要孔道。

[3]【顏注】應劭曰:山險名也,在鴈門陰館。師古曰:句,
音章句之句。【今注】蘇意:錢大昭《漢書辨疑》指出,"意"荀
悦《漢紀》作"隱"。當是因古時"意""隱"通假,如《春秋》
載"季孫意如",《公羊傳》則作"隱如"。　句注:句注山,又名
陘嶺、西陘山,在今山西代縣西北。屬恒山山脈。

[4]【顏注】服虔曰:在長安西北。如淳曰:長安細柳倉在
渭北,近石徼。張揖曰:在昆明池南,今有柳市是也。臣瓚曰:
一宿曰宿,再宿曰信,過信爲次。師古曰:《匈奴傳》云"置三
將軍,軍長安西細柳、渭北棘門、霸上",此則細柳不在渭北。揖
説是也。【今注】河内:郡名。治懷縣（今河南武陟縣西南）。錢
大昕《廿二史考異·漢書一》指出,景帝中二年（前148）方改郡
守曰太守,此"太"字當爲衍。本書卷四〇《周亞夫傳》即無
"太"字。王先謙《漢書補注》進一步指出,《史記》亦無"太"
字。　周亞夫:西漢名將。周勃之子,景帝時率軍平定七國之亂。
後被以謀反罪下獄,絶食而死。傳見本書卷四〇。　細柳:古地
名。在今陝西咸陽西南渭河北岸。

[5]【今注】劉禮:劉邦弟楚元王劉交子。景帝時其侄楚王戊

造反失敗自殺，劉禮得繼王位，是爲楚文王。　霸上：地名。又作
"灞上""霸頭"，在今陝西西安市東。

[6]【顏注】孟康曰：在長安北，秦時宮門也。如淳曰：《三
輔黃圖》："棘門在橫門外也。"【今注】祝兹：王先謙《漢書補注》
引蘇輿說指出，"祝兹"，《史記·惠景間侯者年表》作"松兹"。
今案，松兹，侯國名。治所在今安徽宿松縣東北。　徐厲：王先謙
《漢書補注》引蘇輿說，指出本書《高惠高后文功臣表》厲以呂后
四年（前 184）封，十一年薨。孝文七年，康侯悼嗣。然據本
《紀》，是年厲爲將軍。《史記》卷五七《絳侯周勃世家》及本書卷
四〇《周勃傳》皆言是年徐厲屯棘門，知本《紀》無誤，《表》載
薨年誤。厲薨當在六年春後，或即在明年——即後七年（前 157）。
"七年"上當奪"後"字。自呂后四年至孝文後七年，《表》當云
"二十七年薨"。　棘門：古地名。故地在今陝西咸陽市東北。本爲
秦宮門，古時宮門插棘，故以爲名。

　　夏四月，[1]大旱，蝗。[2]令諸侯無入貢。弛山澤。[3]
減諸服御。損郎吏員。發倉庾[4]以振民。民得賣爵。

[1]【今注】案，此時間《史記》卷一〇《孝文本紀》未載。
[2]【顏注】師古曰：蝗，即螽也，食苗爲災，今俗呼爲蝜
蟲。蝗，音胡光反。蝜，音鍾。
[3]【顏注】師古曰：弛（弛，殿本作"弛"），解也。解而
不禁，與眾庶同其利。
[4]【顏注】應劭曰：水漕倉曰庾。胡公曰："在邑曰倉，在
野曰庾。"

　　七年夏六月己亥，帝崩于未央宮。[1]遺詔曰："朕
聞之，蓋天下萬物之萌生，靡不有死。[2]死者天地之

理，物之自然，奚可甚哀！[3]當今之世，咸嘉生而惡死，厚葬以破業，重服以傷生，吾甚不取。且朕既不德，無以佐百姓；今崩，又使重服久臨，[4]以罹寒暑之數，[5]哀人父子，傷長老之志，損其飲食，絕鬼神之祭祀，以重吾不德，[6]謂天下何！朕獲保宗廟，以眇眇之身託于天下君王之上，[7]二十有餘年矣。賴天之靈，[8]社稷之福，方內安寧，[9]靡有兵革。[10]朕既不敏，常畏過行，以羞先帝之遺德；[11]惟年之久長，懼于不終。今乃幸以天年得復供養于高廟，朕之不明與嘉之，其奚哀念之有！[12]其令天下吏民，令到出臨三日，皆釋服。[13]無禁取婦嫁女祠祀飲酒食肉。自當給喪事服臨者，皆無踐。[14]経帶無過三寸。[15]無布車及兵器。[16]無發民哭臨宮殿中。殿中當臨者，皆以旦夕各十五舉音，[17]禮畢罷。非旦夕臨時，禁無得擅哭臨。[18]以下，[19]服大紅十五日，小紅十四日，纖七日，釋服。[20]它不在令中者，皆以此令比類從事。[21]佈告天下，使明知朕意。霸陵山川因其故，無有所改。[22]歸夫人以下至少使。"[23]令中尉亞夫爲車騎將軍，屬國悍爲將屯將軍，[24]郎中令張武爲復土將軍，[25]發近縣卒萬六千人，發內史卒萬五千人，[26]臧郭穿復土屬將軍武。[27]賜諸侯王已下至孝悌力田金錢帛各有數。[28]乙巳，葬霸陵。[29]

[1]【顏注】臣瓚曰：帝年二十三即位（三，殿本作"二"），即位二十三年，壽四十六也。【今注】七年：王先謙《漢書補注》指出，本書《五行志》有云："正月辛未朔，日有食

之。"查諸日食表，文帝後七年（前 157）無日食，《五行志》記載
當誤（參見張培瑜《三千五百年曆日天象》）。

[2]【顏注】師古曰：始生者曰萌。

[3]【顏注】師古曰：奚，何也。

[4]【顏注】師古曰：臨，哭也，音力禁反。下云"服臨"
"當臨"者，音並同也。

[5]【顏注】師古曰：罹，音離，遭也。

[6]【顏注】師古曰：重，音直用反。

[7]【顏注】師古曰：眇眇，猶言細末也。

[8]【今注】賴天之靈：王先謙《漢書補注》引王先慎說指
出，"天"下當有"地"字。"天地之靈"與下"社稷之福"文正
相對應。《史記》正作"賴天地之靈"。

[9]【顏注】臣瓚曰：方，四方也。內，中也。猶云中外。
師古曰：此說非也。直謂方之內耳。

[10]【顏注】師古曰：靡，無也。

[11]【顏注】師古曰：過行，行有過失也。羞，謂忝辱也。
行，音下更反。

[12]【顏注】如淳曰：得卒天年已善矣。晉灼曰：若以朕不
明，當嘉善朕之儉約，何哀念之有也。師古曰：如、晉之說非也。
與，讀曰歟，音弋於反。帝自言："或者豈朕見之不明乎？以不可
嘉爲嘉耳；然朕自謂得終天年，供養高廟，爲可嘉之事，無所哀
念也。"今俗語猶然，其意可曉矣。【今注】天年：自然的壽命。
案，《漢書考正》劉攽認爲，此句意爲：得以天年供養於高廟，我
之不明而蒙此歟？是可嘉也。其奚哀念乎！劉敞同此說。王念孫
《讀書雜志·漢書第一》則認爲，"天年"下脫一"終"字，當據
如、顏注及《史記》《漢紀》補。又，裴駰《史記集解》引如注有
"與，發聲也"四字，爲顏師古所刪。"與"確爲語助之詞，不
當刪。

[13]【顔注】師古曰：令，謂此詔文也。

[14]【顔注】伏儼曰：踐，翦也。謂無斬衰也。孟康曰：踐，跣也。晉灼曰：《漢語》作“跣”。跣，徒跣也。師古曰：孟、晉二説是也。【今注】案，王先謙《漢書補注》指出，裴駰《史記集解》引“伏儼”作“服虔”。司馬貞《索隱》云“《漢語》，荀爽所作”。荀悦《漢紀》“皆無踐”作“皆無跣足”，《資治通鑑》亦作“跣”，皆與孟康説同。但王先謙支持伏説。

[15]【今注】絰：服喪者圍在頭上的散麻繩爲首絰，纏在腰間的爲腰絰。

[16]【顔注】應劭曰：無以布衣車及兵器也。服虔曰：不施輕車介士也。師古曰：應説是也。【今注】無布車及兵器：李慈銘《越縵堂讀史札記·漢書一》認爲，喪事素車用白布，不得禁之。且應注“及兵器”難解，豈有以布蒙兵器之理。當以服虔説爲是。

[17]【今注】案，王先謙《漢書補注》引王先慎説指出，根據《續漢書》的記載，後漢仍悉沿此制。

[18]【今注】哭臨：李慈銘《越縵堂讀史札記·漢書一》指出，《史記》無此“臨”字，此處當爲誤衍。王先謙《漢書補注》指出，荀悦《漢紀》亦無“臨”字。

[19]【顔注】師古曰：爲下棺也。音義與《高紀》同。【今注】以下：王先謙《漢書補注》指出，“以”與“已”通假。“下”爲“葬”之意。

[20]【顔注】服虔曰：皆當言大功、小功布也。纖，細布衣也。應劭曰：紅者，中祥、大祥以紅爲領緣。纖者，禫也。凡三十六日而釋服矣。此以日易月也。晉灼曰：《漢書》例以“紅”爲“功”也。師古曰：“紅”與“功”同。服、晉二説是也。此喪制者，文帝自率己意創而爲之，非有取於《周禮》也，何爲以日易月乎！三年之喪，其實二十七月，豈有三十六月之文！禫又無七月也。應氏既失之於前，而近代學者因循謬説，未之思也。

【今注】大紅：即“大功”，喪服名，“五服”之一。以熟麻布製成，較齊衰爲細，較小功爲粗。原服期爲九個月。文帝改爲十五日。　小紅：即“小功”，喪服名，“五服”之一。以較大功爲細的熟麻布製成，原服期爲五個月。文帝改爲十四日。　纖：喪服名。細布衣。案，文帝此制在此後沿用了三百七十餘年，至曹操去世始改。又案，《漢書考正》劉攽指出，文帝所定此服喪之制度，斷自其下葬之後。其服喪自未葬之前已開始。漢代諸帝自崩至葬有長達百餘日者，未葬則喪服不除。所謂“以日易月”之説，又不通計下葬之日，謬。何焯《義門讀書記》卷一五指出，司馬貞《史記索隱》對“以下”的注釋亦可説明三十六日斷自已葬之後。可見“以日易月”之説不成立。但他認爲大紅、小紅當如應氏之説。閻若璩指出，漢文此制爲後世所承，至魏武帝令葬畢便除，並無所謂三十六日之服。後又不知何代以三十六日爲除服期，而不論葬與否。至唐元、肅二宗之喪，又降三十六日爲二十七日。所謂以日易月者或自此始。

　　[21]【顏注】師古曰：言此詔中無文者，皆以類比而行事。

　　[22]【顏注】應劭曰：因山爲藏，不復起墳，山下川流不遏絶也，就其水名以爲陵號。【今注】霸陵：西漢文帝劉恒墓。因地處霸上，故名。在今陝西西安市東北。（參見劉慶柱、李毓芳《西漢十一陵》，陝西人民出版社1987年版）。

　　[23]【顏注】應劭曰：夫人已下有美人（已，殿本作“以”）、良人、八子、七子、長使、少使，皆遣歸家，重絶人類。【今注】夫人：秦及西漢前中期，除皇后外，皇帝之高等姬妾皆稱夫人。案，王先謙《漢書補注》指出，荀悦《漢紀》作“所幸慎夫人以下至少使得令嫁”。今案，文帝子嗣不昌，在世兩子皆爲竇皇后之子，故未以有無子嗣限制所出宮人。又據本書卷四九《爰盎傳》，其所幸慎夫人與竇皇后當已有怨，放宮人出宮當亦有以退讓而保全之意。　少使：秦漢皇帝低等妾媵名號。至西漢後期制定制度，皇

后之外的妃嬪分十四等，少使爲第十一等。享有相當於四百石俸禄的官吏或第八級公乘的待遇。

[24]【顏注】師古曰：典屯軍以備非常。【今注】悍：朱一新《漢書管見》卷一指出，《史記·漢興以來將相名臣年表》作"捍"，但司馬貞《索隱》亦云"一作'悍'"。徐廣注則稱其爲祝茲侯徐厲。此外，據《表》，當時尚有詹事戎奴亦爲車騎將軍。王先謙《漢書補注》引蘇輿説則指出，徐廣以悍爲祝茲侯，這一點正確，然視其爲徐厲，則誤。徐厲有子名"悼"，厲薨悼嗣，《表》文可考。然則"悍"當爲"悼"形近致誤。這裏不書"祝茲侯"，是從其官號。

[25]【顏注】如淳曰：主穿壙窴瘞事也。師古曰：穿壙，出土下棺也。已而窴之，又即以爲墳，故云復土（復土，殿本注爲"復上"）。復，反還也，音扶目反。

[26]【今注】内史：王先謙《漢書補注》指出，據本書《百官公卿表》，内史爲掌理京師之官，後更名爲京兆尹。

[27]【顏注】師古曰：即張武也。【今注】案，臧，蔡琪本、大德本作"藏"。

[28]【今注】案，《史記》卷一〇《孝文本紀》無此句。

[29]【顏注】師古曰：自崩至葬凡七日也。霸陵，在長安東南。【今注】乙巳：《史記·孝文本紀》此句紀事云"乙巳，群臣皆頓首上尊號曰孝文皇帝。太子即位于高廟"。案，《史記·孝文本紀》在本卷末尾還載有景帝即帝位及尊文帝爲太宗之詔書，《漢書》移至卷五《景紀》。

贊曰：孝文皇帝即位二十三年，宮室苑囿車騎服御無所增益。有不便，輒弛以利民。[1]嘗欲作露臺，召匠計之，直百金。上曰："百金，中人十家之産也。[2]吾奉先帝宮室，常恐羞之，何以臺爲！"[3]身衣弋綈，[4]所幸慎夫人衣不曳地，帷帳無文繡，以示敦朴，爲天下先。治霸陵，皆瓦器，不得以金銀銅錫爲飾，[5]因其山，不起墳。南越尉佗自立爲帝，[6]召貴佗兄弟，以德懷之，佗遂稱臣。與匈奴結和親，後而背約入盜，令邊備守，不發兵深入，恐煩百姓。吳王詐病不朝，賜以几杖。[7]群臣袁盎等諫說雖切，[8]常假借納用焉。[9]張武等受賂金錢，覺，更加賞賜，以媿其心。專務以德化民，是以海內殷富，興於禮義，[10]斷獄數百，幾致刑措。[11]嗚呼，仁哉！[12]

[1]【顏注】師古曰：弛，廢弛，音式爾反。

[2]【顏注】師古曰：中，謂不富不貧。【今注】百金：王先謙《漢書補注》引蘇輿說指出，《齊策》高誘注云“二十兩爲一金”，趙岐《孟子‧梁惠王》注云“二十兩爲鎰”，《公孫丑》注云“古以一鎰爲一金”，是也。本書《食貨志》云：“黃金重一斤，直錢萬。”《春秋公羊傳》隱公五年何休注：“百金，猶百萬也。”可見當時計量黃金以二十兩計，與後世以十六兩爲斤不同。《漢書》此處百金所指爲黃金百斤，直錢百萬。指出，漢高祖賜家令五百金，予陳平四萬金。而唐太宗以孔穎達等善諫太子，賜金一斤。可見漢代金價之賤與唐代金價之貴。 中人：李慈銘《越縵堂讀史札記‧漢書一》指出，《史記》此處作“中民”，此“中人”當爲唐抄本避唐太宗李世民諱而改。

[3]【顏注】師古曰：今新豐縣南驪山之頂有露臺鄉，極爲高顯，猶有文帝所欲作臺之處。

[4]【顏注】如淳曰：弋，皁也。賈誼曰“身衣皁綈”。師古曰：弋，黑色也。綈，厚繒。綈，音大奚反。【今注】弋：沈欽韓《漢書疏證》指出，《後漢書》卷四九《王符傳》注引《前書音義》

云"弌，厚也"。他認爲當以此解爲是。　綈（tí）：絲織品名。質地粗厚、平滑而有光澤。

[5]【今注】不得以金銀銅錫爲飾：沈欽韓《漢書疏證》據《晉書·索綝傳》，指出晉時有人盜發漢霸、杜二陵，多獲珍寶。他認爲，本《紀》所言爲文帝之令，然在其去世後未被完全遵循。今案，應劭《風俗通義·正失》引劉向説，認爲文帝雖節儉，然相關傳言亦多有誇大。

[6]【今注】南越：國名。都番禺（今廣東廣州市番禺區）。秦始皇統一六國後，進軍嶺南，設桂林、南海、象郡三郡。秦末天下大亂，南海龍川令趙佗乃割據三郡，稱南越王。高祖十一年（前196），封趙佗爲南越王。在漢初，南越一度與匈奴並稱，被視爲漢廷強敵。武帝元鼎五年（前112），南越國相吕嘉殺國王和漢使，武帝派兵征討平定。　尉佗：即"趙佗"，又作"趙它"。真定縣（今河北石家莊市）人。本爲秦吏，秦始皇統一六國後，趙佗先後輔佐屠睢、任囂南征，後任南海郡龍川縣（今廣東龍川縣西）縣令，秦二世時，受南海尉任囂委託，行南海郡尉之職，故又稱"尉佗"。秦亡，中原混亂之際，併桂林、象郡等地爲南越國，稱南越王。漢高祖遣陸賈出使南越之後，南越王接受漢廷冊命，爲漢之邊藩。吕后執政時期，雙方交惡，趙佗自號南越武帝。文帝時復遣陸賈出使，南越去帝號而稱臣，重新接受漢廷冊命。關於趙佗去世時間，《史記》卷一一三《南越列傳》云"至建元四年卒。佗孫胡爲南越王"。然建元四年（前137）據秦末漢初太過久遠，如司馬貞《史記索隱》引皇甫謐説所言，彼時趙佗若在世，已百餘歲。本書卷九五《南粤傳》録《史記》之記載，則無"卒"字。因此，不少學者對"建元四年"這一記載提出質疑，認爲"卒"字爲衍。有觀點認爲，廣州市象崗發現的南越王墓墓主文王趙眛當爲趙佗之子，在趙佗之後、趙胡之前爲南越王，而史失於載（參見張夢晗《南越"文帝"宜爲趙佗子》，載《形象史學研究（2017/上半年）》，社會科學文獻出版社2017年版）。

　　[7]【今注】吳王：即劉濞，劉邦次兄劉仲之子。以戰功獲封吳王，景帝時發動吳楚七國之亂，戰敗被殺。傳見本書卷三五。詐病不朝：吳太子入朝時與太子（景帝）爭執被打死，吳王怒而詐病不朝，文帝初時責考吳使者，後聽吳使之勸，乃賜吳王几杖以安之。事見吳王濞本傳。

　　[8]【今注】袁盎：字絲，文帝時多進諫，後曾爲吳王相。景帝時，讒殺鼂錯。後因勸諫竇太后立梁孝王繼景帝皇位，被梁國刺客所殺。傳見本書卷四九。案，蔡琪本作“爰盎”。

　　[9]【顏注】蘇林曰：假，音休假。借，音以物借人之借。【今注】案，沈欽韓《漢書疏證》指出，應劭《風俗通義·正失》載劉向對孝成帝，認爲文帝聲名之盛源於其對言事者較爲寬容。

　　[10]【今注】案，此贊語從“孝文皇帝”至此，其文字襲自《史記》卷一〇《孝文本紀》正文。《史記》記此事於文帝去世之前。

　　[11]【顏注】應劭曰：措，置也。民不犯法，無所刑也。師古曰：斷獄數百者，言普天之下死罪人不過數百。幾，近也，音巨衣反。【今注】斷獄數百幾致刑措：此二句《史記·孝文本紀》無。何焯《義門讀書記》卷一五指出，根據貢禹的言辭，文帝貴廉懲貪，公平執法，並非一味寬容，祇是不濫刑而已。應劭《風俗通義·正失》引劉向説，指出宣帝地節元年（前69）斷獄四萬七千餘，所謂文帝時斷獄數百，數目太少，不合常理，當非史實。今案，《史記》卷五《周本紀》有云：“成康之際，天下安寧，刑錯四十餘年不用。”是以“刑措不用”被視爲仁政的象徵，故班固增此贊語。

　　[12]【今注】案，《史記·孝文本紀》贊語云：“太史公曰：孔子言‘必世然後仁。善人之治國百年，亦可以勝殘去殺’。誠哉是言！漢興，至孝文四十有餘載，德至盛也。廩廩鄉改正服封禪矣，謙讓未成於今。嗚呼，豈不仁哉！”

漢書　卷五

景紀第五[1]

[1]【今注】案，景紀，蔡琪本、大德本、殿本作"景帝紀"。

孝景皇帝，[1]文帝太子也。[2]母曰竇皇后。[3]後七年六月，文帝崩。[4]丁未，太子即皇帝位，[5]尊皇太后薄氏曰太皇太后，[6]皇后曰皇太后。[7]

[1]【顏注】荀悅曰：諱啓之字曰開。應劭曰：《禮·諡法》"布義行剛曰景"。【今注】景：《史記》卷一一《孝景本紀》《正義》引《諡法》云："繇義而濟曰景。"

[2]【今注】文帝太子也：《史記·孝景本紀》作"孝文之中子也"。今案，文帝爲代王時與代王后生數子（《史記·孝景本紀》記載爲三子，《史記》卷四九《外戚世家》及本書卷九七《外戚傳》記載爲四子），後皆病死（《史記·孝景木紀》云"及竇太后得幸，前後死"；卷四九《外戚世家》云"代王王后生四男。先代王未入立爲帝而王后卒。及代王立爲帝，而王后所生四男更病死"；本書《外戚傳》與《外戚世家》略同），景帝成爲在世諸子之長，竇氏又被立爲皇后，乃得立。有觀點認爲，代王后或爲呂后宗族之女，其母子數人係受諸呂牽連而死。情理上講，此説有一定道理，但缺乏確據。（參見鄭曉時《漢初"誅呂安劉"政變的過程與歷史意義》，《臺灣政治學刊》第8卷第2期）又，《漢書》文字多有承

《史記》處。然據本書卷六二《司馬遷傳》張晏注，《孝景本紀》爲《史記》亡失十篇之一，今本當爲後人所補。因此《孝景本紀》與《漢書》之《景紀》差異較大。余嘉錫認爲該篇當爲漢成帝時學者馮商所補（參見余嘉錫《太史公書亡篇考》，《余嘉錫文史論集》，嶽麓書社 1997 年版）。

［3］【今注】母曰竇皇后：《史記·孝景本紀》此處作“母竇太后”。

［4］【今注】崩：古代稱皇帝死爲崩。以山陵崩塌爲喻。

［5］【今注】太子即皇帝位：何焯《義門讀書記》卷一五指出，文帝在乙巳下葬，既葬，景帝乃於高廟即位。沈欽韓《漢書疏證》指出，後世太子在下葬之前，靈柩前即位，是采用《公羊傳》之説。西漢尚不采此制。

［6］【今注】薄氏：高帝夫人，文帝母。事見本書卷九七上《外戚傳上》。東漢時，其祭祀地位上升，代替吕后配享高帝。

［7］【今注】皇后曰皇太后：即景帝母竇皇后。竇氏在景帝、武帝兩朝頗參與政事。事見本書《外戚傳上》。

　　九月，有星孛于西方。[1]

［1］【今注】孛：一般指彗星，有時也可能指新星和超新星。本書卷一《高紀》李奇注、卷四《文紀》文穎注皆認爲“孛”有除舊布新之寓意。關於此次彗星現象，王先謙《漢書補注》指出，本書《五行志》有云：“其本直尾、箕，末指虚、危，長丈餘，及天漢，十六日不見。”　案，西方，蔡琪本作“四方”。

　　元年冬十月，[1]詔曰：“蓋聞古者祖有功而宗有德，[2]制禮樂各有由。歌者，所以發德也；舞者，所以明功也。[3]高廟酎，[4]奏《武德》《文始》《五行》之舞。[5]孝惠廟酎，奏《文始》《五行》之舞。孝文皇帝臨天下，通關梁，不異遠方；[6]除誹謗，去肉刑，賞賜長老，收恤孤獨，以遂群生；[7]減耆欲，不受獻，[8]罪人不帑，[9]不誅亡罪，不私其利也；[10]除宮刑，[11]出美人，重絕人之世也。朕既不敏，弗能勝識。[12]此皆上世之所不及，而孝文皇帝親行之。[13]德厚侔天地，利澤施四海，[14]靡不獲福。明象乎日月，而廟樂不稱，朕甚懼焉。[15]其為孝文皇帝廟為《昭德》之舞，[16]以明休德。[17]然后祖宗之功德，[18]施于萬世，永永無窮，朕甚嘉之。其與丞相、列侯、中二千石、禮官具禮儀奏。"[19]丞相臣嘉等奏曰：[20]"陛下永思孝道，立《昭德》之舞以明孝文皇帝之盛德，皆臣嘉等愚所不及。臣謹議：世功莫大於高皇帝，[21]德莫盛於孝文皇帝。高皇帝廟宜為帝者太祖之廟，孝文皇帝廟宜為帝者太宗之廟。天子宜世世獻祖宗之廟。郡國諸侯宜各為孝文皇帝立太宗之廟。諸侯王列侯使者侍祠天子所獻祖宗之廟。[22]請宣布天下。"制曰可。

[1]【今注】冬十月：西漢前期承秦用顓頊曆，以十月為歲首，九月為歲終，閏月置於年底，稱為"後九月"。又，《史記》卷一一《孝景本紀》記立孝文廟事在五月"除田半租"之後。今案，十月下詔，之後討論，定廟號、選址、建廟所費時間尚多。《史記·孝景本紀》敘立廟事後還有"令群臣無朝賀"，則其當是以孝文廟建成時間為言。

[2]【顏注】應劭曰：始取天下者為祖，高帝稱高祖是也。始治天下者為宗，文帝稱太宗是也。師古曰：應說非也。祖，始

也，始受命也。宗，尊也，有德可尊。【今注】祖有功而宗有德：《漢書考正》劉攽指出，有功者亦稱祖。王先謙《漢書補注》引王啓原指出，《孔子家語·廟制》有謂"祖有功而宗有德"，《後漢書》卷一《光武紀》注引此文，但出處標爲"《禮》"，當是《禮》之佚文。

[3]【今注】案，王先謙《漢書補注》引王啓原説，指出《白虎通·禮樂》有云："歌者在堂上，舞者在堂下何？歌者象德，舞者象功，君子上德而下功。"

[4]【顏注】張晏曰：正月旦作酒，八月成，名曰酎。酎之言純也。至武帝時，因八月嘗酎，會諸侯廟中，出金助祭，所謂酎金也。師古曰：酎，三重釀，醇酒也，味厚，故以薦宗廟。酎，音直救反。【今注】高廟：即高祖廟，又稱"太祖廟"，是祭祀開國皇帝劉邦的宗廟。西漢新帝即位，須拜謁高祖廟，以宣示自己的合法性和正統性。霍光廢昌邑王時，即曾以"未見命高廟"爲由。惠帝時始設，地方諸郡國皆立。據《三輔黃圖》，京師高廟在長安城安門街東（參劉慶柱、李毓芳《關於西漢帝陵形制諸問題的探討》，《考古與文物》1985年第5期）。　酎：酎祭。漢代每年秋季皇帝會同諸侯於宗廟，用酎酒祭祀祖先。漢武帝時開始施行酎金制度，祭時諸侯當依照規定出金助祭。

[5]【顏注】孟康曰：《武德》，高祖所作也。《文始》，舜舞也。《五行》，周舞也。《武德》者，其舞人執干戚；《文始舞》執羽籥；《五行舞》冠冕，衣服法五行色。見《禮樂志》。

[6]【顏注】張晏曰：孝文十二年，除關不用傳，令遠近若一。

[7]【顏注】師古曰：遂，成也，達也。

[8]【顏注】師古曰：耆，讀曰"嗜"。

[9]【顏注】蘇林曰：刑不及妻子。師古曰："帑"讀與"孥"同。

[10]【今注】不私其利也：錢大昭《漢書辨疑》指出，"不私

其利也"五字，閩本在"不受獻"之下，當以閩本爲是。王先謙
《漢書補注》同意錢説，並指出《史記》此五字正在"不受獻"三
字下。

[11]【今注】除宮刑：王先謙《漢書補注》指出，《史記》作
"除肉刑"，與上文重複，且與下文"重絕人世"不合，當是傳寫
之誤。

[12]【顏注】師古曰：敏，材智速疾也。騰識，盡知之。

[13]【顏注】師古曰：上世，謂古昔之帝王也。

[14]【顏注】師古曰：侔，等也，音"年"。

[15]【顏注】師古曰：稱，副也，音尺孕反。

[16]【顏注】師古曰：昭，明也。【今注】案，王先謙《漢
書補注》指出，此事詳見本書《禮樂志》。

[17]【顏注】師古曰：休，美也。

[18]【今注】案，王先謙《漢書補注》指出，此處《史記》
有"著於竹帛"四字。

[19]【今注】中二千石：漢朝二千石爲中央政府機構的列卿，
及地方州牧郡守、諸侯王國相等。又可細分爲中二千石、二千石、
比二千石三等。據《百官公卿表》顏師古注，中二千石者月各百八
十斛，二千石者百二十斛，比二千石者百斛。《續漢書·百官志五》
所載與此略同。根據張家山漢簡《秩律》與《新書》《史記》等傳
世文獻，閻步克先生又指出漢初祇有二千石，並無中二千石等細分
等級，最早的中二千石的記載出現在文帝死後景帝發布的詔書中。
楊振紅先生則進一步認爲中二千石的官位是文帝時在賈誼的建議下
設立的，是爲了區別漢廷官員與諸侯官員之地位。而早期中二千石
官員亦不止《百官公卿表》所載諸官，如内史、主爵都尉均曾列於
中二千石。案，石，漢代度量衡單位，有兩義：一爲重量單位，合
一百二十斤。二爲容量單位，合十斗，亦即一斛。馬彪等先生指
出，"石"本爲秦與西漢時的官方標準重量單位，合十斗的官方標

準容量單位爲"桶（甬）"。因一石重的禾黍可得十斗糙米，一石重的稻禾可得十斗稻米，故實踐中有將十斗稱爲"石"的習慣。王莽時以"斛"作爲合十斗的官方容量單位，東漢承之，此後容量單位"石"便逐漸淡出了漢代計量系統。然則根據前文顏注所引二千石的俸祿換算，二千石當指二千石（容量單位）容積的米，亦即二千石（重量單位）重的禾，其餘官秩與此相類。又案，陳夢家先生根據傳世與出土文獻指出，雖然西漢承秦制，官俸以"石"爲名，但主要是代表官秩，實際發俸以錢爲主。至王莽後期，變爲以穀爲主，東漢則爲半錢半穀，而以穀數爲標準。前文所引顏注所舉具體官俸，當出自東漢之材料，且亦祇是一種計算標準，並非兩漢官俸的實際發放情況。（參見閻步克《〈二年律令·秩律〉的中二千石秩級闕如問題》，《河北學刊》2003 年第 5 期；楊振紅《出土簡牘與秦漢社會（續編）》，廣西師範大學出版社 2015 年版，第 51—57 頁；馬彪、林力娜《秦、西漢容量"石"諸問題研究》，《中國史研究》2018 年第 4 期；陳夢家《漢簡所見奉例》，《文物》1963 年第 5 期）

[20]【顏注】師古曰：申屠嘉。【今注】嘉：申屠嘉。傳見本書卷四二。

[21]【今注】世功莫大於高皇帝：王先謙《漢書補注》指出，《史記》《資治通鑑》俱無"世"字。王氏認爲，根據文義，"功"上不當有"世"字。《史記》上一句"議"下有"曰"字。王氏疑"世"乃"曰"字之誤。

[22]【顏注】張晏曰：王及列侯歲時遣使詣京師侍祠助祭。如淳曰：若光武廟在章陵，南陽太守稱使者往祭是也。不使侯王祭者，諸侯不得祖天子。凡臨祭宗廟皆爲侍祭。師古曰：張說是也。既云"天子所獻祖宗之廟"，非謂郡國之廟也。【今注】天子所獻祖宗之廟：王先謙《漢書補注》指出，《史記》"所"作"歲"。張晏云"歲時遣使"，可見正是釋"歲"字之義。顏師古注

《漢書》則作"所"。

春正月，詔曰："間者歲比不登，民多乏食，夭絕天年，朕甚痛之。郡國或磽陿，無所農桑毄畜；[1]或地饒廣，薦草莽，水泉利，而不得徙。[2]其議民欲徙寬大地者，聽之。"

[1]【顏注】師古曰：磽，謂磽埆瘠薄也。陿，謂偏隘也。毄，謂食養之。畜，謂收放也（收，蔡琪本、大德本同，殿本作"牧"）。磽，音苦交反。陿，音"狹"。"毄"，古"繫"字。

[2]【顏注】如淳曰：莊周云，麋鹿食曰薦。一曰，草稠曰薦，深曰莽。

夏四月，[1]赦天下。賜民爵一級。[2]
遣御史大夫青翟至代下與匈奴和親。[3]

[1]【今注】夏四月：《史記》卷一一《孝景本紀》記"赦天下"時間爲"元年四月乙卯"。

[2]【今注】賜民爵一級：漢代承秦行二十等爵制，具體爵名參見本書《百官公卿表上》。其中，第八級公乘與第九級五大夫被認爲是"民爵"與"官爵"的分界，普通民衆與下級吏員賜爵不過公乘，五大夫以上的爵位祇授予六百石以上的官員。由於和平時期賜爵輕濫，至漢末三國，吏民已普遍具有公乘爵，此爵制已名存實亡。（參見本書《百官公卿表》今注所引錢大昭《漢書辨疑》卷九；凌文超《漢初爵制結構的演變與官、民爵的形成》，《中國史研究》2012 年第 1 期）又，《史記·孝景本紀》記賜爵時間爲四月"乙巳"。

[3]【顏注】文穎曰：姓嚴，諱青翟。臣瓚曰：此陶青也。
莊青翟乃自武帝時人，此紀誤。師古曰：後人傳習不曉，妄增
"翟"字耳，非本作紀之誤。【今注】青翟：王先謙《漢書補注》
指出，《資治通鑑》作"青"。胡三省注明青爲陶舍子。根據《百
官公卿表》，青以文後二年爲御史大夫，景二年爲丞相。 和親：
漢文帝去世前一年，即文帝後六年（前158），未知何故，匈奴軍
臣單于絶和親，各派三萬騎入上郡、雲中，殺掠甚重。至此復和
親。又，《史記·孝景本紀》記"匈奴入代，與約和親"一事在五
月"除田半租"及立孝文廟事之後。

五月，令田半租。[1]

[1]【今注】令田半租：《漢書考證》齊召南指出，《史記》作
"除田半租"。此文"令田半租"，以文帝十三年（前167）盡除田
租，至此年乃復收其半租。王先謙《漢書補注》據《資治通鑑》，
認爲稅率爲"三十而稅一"。

秋七月，詔曰："吏受所監，臨以飲食，免重；受
財物，賤買貴賣，論輕。[1]廷尉與丞相更議著令。"[2]
廷尉信謹與丞相議曰：[3]"吏及諸有秩受其官屬所監、
所治、所行、所將，[4]其與飲食計償費，勿論。[5]它
物，若買故賤，賣故貴，皆坐臧爲盜，[6]没入臧縣
官。[7]吏遷徙免罷，受其故官屬所將監治送財物，奪爵
爲士伍，免之。[8]無爵，罰金二斤，令没入所受。有能
捕告，畀其所受臧。"[9]

[1]【顏注】師古曰：帝以爲當時律條吏受所監臨略遺飲食，

即坐免官爵，於法太重，而受所監臨財物及賤買貴賣者，論決太
輕，故令更議改之。

[2]【顏注】蘇林曰：著，音著幘之著。師古曰：蘇音非也。
著，音著作之著，音竹筋反。【今注】廷尉：戰國秦始置，秦、西
漢沿置。主管詔獄。位列九卿，秩中二千石。

[3]【顏注】師古曰：丞相中屠嘉。【今注】廷尉信：錢人昭
《漢書辨疑》指出，信爲廷尉之名。根據本書《百官公卿表》，孝
文後元年（前163）有廷尉信。

[4]【顏注】師古曰：行，謂按察也，音下更反。【今注】所
行：王先謙《漢書補注》認爲，行指行事，即實際行使某職位之
職權。

[5]【顏注】師古曰：計其所費，而償其直，勿論罪也。

[6]【今注】坐臧爲盜：秦漢法律術語。臧，通“贓”。出土
睡虎地秦簡即有此用語，整理者釋爲“按贓數作爲盜竊”（參見
《睡虎地秦墓竹簡》之《法律答問》，文物出版社1990年版，第
124頁）。

[7]【顏注】師古曰：它物，謂非飲食者。

[8]【顏注】李奇曰：有爵者奪之，使爲士伍；有位者免官
也。師古曰：此説非也。謂奪其爵，令爲士伍，又免其官職，即
今律所謂除名也。謂之士伍者，言從士卒之伍也。【今注】奪爵爲
士伍：沈欽韓《漢書疏證》認爲，由於此財物非爲吏者脅迫所致，
故僅奪爵，而免其“坐臧”之罪。按漢法，初罪免官，重論奪爵。
既言奪爵，“免官”自不待言。此處“免之”指免罪，非免官。

[9]【顏注】師古曰：畀，與也，以所受之臧與捕告者也。
畀，音必寐反。

二年冬十二月，有星孛于西南。[1]

[1]【今注】十二月：王先謙《漢書補注》指出，《資治通鑑》與此相同。《漢紀》作"十一月"。王氏認爲當以"十二月"爲是。

令天下男子年二十始傅。[1]

[1]【顔注】師古曰：舊法二十三，今此二十，更爲異制也。傅，讀曰"附"。解在《高紀》。【今注】年二十始傅：沈欽韓《漢書疏證》認爲，此制度與算錢（人頭稅）有關，過去爲十五以上出算錢，現寬至二十歲。王先謙《漢書補注》指出，《史記索隱》引荀悦，認爲傅爲"正卒"之意。今案，《史記》記載此事在是年春。

春三月，立皇子德爲河閒王，[1]閼爲臨江王，[2]餘爲淮陽王，[3]非爲汝南王，[4]彭祖爲廣川王，[5]發爲長沙王。[6]

[1]【今注】德：景帝與栗姬之子。傳見本書卷五三。河閒王德在封國搜集遺書，興儒學，爲西漢的文化發展做出了重要貢獻。河閒：諸侯王國名。治樂成（今河北獻縣東南）。

[2]【顔注】師古曰：閼，音一曷反。【今注】閼：景帝與栗姬之子。傳見本書卷五三。臨江：諸侯王國名。秦時爲南郡，漢初改爲臨江郡，至景帝時置國，後復爲南郡，治江陵（今湖北江陵縣）。

[3]【今注】餘：景帝與程姬之子。傳見本書卷五三。淮陽：郡名。治陳縣（今河南周口市淮陽區）。

[4]【今注】非：景帝與程姬之子。傳見本書卷五三。汝南：諸侯王國名、郡名。治上蔡（今河南上蔡縣西南）。

[5]【今注】彭祖：景帝與賈夫人之子。傳見本書卷五三。

廣川：諸侯王國名。治信都（今河北衡水市冀州區）。

[6]【今注】發：景帝與唐姬之子。傳見本書卷五三。今案，
長沙王發爲東漢開國皇帝劉秀之祖先。是故孔融與曹操書有謂"景
帝非醉幸唐姬，無以開中興"。參見《後漢書》卷六〇《孔融傳》
章懷太子李賢注。　長沙：諸侯王國名。治臨湘（今湖南長沙市）。
案，據《史記》卷一一《孝景本紀》記載，在四月壬午以後，丞
相申屠嘉去世之前，廣川、長沙二王之國。

夏四月壬午，太皇太后崩。[1]

[1]【顏注】服虔曰：文帝母薄太后也。

六月，丞相嘉薨。[1]

[1]【今注】薨：諸侯死稱薨。西漢丞相多封侯，故有此稱。
案，景帝繼位後，信用內史鼂錯，申屠嘉嫉而欲奏言殺之，未遂，
自嘔血而死。事見本書卷四二《申屠嘉傳》。申屠嘉死後，御史大
夫陶青繼任丞相，而以內史鼂錯爲御史大夫。鼂錯乃爲景帝謀劃削
藩之策。

封故相國蕭何孫係爲列侯。[1]

[1]【顏注】師古曰：係，音胡計反。【今注】案，《史記》
卷一一《孝景本紀》記此事在是年春，並稱係獲封武陵侯。係，
《史記集解》指出，《漢書》之《功臣表》《蕭何傳》皆作"嘉"，
或是有二名。錢大昭《漢書辨疑》則指出荀悅《漢紀》亦作
"當"，他認爲應以"嘉"爲是。今案，《史記·高祖功臣侯者年
表》亦作"嘉"。又，《高祖功臣侯者年表》及本書《高惠高后文

功臣表》、卷三九《蕭何傳》皆載其封國爲"武陽"，非《史記·孝景本紀》所載之"武陵"。

秋，與匈奴和親。[1]

[1]【今注】案，《史記》卷一一一《孝景本紀》是年紀事尚有"八月，以御史大夫開封侯陶青爲丞相。彗星出東北。秋，衡山雨雹，大者五寸，深者二尺。熒惑逆行，守北辰。月出北辰間。歲星逆行天廷中。置南陵及内史、祋祤爲縣"。

三年冬十二月，[1]詔曰："襄平侯嘉[2]子恢説不孝，謀反，欲以殺嘉，大逆無道。[3]其赦嘉爲襄平侯，及妻子當坐者復故爵。[4]論恢説及妻子如法。"

[1]【今注】三年冬：是年冬，在鼂錯建議下，削楚國東海郡、趙國常山郡，又削膠西國六縣。事見本書卷三五《鼂錯傳》。

[2]【顔注】晉灼曰：紀通子也。《功臣表》襄平侯紀通以父功侯，孝景三年，康侯相夫嗣。推其封薨，正與此合，豈更名嘉乎？

[3]【顔注】晉灼曰：恢説言嘉知反情，而實不知也。師古曰：此解非也。恢説有私怨於其父，而自謀反，欲令其父坐死也。説，讀曰"悦"。【今注】案，沈欽韓《漢書疏證》認爲，此句句意，當以晉灼説爲是。

[4]【顔注】如淳曰：律，大逆不道，父母妻子同産皆棄市。今赦其餘子不與恢説謀者，復其故爵。

春正月，淮陽王宫正殿災。[1]

[1]【今注】案，《史記》正月紀事爲“正月乙巳，赦天下。長星出西方。天火燔雒陽東宮大殿城室。”《集解》徐廣曰：“雒，一作淮。”《索隱》：“雒陽《漢書》作淮陽。”災，故徙王於魯。

　　吳王濞、[1]膠西王卬、[2]楚王戊、[3]趙王遂、[4]濟南王辟光、[5]菑川王賢、[6]膠東王雄渠皆舉兵反。[7]大赦天下。遣太尉亞夫、[8]大將軍竇嬰將兵擊之。[9]斬御史大夫晁錯以謝七國。[10]

　　[1]【今注】吳王濞：劉邦次兄劉仲之子。傳見本書卷三五。景帝少年時曾因博局游戲起爭執，打死吳王太子。此時漢廷又用晁錯之議，削諸侯王地。吳王恐削地無已，乃聯合諸侯起兵反叛，史稱“七國之亂”。

　　[2]【今注】膠西：郡名、諸侯王國名。治高密（今山東高密市西南）。　卬：劉卬。齊悼惠王劉肥之子。案，《史記》卷一一《孝景本紀》將膠西王列於趙王之後，當是因爲膠西王與後面的濟南、菑川王、膠東三王皆爲齊悼惠王之後，封地亦皆在齊地。《漢書》將膠西王位置前移，亦自有其原因。因“膠西王勇，好兵，諸侯皆畏憚”，是以吳王起事前最早聯絡、謀劃起事的便是膠西王，二人可視作此次叛亂最早的發起者。是以《漢書》將此二人置於最前。事詳見本書卷三五《吳王濞傳》。卬，殿本作“印”。

　　[3]【今注】楚王戊：劉邦異母弟劉交之孫。傳見本書卷三六。

　　[4]【今注】趙王遂：劉邦之孫，趙幽王劉友之子。劉友被呂后幽禁餓死。文帝繼位後，復封其子劉遂爲趙王。

　　[5]【顏注】師古曰：辟，音壁，又音闢，其義兩通。【今注】濟南：諸侯王國名。本爲齊國博陽郡，後遷治濟水之南東平陵，故地在今山東濟南市章丘區西北。　辟光：劉辟光。齊悼惠王

劉肥之子。

[6]【今注】菑川：一作“甾川”。王國名。都劇縣（今山東壽光市南）。屬青州刺史部。漢封泥有“菑川王璽”“菑川中尉”“菑川内史”“菑川後府”“菑川丞相”“菑川郎丞”“菑川廐丞”等。　賢：劉賢。齊悼惠王劉肥之子。

[7]【今注】膠東：諸侯王國名。治即墨（今山東平度市東南）。　雄渠：齊悼惠王劉肥之子。

[8]【顏注】師古曰：周亞夫。【今注】太尉：官名。漢三公之一。掌管軍事，爲武官之長。　亞夫：周亞夫，周勃之子。時任中尉，七國亂起，乃“以中尉爲太尉”。傳見本書卷四○。

[9]【今注】大將軍：戰國以來掌征伐的高級武官統稱，秦漢沿置，漢初爲臨時封號，位在三公後，事迄則罷，至漢武帝元朔五年（前124）封衛青爲大將軍後，乃爲掌武職的常置之官。　竇嬰：竇太后堂侄。傳見本書卷五二。

[10]【顏注】晉灼曰：錯，音錯置之錯。師古曰：“晁”，古“朝”字。【今注】御史大夫：丞相副貳，秩中二千石，協調處理天下政務，而以監察、執法爲主要職掌，爲全國最高監察、執法長官。主管圖籍秘書檔案、四方文書，百官奏議經其上呈，皇帝詔命由其承轉丞相下達執行，負責考課、監察、彈劾官吏，典掌刑獄，收捕、審訊有罪官吏等，或派員巡察地方，鎮壓事變，有時亦督兵出征。丞相缺位，常由其遞補。詳見本書《百官公卿表上》。　晁錯：傳見本書卷四九。景帝用晁錯策削地，故七國以“誅晁錯”爲名起兵。景帝乃聽爰盎之謀，殺晁錯以安撫七國。晁錯被“衣朝衣斬東市”，其父母、妻、子、同産兄弟姐妹皆被殺。案，《史記·孝景本紀》叙殺晁錯事在任命周亞夫、竇嬰之前，其文云“天子爲誅晁錯，遣袁盎諭告，不止，遂西圍梁”。其叙事順序及原委似較《漢書》爲長。

二月壬子晦，[1]日有蝕之。[2]

[1]【今注】壬子晦：晦，農曆每月最末一日。王先謙《漢書補注》指出，本書《五行志》作“壬午晦，在胃二度”。《漢紀》作“辛巳朔”，皆與此不同。查諸曆表，景帝二年（前154）二月朔日爲癸丑，晦日爲壬午，可見當以《五行志》爲是，此與《漢紀》皆誤。（參見張培瑜《三千五百年曆日天象》，大象出版社1997年版）

[2]【今注】日有蝕之：查諸日食表，公元前154年4月5日，亦即漢景帝三年二月壬午晦有日食。但此次日食發生的位置靠東，在今西安地區不能親見，當係從關東地區報送而來，記錄時或出現問題，以致導致此處及《漢紀》記載的時間有誤。《五行志》明確記載日食位置“在胃二度”，則或是通過天文演算得來，故不受此影響，記錄了正確時間。（參見張培瑜《三千五百年曆日天象》）

諸將破七國，斬首十餘萬級。追斬吳王濞於丹徒。[1]膠西王卬、楚王戊、趙王遂、濟南王辟光、菑川王賢、膠東王雄渠皆自殺。夏六月，[2]詔曰：“迺者吳王濞等爲逆，起兵相脅，詿誤吏民，吏民不得已。[3]今濞等已滅，吏民當坐濞等及逋逃亡軍者，皆赦之。楚元王子蓺等與濞等爲逆，[4]朕不忍加法，[5]除其籍，毋令汙宗室。”立平陸侯劉禮爲楚王，續元王後。[6]立皇子端爲膠西王，勝爲中山王。[7]賜民爵一級。[8]

[1]【今注】丹徒：縣名。治所在今江蘇鎮江市丹徒區東。
[2]【今注】六月：《史記》卷一一《孝景本紀》記赦事在“六月乙亥”。

　　[3]【顏注】師古曰：已，止也，言不得止而從之，非本
心也。

　　[4]【顏注】師古曰：蓺，音“藝”。【今注】元王：楚元王
劉交，劉邦之異母弟。傳見本書卷三六。　蓺：元王子，景帝即位
時獲封宛朐侯。

　　[5]【今注】朕不忍加法：《史記·孝景本紀》亦云景帝赦蓺。
然本書《王子侯表上》稱蓺“三年，反，誅”，與此不同。

　　[6]【顏注】孟康曰：禮，元王子也。【今注】禮：楚元王
子，時在漢廷任宗正。　案，據周振鶴先生研究，景帝三年（前
154）七國之亂後，挾戰勝之威，對舊有郡國形勢進行了大規模調
整。造反諸國多被廢除。雖以劉禮奉楚王後，然實僅得彭城及周圍
數縣而已，較之楚國舊有三郡之地相差懸殊。除此之外，未反諸國
亦陸續被景帝削去支郡。至景帝四年（前 153），除江都國保留二
郡外，其餘諸國皆祇剩一郡之地。此後諸侯國再無威脅漢廷之可
能。（參見周振鶴《中國行政區劃通史·秦漢卷》，復旦大學出版
社 2017 年版，第 155 頁）

　　[7]【今注】中山：諸侯王國名。治盧奴縣（今河北定州市）。

　　[8]【今注】案，《史記·孝景本紀》是年紀事尚有“徙濟北
王志爲菑川王，淮陽王余爲魯王，汝南王非爲江都王。齊王將盧、
燕王嘉皆薨”。

四年春，復置諸關用傳出入。[1]

　　[1]【顏注】應劭曰：文帝十二年除關無用傳，至此復用傳。
以七國新反，備非常。【今注】案，王先謙《漢書補注》指出，
《史記》記此事在後九月，“諸”字作“津”。今案，《史記》卷一
一《孝景本紀》後九月敘置陽陵事，之後方敘置津關事。然則依體
例，此事未必發生在後九月，或是《史記》所據材料無具體月份，

乃集中叙於歲末。

夏四月己巳，立皇子榮爲皇太子，[1]徹爲膠東王。[2]

[1]【今注】榮：景帝與栗姬之子，故號爲栗太子。傳見本書卷五三。

[2]【今注】徹：景帝與王夫人之子，後王夫人爲皇后，徹爲太子，即後來的漢武帝。紀見本書卷六。

六月，[1]赦天下，賜民爵一級。

[1]【今注】六月：《史記》卷一一《孝景本紀》作"六月甲戌"。

秋七月，臨江王閼薨。
十月戊戌晦，[1]日有蝕之。[2]

[1]【今注】十月戊戌晦：《漢書考正》劉攽指出，按當時曆法，十月不當在年終。今案，漢初承秦行顓頊曆，以十月爲歲首，九月爲歲終，此時間確誤。查諸日食表，在此前後若干年皆無發生在戊戌日之日食，然則此句當爲衍文。或是因與後文孝景中三年（前147）九月戊戌晦發生的日食混淆致誤。

[2]【今注】案，《史記》卷一一《孝景本紀》是年紀事尚有"後九月，更以弋陽爲陽陵。……冬，以趙國爲邯鄲郡"。

五年春正月，[1]作陽陵邑。[2]夏，[3]募民徙陽陵，[4]

賜錢二十萬。[5]

[1]【今注】春正月：《史記》卷一一《孝景本紀》作“三月，作陽陵、渭橋”，時間與此不同。或正月爲最初規劃時間，三月爲具體建設之時間。

[2]【顏注】張晏曰：景帝作陵（蔡琪本、大德本、殿本作“景帝作壽陵”），起邑。【今注】陽陵：本爲漢景帝陵園之名，西漢前中期有遷徙關東豪族至諸陵之制度，因陵置縣，乃爲縣名。其治所在今陝西咸陽市東北。從 20 世紀 70 年代開始，對漢景帝陽陵進行了考古發掘，取得了許多新發現。參見晏新志等《漢景帝陽陵研究的回顧與展望》（《文博》2009 年第 1 期）。

[3]【今注】夏：《史記·孝景本紀》作“五月，募徙陽陵，予錢二十萬”。

[4]【今注】募民徙陽陵：秦始皇統一後，爲了削弱關東、加强關中地區的實力，以便統治，施行了遷徙關東豪富至關中的政策。漢朝建立後，劉邦用婁敬策，繼續遷徙豪富。其形式爲在營建皇帝陵墓的同時，將關東豪富遷徙到陵墓周邊，並置縣。本書《地理志》云“後世世徙吏二千石、高訾富人及豪桀并兼之家於諸陵。蓋亦以彊幹弱支，非獨爲奉山園也”。至元帝時，乃取消此政策。成帝時，曾欲徙民於昌陵，終亦未能成功。此政策遂告終止。

[5]【今注】案，《史記·孝景本紀》是年五月紀事尚有“江都大暴風從西方來，壞城十二丈。丁卯，封長公主子蟜爲隆慮侯。徙廣川王爲趙王”。

遣公主嫁匈奴單于。
六年冬十二月，雷，霖雨。[1]

[1]【今注】案，《史記》卷一一《孝景本紀》是年春紀事尚

有"封中尉綰爲建陵侯，江都丞相嘉爲建平侯，隴西太守渾邪爲平曲侯，趙丞相嘉爲江陵侯，故將軍布爲鄃侯。梁、楚二王皆薨"。

秋九月，皇后薄氏廢。[1]

[1]【今注】薄氏：文帝母薄太后族親。事見本書卷九七上《外戚傳上》。案，《史記》卷一一《孝景本紀》是年紀事尚有"後九月，伐馳道樹，殖蘭池"。

七年冬十一月庚寅晦，日有蝕之。[1]

[1]【今注】十一月：王先謙《漢書補注》指出，《史記》記此天象在十二月。今案，中華書局 1959 年版《史記》已修改爲"十一月"。查諸日食表，公元前 150 年 1 月 22 日，亦即漢景帝七年十一月庚寅晦確有日蝕，今西安地區食甚時刻爲上午 10 點 58 分，食分爲 0.70。可見當以"十一月"爲是。（參見張培瑜《三千五百年曆日天象》）

春正月，廢皇太子榮爲臨江王。[1]

[1]【今注】春正月：王先謙《漢書補注》指出，荀悅《漢紀》所載與此同，《史記》記爲"七年冬"。《漢書·諸侯王表》作"十一月己酉"，《資治通鑑》從《表》。

二月，罷太尉官。[1]

[1]【今注】案，《史記》卷一一《孝景本紀》是年春紀事有"春，免徒隸作陽陵者。丞相青免。二月乙巳，以太尉條侯周亞夫

爲丞相"。可見當時是以太尉周亞夫任丞相，而罷太尉官。

夏四月乙巳，立皇后王氏。[1]

[1]【今注】立皇后：何焯《義門讀書記》卷一五指出，景帝先立皇后，而後立太子，與文帝立竇后相異。　王氏：漢武帝母。

丁巳，立膠東王徹爲皇太子。賜民爲父後者爵一級。[1]

[1]【今注】爲父後者：指家族之嗣子。

中元年夏四月，[1]赦天下，賜民爵一級。封故御史大夫周苛、周昌孫子爲列侯。[2]

[1]【今注】中元年：王先謙《漢書補注》指出，據《五行志》，是年十二月甲寅晦，"日有食之"。今案，查諸日食表，是年十二月前後無日食，《五行志》誤。（參見張培瑜《三千五百年曆日天象》）　四月：《史記》卷一一《孝景本紀》記此事在"四月乙巳"。

[2]【顏注】師古曰：封苛之孫及昌之子也。苛、昌皆嘗爲御史大夫而從昆弟也，故摠言之（摠，殿本作"總"）。【今注】周苛：劉邦麾下將軍，楚漢相爭時，任御史大夫而守滎陽，項羽破滎陽，周苛不降而死。事見本書卷一《高紀》、卷四二《周昌傳》。

周昌：周苛從弟。傳見本書卷四二。　孫子：即曾孫。案，對於兩位受封者的姓名及其與苛、昌的關係，諸處記載不同。《史記》卷一一《孝景本紀》、卷一八《高祖功臣侯者年表》及本書《高惠高后文功臣表》皆載受封安陽侯的左車爲周昌之孫，與此不同。《史記·孝景本紀》載周苛孫平獲封繩侯，《集解》注引徐廣稱其名"一作應"。《史記·高祖功臣侯者年表》及本書《高惠高后文功臣表》則載周成孫（即周苛曾孫）應獲封繩侯，"平"爲其嗣子。綜合來看，似當以《史》《漢》兩表爲是，周苛曾孫應獲封繩侯，周昌孫左車獲封安陽侯。又案，《史記》記此事在四月赦天下一事之前，且是年紀事尚有"除禁錮。地動。衡山、原都雨雹，大者尺八寸"。

二年春二月，令諸侯王薨、列侯初封及之國，大鴻臚奏謚、誄、策。[1]列侯薨及諸侯太傅初除之官，[2]大行奏謚、誄、策。[3]王薨，遣光禄大夫弔襚祠賵，[4]視喪事，因立嗣子。列侯薨，遣太中大夫弔祠，視喪事，因立嗣。其薨葬，國得發民輓喪，穿復土，治墳無過三百人畢事。[5]

[1]【顏注】應劭曰：皇帝延諸侯王，賓王諸侯，皆屬大鴻臚。故其薨，奏其行迹，賜與謚及哀策誄文也。臣瓚曰：景帝此年已置大鴻臚，而《百官表》云武帝太初元年更以大行爲大鴻臚，與此錯。師古曰：誄者，述累德行之文，音力水反。【今注】大鴻臚奏謚誄策：錢大昕《廿二史考異·漢書一》認爲，此處意爲，若諸侯王薨，則大鴻臚主奏謚、誄；若列侯初封及之國，大鴻臚主奏策。應劭以策爲哀策，誤。大鴻臚，秦稱典客，漢景帝改名大行令，武帝始改大鴻臚。掌少數民族事務，及諸侯王喪事，又掌引導百官朝會，兼管京師郡國邸舍及郡國上計吏之接待。成帝時省典屬國併入，又兼管少數民族朝貢使節、侍子。九卿之一，秩中二千石。

[2]【今注】太傅：諸侯王太傅。掌導王以善，禮如師，不

臣。秩二千石。

[3]【顏注】如淳曰：凡言除者，除故官就新官也。晉灼曰：《禮》有大行人、小行人，主諡官，故以此名之。臣瓚曰：大行是官名，掌九儀之制以賓諸侯者。師古曰：大鴻臚者，本名典客，後改曰大鴻臚。大行令者，本名行人，即典客之屬官也，後改曰大行令。故事之尊重者遣大鴻臚，而輕賤者遣大行也。據此紀文，則景帝已改典客爲大鴻臚，改行人爲大行矣；而《百官公卿表》乃云景帝中六年更名典客爲大行令，武帝太初元年更名大行令爲大鴻臚，更名行人爲大行令，當是表誤。

[4]【顏注】應劭曰：衣服曰襚。祠，飲食也。車馬曰賵。師古曰：襚，音“遂”。賵，音芳鳳反。【今注】光禄大夫：西漢武帝時改中大夫置，掌論議。屬光禄勳，秩比二千石。周壽昌《漢書注校補》根據本書《百官公卿表》，指出武帝太初元年更名中大夫爲光禄大夫。此處當爲史臣追書。

[5]【顏注】師古曰：輓，謂引車也。畢事，畢葬事也。輓，音“晚”。

匈奴入燕。[1]

[1]【今注】案，王先謙《漢書補注》指出，《史記》在此下還有“遂不和親”四字。

改磔曰棄市，[1]勿復磔。

[1]【顏注】應劭曰：先謂諸死刑皆磔於市（謂，蔡琪本同，大德本、殿本作“此”），今改曰棄市，自非妖逆不復磔也。師古曰：磔，謂張其尸也。棄市，殺之於市也。謂之棄市者，取刑人於市，與眾棄之也。磔，音竹客反。【今注】棄市：刑罰名。在

鬧市執行死刑，尸暴街頭，言與衆人共棄之。

三月，臨江王榮坐侵太宗廟地，[1]徵詣中尉，[2]自殺。

[1]【今注】案，王先謙《漢書補注》引蘇輿説指出，此爲郡國諸侯所立之太宗廟。

[2]【今注】中尉：官名。掌徼循京師，秩中兩千石。後更名爲執金吾。

夏四月，有星孛于西北。
立皇子越爲廣川王，[1]寄爲膠東王。[2]

[1]【今注】越：景帝與王夫人（武帝母王皇后之妹）之子。傳見本書卷五三。

[2]【今注】寄：景帝與王夫人（武帝母王皇后之妹）之子。傳見本書卷五三。

秋七月，更郡守爲太守，郡尉爲都尉。[1]

[1]【顏注】師古曰：更，謂改其號。【今注】郡守：職官名。秦及漢初地方郡的最高長官。至此更名爲太守，秩二千石。郡尉：職官名。至此更名爲都尉，佐郡太守典武職甲卒，掌治安，防盜賊，爲一郡之最高武官，秩比二千石。

九月，封故楚、趙傳相内史前死事者四人子[1]皆爲列侯。

[1]【顏注】文穎曰：楚相張尚、太傅趙夷吾，趙相建德、内史王悍。此四人各諫其王無使反，不聽，皆殺之，故封其子。【今注】九月：錢大昭《漢書辨疑》指出，本書《功臣表》記此事在“四月”。王先謙《漢書補注》認爲，《史記》亦作“夏”，當以本書《功臣表》爲是。這句話當在四月，傳寫誤移於此。　内史：王國内史。漢初置，因其爲王國自署，治國如郡太守、都尉職事。秩二千石。

甲戌晦，日有蝕之。[1]

[1]【今注】日有蝕之：查諸日食表，漢景帝中二年似無日食（參見張培瑜《三千五百年曆日天象》）。

三年冬十一月，罷諸侯御史大夫官。[1]

[1]【顏注】師古曰：所以抑損其權。【今注】案，《史記》卷一一《孝景本紀》此句作“冬，罷諸侯御史中丞”。

春正月，皇太后崩。[1]

[1]【顏注】文穎曰：景帝母竇太后以帝崩後六年迺亡，凡立五十一年，武帝建元六年崩。今此言“皇太后崩”，誤耳。孟康曰：此太后崩，《史記》無也。臣瓚曰：王楙云景帝薄后以此年死，疑是也。當言“廢后”，而言“太后”，誤也。師古曰：孟說是也。廢后死不書，又不言崩。瓚解爲謬（解，大德本、殿本作“説”）。【今注】案，錢大昭《漢書辨疑》指出，《史記》《漢紀》俱無此七字，此七字當衍。《史記》卷一一《孝景本紀》是年春的記載爲“匈奴王二人率其徒來降，皆封爲列侯。立皇子方乘爲清河

王。三月，彗星出西北。丞相周亞夫免，以御史大夫桃侯劉舍爲丞
相"。

　　夏，[1]旱，禁酤酒。[2]秋九月，蝗。有星孛于西北。
戊戌晦，[3]日有蝕之。[4]

　　[1]【今注】夏：王先謙《漢書補注》指出，《五行志》記載
大旱在秋天，與此不同。

　　[2]【顏注】師古曰：酤，謂賣酒也，音工護反。【今注】
案，《史記》是年夏的記載爲"四月，地動"。

　　[3]【今注】戊戌晦：查諸日食表，公元前 147 年 11 月 10 日，
亦即漢景帝中三年九月戊戌晦確有日食，今西安地區食甚時刻爲上
午 11 點 19 分，食分爲 0.75，與此記載相合。（參見張培瑜《三千
五百年曆日天象》）

　　[4]【今注】案，《史記》是年九月記載尚有"軍東都門外"。

　　立皇子乘爲清河王。[1]

　　[1]【今注】乘：景帝與王夫人（武帝母王皇后之妹）之子。
傳見本書卷五三。　　清河：諸侯王國名、郡名。治清河縣（今河北
清河縣東南）。案，錢大昭《漢書辨疑》根據《諸侯王表》，指出
封王時間爲"三月丁酉"，與此不同。今案，《史記》卷一一《孝
景本紀》是年春紀事云"立皇子方乘爲清河王"，此"方乘"當即
"乘"。然則當以《諸侯王表》爲是，此誤。

　　四年春三月，起德陽宮。[1]

　　[1]【顏注】臣瓚曰：是景帝廟也。帝自作之，諱不言廟，

故言宮。《西京故事》云景帝廟爲德陽。

御史大夫綰奏禁馬，高五尺九寸以上，齒未平，不得出關。[1]

[1]【顏注】服虔曰：綰，衡綰也。馬十歲，齒下平。【今注】案，王先謙《漢書補注》引蘇輿説認爲，此奏與《史記・平準書》"益造苑馬以廣用"有關。

夏，蝗。[1]

[1]【今注】案，《史記》卷一一一《孝景本紀》云"大蝗"，但未載具體時間。

秋，赦徒作陽陵者；死罪欲腐者，許之。[1]

[1]【顏注】蘇林曰：宮刑，其創腐臭，故曰腐也。如淳曰：腐，宮刑也。丈夫割勢，不能復生子，如腐木不生實。師古曰：如説是。腐，音"輔"。【今注】案，周壽昌《漢書注校補》引《魏志》鍾繇語，指出當時除以腐刑贖死外，尚有以"斬右趾"等方式贖死。

十月戊午，日有蝕之。[1]

[1]【今注】十月戊午：《漢書考正》劉攽指出，按當時曆法，十月不當在年終。今案，漢初承秦行顓頊曆，以十月爲歲首，此時間確誤。查諸日食表，漢景帝中四年（前146）乃至五年皆無日

食，此條當爲衍文。

五年夏，^[1]立皇子舜爲常山王。^[2]六月，^[3]赦天下，賜民爵一級。^[4]

［1］【今注】夏：錢大昭《漢書辨疑》指出，《諸侯王表》記封皇子舜在三月，與此不同。王先謙《漢書補注》指出，《史記》《漢紀》《資治通鑑》皆與此同，當是《諸侯王表》有誤。

［2］【今注】舜：景帝與王夫人（武帝母王皇后之妹）之子。傳見本書卷五三。　常山：郡名、諸侯王國名。治元氏（今河北元氏縣西北）。案，《史記》卷一一一《孝景本紀》在封皇子舜後還有“封十侯”的記載。

［3］【今注】六月：《史記·孝景本紀》載赦事在“六月丁巳”。

［4］【今注】案，《史記·孝景本紀》是年夏紀事尚有“天下大潦”。

秋八月己酉，未央宮東闕災。^[1]

［1］【今注】未央宮：漢正宮。在秦章臺基礎上修建，位於漢長安城地勢最高的西南角龍首原上，因在長安城安門大街之西，又稱西宮。（參見李毓芳《漢長安城未央宮的考古發掘與研究》，《文博》1995 年第 3 期；陳蘇鎮《未央宮四殿考》，《歷史研究》2016 年第 5 期）　東闕：闕，古代皇宮門外兩邊供瞭望的樓臺，中有通道。本書卷一《高紀》云“蕭何治未央宮，立東闕、北闕、前殿、武庫、大倉”。顏注云：“未央殿雖南嚮，而上書奏事謁見之徒皆詣北闕，公車司馬亦在北焉。是則以北闕爲正門，而又有東門、東闕。至於西南兩面，無門闕矣。蓋蕭何初立未央宮，以厭勝之術，

理宜然乎？"今案，如顏師古所言，未央宮確以北闕爲正門，與後世以南門爲正門的習俗大不相同。然其原因非所謂厭勝，而是當時由北極、北斗崇拜帶來的尊北之風。而設東闕則當與上古以來尊日的習俗有關。（參見宋艷萍《漢闕與漢代政治史觀》，載《形象史學研究（2013）》人民出版社 2014 年版；安子毓《方位尊崇淵源考》，《社會科學戰綫》2017 年第 10 期）

　　更名諸侯丞相爲相。[1]

　　[1]【顏注】師古曰：亦所以抑黜之，令異於漢朝。【今注】案，《史記》卷一一一《孝景本紀》記此事在是年夏。

　　九月，詔曰："法令度量，所以禁暴止邪也。獄，人之大命，死者不可復生。吏或不奉法令，以貨賂爲市，朋黨比周，[1]以苛爲察，以刻爲明，令亡罪者失職，朕甚憐之。[2]有罪者不伏罪，姦法爲暴，甚亡謂也。諸獄疑，若雖文致於法而於人心不厭者，輒讞之。"[3]

　　[1]【顏注】師古曰：比，音頻寐反。
　　[2]【顏注】師古曰：職，常也。失其常理也。【今注】亡罪者失職：周壽昌《漢書注校補》據《廣雅·釋詁》《周禮·天官》，認爲此句意爲無罪者失其事業，無以爲生。
　　[3]【顏注】師古曰：厭，服也，音一贍反。讞，平議也，音魚列反。【今注】案，《史記》卷一一一《孝景本紀》是年秋尚有"地動"的記載。

六年冬十月，[1]行幸雍郊五畤。[2]十二月，改諸官名。[3]定鑄錢僞黃金棄市律。[4]

[1]【今注】冬十月：《史記》卷一一《孝景本紀》記幸雍事在"二月己卯"。

[2]【今注】雍：縣名。屬右扶風，治所在今陝西鳳翔縣西南豆腐村、河南中之間。　五畤：於雍設立的祭祀黃、赤、青、白、黑五帝的五個處所，在今陝西鳳翔縣西南古雍城之郊，故亦稱雍五畤。其具體名稱說法不一。《史記·封禪書》《索隱》認爲是密畤、上畤、下畤、畦畤、北畤；張守節注認爲是鄜畤、密畤、上畤、下畤、北畤；錢穆《史記地名考》（商務印書館2004年版）則認爲是武畤、好畤、上畤、下畤、北畤。

[3]【今注】案，《史記·孝景本紀》記此事在四月分梁爲五國一事之後，所言較詳："更命廷尉爲大理，將作少府爲將作大匠，主爵中尉爲都尉，長信詹事爲長信少府，將行爲大長秋，大行爲行人，奉常爲太常，典客爲大行，治粟內史爲大農。以大內爲二千石，置左右內官，屬大內。"

[4]【顏注】應劭曰：文帝五年，聽民放鑄，律尚未除。先時多作僞金，僞金終不可成，而徒損費，轉相誑燿，窮則起爲盜賊，故定其律也。孟康曰：民先時多作僞金，故其語曰"金可作，世可度"，費損甚多而終不成。民亦稍知其意，犯者希，因此定律也。師古曰：應說是。

春三月，雨雪。[1]

[1]【顏注】師古曰：雨，音于具反。　【今注】案，雨雪，《史記》卷一一《孝景本紀》作"雨雹"。

夏四月，梁王薨，分梁爲五國，立孝王子五人皆爲王。[1]

[1]【今注】案，《史記》卷一一一《孝景本紀》是年紀事云："四月，梁孝王、城陽共王、汝南王皆薨。立梁孝王子明爲濟川王，子彭離爲濟東王，子定爲山陽王，子不識爲濟陰王。梁分爲五。封四侯。"

五月，詔曰："夫吏者，民之師也，車駕衣服宜稱。[1]吏六百石以上，皆長吏也，[2]亡度者或不吏服，出入閭里，與民亡異。令長吏二千石車朱兩轓，[3]千石至六百石朱左轓。車騎從者不稱其官衣服，下吏出入閭巷亡吏體者，二千石上其官屬，三輔舉不如法令者，[4]皆上丞相御史請之。"[5]先是吏多軍功，[6]車服尚輕，故爲設禁。又惟酷吏奉憲失中，迺詔有司減笞法，定箠令。語在《刑法志》。[7]

[1]【顏注】師古曰：稱其官也，音尺孕反。

[2]【顏注】張晏曰：長，大也。六百石，位大夫。【今注】六百石：秦漢職官系統中，六百石是一個重要的分界綫，其各項待遇遠較其下各級爲高。二十等爵中，九級（五大夫）以上爵位祇有六百石以上官吏纔能被授予。是以本書卷八《宣紀》云"吏六百石位大夫，有罪先請，秩禄上通"。出土睡虎地秦簡亦云"六百石爲顯大夫"。是知六百石爲長吏與普通吏員之分界。（參見楊振紅《秦漢官僚體系中的公卿大夫士爵位系統及其意義——中國古代官僚政治社會構造研究之一》，《文史哲》2008年第5期）　長吏：漢代指縣令長、尉、丞以上的地方官。

[3]【顏注】應劭曰：車耳反出，所以爲之藩屛，翳塵泥也。二千石雙朱，其次乃偏其左。軬以簟爲之，或用革。如淳曰：轓，音反，小車兩屛也。師古曰：據許慎、李登説，轓，車之蔽也。《左氏傳》云"以藩載欒盈"，即是有郭蔽之車也。言車耳反出，非矣。轓，音甫元反。軬，音方遠反。

[4]【顏注】應劭曰：京兆尹、左馮翊、右扶風共治長安城中，是爲三輔。師古曰：時未有京兆、馮翊、扶風之名。此三輔者，謂主爵中尉及左右內史也。應説失之。【今注】三輔：三輔一般指京畿地區的京兆尹、左馮翊、右扶風。然漢武帝時方將主爵中尉改爲右扶風，而主爵中尉本掌列侯事，非地方官，然則此前似未有三輔。但全祖望《經史問答》卷九指出，武帝營造上林時，尚未定三輔，却有令中尉、左右內史表屬縣草田以償鄠、杜之民之詔書。然則中尉此時已與左右內史並治京師，隱然已分三輔。然則景帝時或已分右內史之地以屬中尉，與左右內史並治京師。王先謙《漢書補注》同意全説，但同時指出，三輔之稱，或係史家追改。本書此類文字頗多。

[5]【今注】請：王先謙《漢書補注》認爲，此爲請罪之意。丞相御史：丞相及御史大夫兩府。

[6]【今注】案，先是吏多軍功，蔡琪本無"先"字。

[7]【顏注】師古曰：簦，音止縈反。【今注】惟：王先謙《漢書補注》指出，"惟"爲"思"之意。

六月，匈奴入雁門，至武泉，入上郡，取苑馬。[1]吏卒戰死者二千人。

[1]【顏注】如淳曰：《漢儀注》："太僕牧師諸苑三十六所，分布北邊、西邊。以郎爲苑監，官奴婢三萬人，養馬三十萬頭（頭，蔡琪本、大德本、殿本作"疋"）。師古曰：武泉，雲中之

縣也。養鳥獸者通名爲苑，故謂牧馬處爲苑。【今注】雁門：郡名。治善無（今山西右玉縣南）。　武泉：縣名。治所在今内蒙古呼和浩特市郊塔布陀羅亥古城。　上郡：治膚施（今陝西榆林市東南）。

秋七月辛亥晦，[1]日有蝕之。[2]

[1]【今注】辛亥晦：查諸日食表，公元前144年9月8日，亦即漢景帝中六年七月辛亥晦確有日食，今西安地區食甚時刻爲上午6點36分，食分爲0.60，與此記載相合。（參見張培瑜《三千五百年曆日天象》）

[2]【今注】案，《史記》卷一一《孝景本紀》是年紀事尚有"八月，匈奴入上郡"。

後元年春正月，[1]詔曰："獄，重事也。人有智愚，官有上下。獄疑者讞有司。有司所不能決，移廷尉。有令讞而後不當，讞者不爲失。[2]欲令治獄者務先寬。"三月，[3]赦天下，賜民爵一級，中二千石諸侯相爵右庶長。[4]夏，[5]大酺五日，民得酤酒。[6]

[1]【今注】後元年：《史記》卷一一《孝景本紀》是年年初紀事云："冬，更命中大夫令爲衛尉。"

[2]【顏注】師古曰：假令讞訖，其理不當，所讞之人不爲罪失。

[3]【今注】案，三月，《史記·孝景本紀》作"三月丁酉"。

[4]【顏注】如淳曰：雖有尊官未必有高爵，故數有賜爵。師古曰：右庶長，第十一爵也。

[5]【今注】夏：《史記·孝景本紀》具體記此事在"四月"。

[6]【今注】民得酤酒：王先謙《漢書補注》指出，在之前的中三年，因旱禁酤酒。

五月，地震。[1]秋七月乙巳晦，[2]日有蝕之。[3]

[1]【今注】地震：《史記》卷一一一《孝景本紀》記此事云："五月丙戌，地動，其蚤食時複動。上庸地動二十二日，壞城垣。"

[2]【今注】乙巳晦：王先謙《漢書補注》指出，本書《五行志》云："先晦一日，在翼十七度。"與此略異。今案，查諸曆表，漢景帝中元年七月丙午晦，乙巳爲先晦一日。查諸日食表，公元前143年8月28日，亦即漢景帝後元年七月乙巳確有日蝕，今西安地區食甚時刻爲下午3點59分，食分爲0.61，與此記載相合。（參見張培瑜《三千五百年曆日天象》）

[3]【今注】案，《史記·孝景本紀》記此事云："七月乙巳，日食。丞相劉舍免。"

條侯周亞夫下獄死。[1]

[1]【今注】案，王先謙《漢書補注》引王先慎説指出，《百官公卿表》與《史記》皆記載周亞夫死於中三年（前147）。表載孝景三年（前154）爲太尉，七年爲丞相，有罪國除。自三年順推至中三年，亦正合七年。然則周亞夫之死不當在後元年。又案，《史記》卷一一一《孝景本紀》是年紀事尚有"八月壬辰，以御史大夫綰爲丞相，封建陵侯"。

二年冬十月，省徹侯之國。[1]

［1］【顏注】晉灼曰：《文紀》“遣列侯之國”，今省之。師古曰：省，音所領反。【今注】徹侯：爵位名。漢制，劉姓子孫封侯者，稱爲諸侯，異姓功臣封侯者，稱爲徹侯。爲秦漢二十等爵的最高一級。後避漢武帝諱改通侯，又稱列侯。周壽昌《漢書注校補》認爲，本書《高紀》已屢書“徹侯”作“通侯”，此仍作“徹”，當爲轉寫時之失誤。今案，《高紀》“通侯”當係承《史記》而來。今本《史記·孝景本紀》非《史記》舊文，班固未直接承用其文，故書作徹侯。又，《史記》叙“省列侯遣之國”於“令內史郡不得食馬粟”等事後，事在正月之後，三月之前。

春，[1]匈奴入雁門，太守馮敬與戰死。[2]發車騎材官屯。[3]

［1］【今注】春：《史記》卷一一一《孝景本紀》云：“正月，地一日三動。郅將軍擊匈奴。酺五日。”

［2］【今注】案，《史記·孝景本紀》載此事在三月，在禁食馬以粟一事之後。

［3］【顏注】師古曰：屯雁門。【今注】材官：秦漢時期於內地郡國設置的步兵部隊，東漢省。

春，[1]以歲不登，禁內郡食馬粟，没入之。[2]

［1］【今注】春：王先謙《漢書補注》指出，上有“春”字，此處不當複出。《史記》卷一一一《孝景本紀》匈奴入雁門在三月，禁食馬粟在正月，皆春月事，可見此處“春”字爲衍文。荀悦《漢紀》無“春”字，是。《資治通鑑》則因《漢書》誤。

［2］【顏注】師古曰：食，讀曰“飤”。没入者，没入其馬。【今注】案，《史記》卷一一《孝景本紀》記此事云：“令內史郡不

得食馬粟，没入縣官。令徒隸衣七緵布。止馬舂。爲歲不登，禁天下食不造歲。"

夏四月，詔曰："雕文刻鏤，傷農事者也；錦繡纂組，害女紅者也。[1]農事傷則飢之本也，女紅害則寒之原也。夫飢寒並至，而能亡爲非者寡矣。[2]朕親耕，后親桑，以奉宗廟粢盛祭服，爲天下先；不受獻，減太官，省繇賦，[3]欲天下務農蠶，素有畜積，以備災害。[4]彊毋攘弱，衆毋暴寡，[5]老者以壽終，幼孤得遂長。[6]今歲或不登，民食頗寡，其咎安在？或詐僞爲吏，[7]吏以貨賂爲市，漁奪百姓，侵牟萬民。[8]縣丞，長吏也，奸法與盜盜，甚無謂也。[9]其令二千石各修其職；不事官職耗亂者，[10]丞相以聞，請其罪。[11]布告天下，使明知朕意。"

[1]【顏注】應劭曰：纂，今五采屬綵是也。組者，今綬紛絛是也。臣瓚曰：許慎云："纂，赤組也。"師古曰：瓚說是也。綷，會也。會五綵者，今謂之錯綵，非纂也。紅，讀曰"功"。綷，音子內反。絛，音它牢反。

[2]【今注】案，沈欽韓《漢書疏證》指出，《説苑·反質》所載魏文侯與李克之對話與此詔相同。

[3]【顏注】武古曰（武，蔡琪本、大德本、殿本作師，當據改）：省，音所領反。繇，讀曰"傜"。

[4]【顏注】師古曰：畜，讀曰"蓄"。

[5]【顏注】師古曰：攘，取也，音人羊反。

[6]【顏注】師古曰：遂，成也。

[7]【顏注】張晏曰：以詐僞人爲吏也。臣瓚曰：律所謂矯

枉以爲吏者也。師古曰：二説並非也。直謂詐自稱吏耳。【今注】案，周壽昌《漢書注校補》指出，按下文所言，此詔書重在察吏，當以張、瓚二説爲是。

[8]【顏注】李奇曰：牟，食苗根蟲也。侵牟食民，比之蟊賊也。師古曰：漁，言若漁獵之爲也。【今注】漁：周壽昌《漢書注校補》認爲，漁爲"侵奪無擇"之意，與獵非一事。

[9]【顏注】李斐曰：姧法，因法作姧也。文穎曰：與盜，謂盜者當治，而知情反佐與之，是則共盜無異也。師古曰：與盜盜者，共盜爲盜耳。

[10]【今注】案，秏，蔡琪本、大德本、殿本作"耗"。

[11]【顏注】師古曰：秏，不明也，讀與眊同，音莫報反。

五月，詔曰："人不患其不知，患其爲詐也；不患其不勇，患其爲暴也；不患其不富，患其亡厭也。其唯廉士，寡欲易足。今訾算十以上迺得官，[1]廉士算不必衆。有市籍不得官，[2]無訾又不得官，朕甚愍之。訾算四得官，亡令廉士久失職，貪夫長利。"[3]

[1]【顏注】服虔曰：訾萬錢，算百二十七也。應劭曰：古者疾吏之貪，衣食足知榮辱，限訾十算迺得爲吏。十算，十萬也。賈人有財不得爲吏，廉士無訾又不得官，故減訾四算得官矣。師古曰："訾"讀與"貲"同。它皆類此（它，殿本作"他"）。【今注】今訾算十以上迺得官：算，賦税計算單位，本書卷一上《高紀上》如淳注指出，"人百二十（錢）爲一算"。何焯《義門讀書記》卷一五指出，司馬相如即以訾算爲郎，董仲舒所謂"選郎吏以富訾"即指此。姚鼐《惜抱軒筆記》卷四認爲，這裏的"宦"，所指爲"郎"。衛青令舍人"具鞍馬、絳衣、玉具、劍"，漢初郎當亦需自備衣裝、飾品等，故需訾算。《張釋之傳》即云"久宦減

仲之産"。西漢初年之仕進，大致分爲郎侍、仕州郡及卿府辟召三種途徑。至武帝建學校、舉孝廉後，爲郎不必訾算，然入羊、入粟皆可補郎。

〔2〕【今注】市籍：市場經營者特有的名籍，是秦漢時期對市商的管理、抑制及保障制度。（參見王剛《漢代市籍問題再探》，《南都學壇》2016 年第 3 期）

〔3〕【顔注】師古曰：長利，長獲其利。

秋，大旱。[1]

〔1〕【今注】案，《史記》卷一一《孝景本紀》是年末紀事云："十月，租長陵田。大旱。衡山國、河東、雲中郡民疫。"今案，漢初以十月爲歲首，《史記》此"十月"或係因漢代隸書"十""七"相近之故致誤，秦漢文獻此類錯誤多有。"七月"與《漢書》"秋"的記載亦相合。（參見張勳燎《古文獻論叢》之《"七""十"考》，巴蜀書社 1990 年版）

三年春正月，[1]詔曰："農，天下之本也。黃金珠玉，飢不可食，寒不可衣，以爲幣用，不識其終始。[2]閒歲或不登，意爲末者衆，[3]農民寡也。其令郡國務勸農桑，益種樹，可得衣食物。[4]吏發民若取庸采黃金珠玉者，坐臧爲盜。[5]二千石聽者，與同罪。"

〔1〕【今注】三年：《史記》卷一一《孝景本紀》是年初紀事云："後三年十月，日月皆赤五日。十二月晦，雷。日如紫。五星逆行守太微。月貫天廷中。"

〔2〕【顔注】師古曰：幣者，所以通有無，易貴賤也。

[3]【今注】末：指商業。中國古代重農輕商，以農爲"本"，以商爲"末"。

[4]【顏注】師古曰：樹，殖也。

[5]【顏注】韋昭曰：發民，用其民。取庸，用其資以顧庸。

皇太子冠，[1]賜民爲父後者爵一級。[2]

[1]【今注】皇太子冠：《史記》卷一一一《孝景本紀》記其時間爲"正月甲寅"。

[2]【今注】案，《史記·孝景本紀》記賜爵事在景帝去世後，爲景帝之遺詔。

甲子，帝崩于未央宮。[1]遺詔賜諸侯王列侯馬二駟，[2]吏二千石黃金二斤，吏民戶百錢。出宮人，歸其家，[3]復終身。[4]二月癸酉，葬陽陵。[5]

[1]【顏注】臣瓚曰：帝年三十二即位，即位十六年，壽四十八。

[2]【顏注】師古曰：八匹也。【今注】駟：四匹馬。

[3]【今注】出宮人：王鳴盛《十七史商榷》卷九指出，文帝、景帝去世後，皆出宮人。至武、昭以後乃令宮人奉陵。平帝崩後，王莽復出媵妾歸家。

[4]【顏注】師古曰：復，音方目反。【今注】復：指免除徭賦。

[5]【顏注】臣瓚曰：自崩及葬凡十日。陽陵，在長安東北四十五里。

贊曰：孔子稱"斯民，三代之所以直道而行

也"，[1]信哉！周、秦之敝，罔密文峻，[2]而姦軌不勝。[3]漢興，掃除煩苛，與民休息。至于孝文，加之以恭儉，孝景遵業，五六十載之間，至於移風易俗，[4]黎民醇厚。[5]周云成康，漢言文景，美矣！[6]

[1]【顏注】師古曰：此《論語》載孔子之辭也。言此今時之人，亦夏、殷、周之所馭，以政化淳壹，故能直道而行；傷今不然。

[2]【今注】罔：錢大昭《漢書辨疑》指出，"罔"爲"網"之意。

[3]【顏注】師古曰：不可勝。

[4]【今注】至於移風易俗：王先謙《漢書補注》引王先慎説，認爲根據《太平御覽》卷八八，"至於"二字爲衍。

[5]【顏注】師古曰：黎，衆也。醇，不澆雜。

[6]【今注】案，《史記》卷一一一《孝景本紀》贊語云："太史公曰：漢興，孝文施大德，天下懷安，至孝景，不復憂異姓，而晁錯刻削諸侯，遂使七國俱起，合從而西鄉，以諸侯太盛，而錯爲之不以漸也。及主父偃言之，而諸侯以弱，卒以安。安危之機，豈不以謀哉？"

漢書　卷六

武紀第六^[1]

[1]【今注】案，武紀，蔡琪本、大德本、殿本作“武帝紀”。

孝武皇帝，^[1]景帝中子也，^[2]母曰王美人。^[3]年四歲立爲膠東王。^[4]七歲爲皇太子，母爲皇后。十六歲，後三年正月，景帝崩。^[5]甲子，太子即皇帝位，尊皇太后寶氏曰大皇太后，^[6]皇后曰皇太后。三月，封皇太后同母弟田蚡、勝皆爲列侯。^[7]

[1]【顏注】荀悅曰：諱徹之字曰通。應劭曰：《禮·謚法》“威强叡德曰武（强，蔡琪本作“彊”）”。【今注】武：王先謙《漢書補注》指出，張守節《史記正義》引《謚法》云：“克定禍亂曰武。”

[2]【今注】中子：《史記》卷一二《孝武本紀》司馬貞《索隱》指出，本書卷五三《景十三王傳》廣川王以上八人皆爲武帝兄，則武帝當行九。王先謙《漢書補注》指出，諸子長曰伯，末曰季，居中者皆爲中子。

[3]【顏注】師古曰：《外戚傳》：“美人比二千石，視少上造。”【今注】王美人：武帝之母。《史記》卷四九《外戚世家》《索隱》引皇甫謐説，稱其名爲“姞”。事見本書卷九七上《外戚

傳上》。美人，秦漢皇帝嬪妃名號。西漢後期制度規定，皇后以外的皇帝妃妾凡分十四等，美人爲第五等，官秩視二千石。

[4]【今注】膠東：諸侯王國名。治即墨（今山東平度市東南）。

[5]【顏注】張晏曰：武帝以景帝元年生，七歲爲太子，爲太子十歲而景帝崩，時年十六矣。師古曰：後三年，景帝後三年也。

[6]【今注】竇氏：文帝皇后，在景帝、武帝朝頗干預政事。事見本書《外戚傳上》。　案，大皇太后，蔡琪本、大德本、殿本均作“太皇太后”。

[7]【顏注】蘇林曰：蚡，音豬豶鼠之豶。師古曰：“蚡”亦“豶鼠”字也，音扶粉反。【今注】同母弟：王太后母臧兒爲燕王臧荼之孫女，先嫁王仲，生王信、王皇后、王兒姁；仲死後更嫁田氏，生田蚡、田勝。故王皇后與田蚡爲同母異父姐弟。　田蚡：西漢內史長陵（今陝西咸陽市東北）人，漢武帝舅，封武安侯。武帝初年曾任丞相。傳見本書卷五二。錢大昭《漢書辨疑》指出，“蚡”爲“豶”的異體字，根據《說文》，其意指地行鼠、田鼠。今案，張琦、侯旭東《漢景帝不吃老鼠嗎？——我們如何看待過去》（《史學月刊》2019年第10期）指出，根據景帝陽陵發掘結果，鼠當亦爲漢代貴族常見食物。然則田蚡以鼠爲名亦不奇怪。列侯：秦漢二十等爵第二十等，爲最高級。又作“徹侯”“通侯”。

建元元年[1]冬十月，詔丞相、[2]御史、[3]列侯、中二千石、二千石、[4]諸侯相舉賢良方正直言極諫之士。[5]丞相綰[6]奏：“所舉賢良，或治申、商、韓非、蘇秦、張儀之言，[7]亂國政，請皆罷。”奏可。

[1]【顏注】師古曰：自古帝王未有年号（号，蔡琪本、大

德本、殿本均作"號"），始起於此。【今注】建元：《漢書考正》
劉攽指出，《封禪書》有云："其後三年，有司言元宜以天瑞命，不
宜以一二數。"時當爲元鼎三年。然元鼎四年方得寶鼎，似又無緣
先於三年而稱之。可見自元鼎以前之元皆有司所追命，年號之實起
當在元鼎，是故元封改元始有詔書。吳仁傑《兩漢刊誤補遺》卷二
引《通鑑考異》，指出元鼎年號亦如建元、元光，實爲後來追改。
魏司空王朗曾指出，古時有帝王在位年數，而無年號，漢初猶是如
此。其後乃有中元、後元，之後改元太多，中、後之號不足，故更
改取美名。文帝凡兩改元，故以前、後別之。景帝凡三改元，故以
前、中、後別之。武帝即位以來，大率六年一改元，二十七年之間
改元者五，當時但以一元、二元、三元、四元、五元爲別。五元之
三年，有司言元宜以天瑞，不宜一、二數。時雖從有司之議，改一
元爲建元，二元爲元光，三元爲元朔，四元爲元狩，至五元則未有
以名。明年寶鼎出，遂改五元爲元鼎，而以是年爲元鼎四年。然則
謂年號起於元鼎固當，謂元鼎爲後來追改亦不誤。《漢書考證》齊
召南同意劉攽説，但認爲"有司所追命"之説不當，當爲皇帝下詔
追改。

[2]【今注】丞相：官名。漢三公之一。輔佐皇帝，掌全國政務。

[3]【今注】御史：此指御史大夫。丞相副貳，秩中二千石，
協調處理天下政務，而以監察、執法爲主要職掌，爲全國最高監
察、執法長官。主管圖籍秘書檔案、四方文書，百官奏議經其上
呈，皇帝詔命由其承轉丞相下達執行，負責考課、監察、彈劾官
吏，典掌刑獄，收捕、審訊有罪官吏等，或派員巡察地方，鎮壓事
變，有時亦督兵出征。丞相缺位，常由其遞補。詳見本書《百官公
卿表上》。

[4]【今注】二千石：因漢代所得俸祿以米穀爲準，故官秩等
級以重量單位"石"名。漢朝二千石爲中央政府機構的列卿，及地
方州牧郡守、諸侯王國相等。又可細分爲中二千石、二千石、比二
千石三等。據《百官公卿表》顏師古注，中二千石者月各百八十

斛，二千石者百二十斛，比二千石者百斛。根據張家山漢簡《秩律》與賈誼《新書》、《史記》等傳世文獻，閻步克先生又指出漢初祇有二千石，並無中二千石等細分等級，最早的中二千石的記載出現在文帝死後景帝發布的詔書中。楊振紅先生則進一步認爲中二千石的官位是文帝時在賈誼的建議下設立的，是爲了區別漢廷官員與諸侯官員之地位。而早期中二千石官員亦不止《百官公卿表》所載諸官，如内史、主爵都尉均曾列於中二千石。案，石，漢代度量衡單位，有兩義：一爲重量單位，合一百二十斤。二爲容量單位，合十斗，亦即一斛。馬彪等先生指出，“石”本爲秦與西漢時的官方標準重量單位，合十斗的官方標準容量單位爲“桶（甬）”。因一石重的禾黍可得十斗糙米，一石重的稻禾可得十斗稻米，故實踐中有將十斗稱爲“石”的習慣。王莽時以“斛”作爲合十斗的官方容量單位，東漢承之，此後容量單位“石”便逐漸淡出了漢代計量系統。然則根據前文顏注所引二千石的俸禄換算，二千石當指二千石（容量單位）容積的米，亦即二千石（重量單位）重的禾，其餘官秩與此相類。又案，陳夢家先生根據傳世與出土文獻指出，雖然西漢承秦制，官俸以“石”爲名，但主要是代表官秩，實際發俸以錢爲主。至王莽後期，變爲以穀爲主，東漢則爲半錢半穀，而以穀數爲標準。前文所引顏注所舉具體官俸，當出自東漢之材料，且亦祇是一種計算標準，並非兩漢官俸的實際發放情況。（參見閻步克《〈二年律令·秩律〉的中二千石秩級闕如問題》，《河北學刊》2003 年第 5 期；楊振紅《出土簡牘與秦漢社會（續編）》，廣西師範大學出版社 2015 年版，第 51—57 頁；馬彪、林力娜《秦、西漢容量“石”諸問題研究》，《中國史研究》2018 年第 4 期；陳夢家《漢簡所見奉例》，《文物》1963 年第 5 期）

　　[5]【今注】諸侯相：諸侯國的最高官。漢初諸侯國官制皆依漢朝，至景帝平滅七國之亂後，縮減了諸侯國官員，打壓其官號，貶諸侯國丞相爲“相”。　賢良：選舉科目。始於漢文帝，常與方正、文學、能直言極諫者連稱，也稱賢良文學、賢良方正。

[6]【顏注】師古曰：衞綰也。

[7]【顏注】應劭曰：申不害，韓昭侯相也。衞公孫鞅爲秦孝公相，封於商，号商君（号商君，蔡琪本、大德本作“號商君”，殿本作“號秦君”）。韓非，韓諸公子。非，名也。蘇秦爲關東從長。張儀爲秦昭王相，爲衡説，以抑諸侯。李奇曰：申不害書執衞（衞，大德本、殿本作“術”）。商鞅爲法，賞不失卑，刑不諱尊，然深刻無恩德。韓非兼行申、商之術。師古曰：從，音子容反。【今注】申：即申不害。戰國時期韓國人，法家代表人物之一，其學“本於黄老而主刑名”。曾任韓相十九年，主張君主獨斷，用“術”治理天下。 商：衞人公孫鞅，秦孝公時入秦，爲相十年，變法圖强，受封於商之地，號爲商君，故又稱商鞅。傳見《史記》卷六九。 韓非：戰國時韓國公子，作有《韓非子》，先秦法家集大成者。《史記》卷六三有《老子韓非列傳》，不過若干細節不甚準確。結合《韓非子》相關章節，韓非當曾入秦離間秦、趙關係，之後聯趙抗秦，破壞了秦國“先下韓”的戰略。此事引起了秦始皇的注意，因而在擊破趙國後復逼韓王交出韓非，並非所謂因愛韓非之書而令韓非入秦。李斯建議殺韓非是因韓非在入秦後繼續忠於韓國，不“爲秦”，與所謂“嫉妒”無關。（參見錢穆《先秦諸子紀年》卷四《李斯韓非考》，商務印書館 2002 年版，第 553 頁；曹謙《韓非法治論》，中華書局 1948 年版，第 136 頁；馬非百《秦集史》人物傳二十一之二《姚賈》、人物傳二十五之六《韓非》，中華書局 1982 年版；王輿忠《李斯殺韓非原因考辨》，《遼寧大學學報》1981 年第 1 期；王輿忠《李斯殺韓非原因再考辨》，《遼寧大學學報》1985 年第 4 期；安子毓《韓非“存韓”事迹考》，載《中國社會科學院歷史研究所學刊》第十集，商務印書館 2017 年版） 蘇秦：東周洛陽人，戰國時縱橫家。關於其事迹，史料中有矛盾記載。一説其活動時間與張儀同期而略靠前，合縱東方六國抗秦，佩六國相印，與張儀並稱爲“合縱”“連橫”的代表。一説

其活動在張儀之後，爲燕昭王間諜入齊，爲五國破齊出力頗多，後事泄，爲齊閔王所車裂。據唐蘭、楊寬等考證，當以後一種記載爲準。1973 年，長沙馬王堆三號漢墓出土的《戰國縱橫家書》印證了唐、楊等的觀點。事實上，張儀從政在秦惠文王時，之前秦國尚未一家獨大，所謂蘇秦"佩六國相印"的傳説本也不符合當時的政治形勢。　張儀：魏人，戰國時縱橫家，秦惠文王時擔任秦國丞相。在其策劃下，秦國在與魏國的交往中徹底占據上風，甚至令其處於附庸地位。同時又用欺詐手段削弱了楚國，爲秦國後來獨霸天下確立了基礎。張儀爲戰國時期的"連橫"代表，同期以"合縱"之策號召各國攻秦者爲公孫衍（犀首）。《孟子·滕文公下》中載景春語有云"公孫衍、張儀豈不誠大丈夫哉？一怒而諸侯懼，安居而天下熄"。可見二人對當時政局影響之大。

春二月，赦天下，賜民爵一級。[1]年八十復二算，九十復甲卒。[2]行三銖錢。[3]

[1]【今注】爵：漢代承秦行二十等爵制，以示身份，具體爵名參見本書《百官公卿表上》。其中，第八級公乘與第九級五大夫被認爲是"民爵"與"官爵"的分界，普通民衆與下級吏員賜爵不過公乘，五大夫以上的爵位祗授予六百石以上的官員。由於和平時期賜爵輕濫，至漢末三國，吏民已普遍具有公乘爵，此爵制已名存實亡。（參見錢大昭《漢書辨疑》卷九；凌文超《漢初爵制結構的演變與官、民爵的形成》，《中國史研究》2012 年第 1 期）

[2]【顏注】張晏曰：二算，復二口之算也。復甲卒，不豫革車之賦也。師古曰：復，音方目反。【今注】復：指免除徭賦。

算：賦稅計算單位，本書卷一上《高紀上》如淳注指出，"人百二十（錢）爲一算"。

[3]【顏注】師古曰：新壞四銖造此錢也，重如其文。見

《食貨志》。【今注】三銖錢：銖，重量單位，二十四銖合一兩。漢初鑄錢，其文承秦，亦云"半兩"，然文、重不相符，且其重量多次發生變化，自文帝以來重量多爲四銖，一般稱爲"四銖半兩錢"。武帝鑄三銖錢，是西漢建立以來試圖建立文、重相符的貨幣體系的嘗試。本書《食貨志下》載此次行三銖錢的時間爲武帝元狩年間，與此矛盾。從出土三銖錢來看，其時代較早，當以建元爲是。三銖錢數量較少，且多伴四銖半兩錢出土。因而有觀點認爲當時三銖錢與四銖半兩錢並行，並未如顏說所言銷毀四銖錢。或因此種並行導致混亂，使得三銖錢未能長期施行。（參見黃娟《關於漢代三銖錢的鑄行年代問題》，《考古與文物》2014 年第 3 期）

夏四月己巳，詔曰："古之立教，鄉里以齒，朝廷以爵，扶世導民，莫善於德。然即於鄉里先耆艾，[1]奉高年，古之道也。[2]今天下孝子順孫願自竭盡以承其親，外迫公事，内乏資財，是以孝心闕焉。朕甚哀之。民年九十以上，有受鬻法，[3]爲復子若孫，令得身帥妻妾遂其供養之事。"[4]

[1]【今注】案，然即於鄉里，蔡琪本、大德本、殿本"即"作"則"。

[2]【顏注】師古曰：六十曰耆，五十曰艾。

[3]【顏注】師古曰：給米粟以爲糜鬻。鬻，音之六反。【今注】受鬻法：定期領取做粥用的糧食，是漢廷表示尊老的一種長期福利制度。鬻，即粥。已出土張家山漢簡《二年律令·傅律》有云，"大夫以上［年］九十，不更九十一，簪褭九十二，上造九十三，公士九十四，公卒、士五（伍）九十五以上者，稟鬻米月一石"，此當即受鬻法之具體規定，可見在呂后時已有此制。武帝以後，因財政壓力等原因，此種以月度發米的規定似未能持續，而是

受《禮記·月令》影響，逐漸演變爲持續東漢一朝的仲秋"行糜粥"之制，其福利意義已大爲減少，更多的衹剩象徵意義。（參見趙凱《西漢"受鬻法"探論》，《中國史研究》2007 年第 4 期）

［4］【顏注】師古曰：若者，豫及之辭也。有子即復子，無子即復孫也。遂，申也。復，音方目反。【今注】案，沈欽韓《漢書疏證》指出，漢代最重"免除賦役"這一賞賜。是故民爵不得過公乘，因公乘之上的五大夫已免除賦役。之前文、景時雖申養老之典，然未有免賦役之令。不過，至九十而復其子孫，能得此恩者極少。至唐時，恩待老者之制方稍寬。

五月，詔曰："河海潤千里，[1]其令祠官脩山川之祠，爲歲事[2]曲加禮。"[3]

［1］【今注】河海潤千里：沈欽韓《漢書疏證》指出，此語本自《公羊傳》僖公三十一年。

［2］【顏注】孟康曰：爲農析也（析，蔡琪本、大德本、殿本均作"祈"）。於此造之，歲以爲常，故曰"爲歲事"也。師古曰：歲以爲常是也。總致敬耳，非止祈農。

［3］【顏注】如淳曰：祭禮有所加益。

赦吴、楚七國帑輸在官者。[1]

［1］【顏注】應劭曰：吴楚七國反時，其首事者妻子没入爲官奴婢，武帝哀焉，皆赦遣之也。師古曰："帑"讀與"孥"同。

秋七月，詔曰："衛士轉置送迎二萬人，[1]其省萬人。罷苑馬，旨賜貧民。"[2]

[1]【顏注】鄭氏曰：去故置新，常二萬人。【今注】衛士：即衛尉所率的南軍士兵。其數量本爲二萬人，至此減爲萬人。據相關研究，此人數在後來重新擴張，至宣帝時已達四萬餘人。衛士來源爲郡國之兵。按漢制，男子滿二十三歲，“一歲爲衛士，一歲爲材官騎士”（參見胡宏起《漢代兵力論考》，《歷史研究》1996年第3期）。案，王先謙《漢書補注》指出，饗遣故衛士的儀式，在《續漢書·禮儀志》有記載。

[2]【顏注】師古曰：養馬之苑，舊禁百姓不得芻牧采樵，今罷之。【今注】罷苑馬：王先謙《漢書補注》引蘇輿指出，此苑馬爲孝景帝所造，至是年而罷。

議立明堂。[1]遣使者安車蒲輪，束帛加璧，徵魯申公。[2]

[1]【今注】明堂：傳爲古代帝王上通天象，下統萬物，宣明政教的地方。凡朝會、祭祀、慶賞、選士、養老、教學等大典，都在此舉行。可參見楊鴻勳《明堂泛論——明堂的考古學研究》（日本京都大學人文科學研究所《東方學報》，1998年3月）。

[2]【顏注】師古曰：以蒲裹輪，取其安（蔡琪本、大德本、殿本句尾有“也”字）。【今注】安車：可以坐乘的小車。高官告老，君主往往賜予安車，以示優容。　蒲輪：指用蒲草裹輪的車子。轉動時震動較小。古時常用於封禪或迎接賢士，以示禮敬。束帛加璧：束帛，古時用以聘問、婚喪、饋贈的禮品。用五匹帛捆扎而成。每匹從兩端捲起，共爲十端。璧，一種環狀玉器。束帛加璧表示敬重。《禮記·禮器》有云：“束帛加璧，尊德也。”　申公：申培。與楚元王劉交從齊人浮丘伯學《詩》。文帝時爲博士。武帝初，年八十餘，被召見問治亂之事，爲太中大夫。傳《魯詩》。傳見本書卷八八。

二年冬十月，御史大夫趙綰坐請毋奏事大皇太后，[1]及郎中令王臧皆下獄，[2]自殺。[3]丞相嬰、太尉蚡免。[4]

[1]【今注】案，大皇太后，蔡琪本、大德本、殿本均作“太皇太后”。

[2]【今注】郎中令：秦置，漢因之，武帝時更名光禄勳，掌宮殿掖門户。秩中二千石，位列九卿。　王臧：東海郡蘭陵縣（今山東蘭陵縣西南）人。漢代儒者申培的學生。

[3]【顏注】應劭曰：禮，婦人不豫政事，時帝已自躬省萬機。王臧儒者，欲立明堂辟雍。太后素好黄老術，非薄五經。因欲絶奏事大后，大后怒，故殺之。

[4]【顏注】師古曰：竇嬰、田蚡。【今注】嬰：竇嬰。竇太后堂侄。傳見本書卷五二。　太尉：官名。漢三公之一。掌管軍事，爲武官之長。

春二月丙戌朔，日有蝕之。[1]夏四月戊申，有如日夜出。[2]

[1]【今注】日有蝕之：王先謙《漢書補注》指出，《五行志》：“在奎十四度。”今案，查諸日食表，公元前139年3月21日，亦即武帝建元二年二月丙戌朔似無日食。（參見張培瑜《三千五百年曆日天象》，大象出版社1997年版）。

[2]【今注】有如日夜出：王念孫《讀書雜志·漢書第一》指出，《漢紀·孝武紀》《資治通鑑·漢紀九》皆作“有星如日夜出”。則此處“有”下當脱“星”字，意謂星狀如日而夜出。周壽昌《漢書注校補》指出，《文獻通考·日變》與《會要·日變異》載此條，皆無“星”字。他認爲當依此《紀》，或是有物如日夜

出，既難指爲日，又不得名爲星。

初置茂陵邑。[1]

[1]【顏注】應劭曰：武帝自作陵也。師古曰：本槐里縣之茂鄉，故曰茂陵。【今注】茂陵：邑名。治所在今陝西興平市南位鎮茂陵村，屬右扶風。本爲漢武帝陵墓之名，因陵爲邑。漢宣帝本始元年（前73），改邑置縣，徙天下富豪六萬餘戶，最多近三十萬人。

三年春，河水溢于平原，[1]大飢，人相食。[2]

[1]【今注】河水：即黃河。　平原：縣名。治所在今山東平原縣西南。

[2]【顏注】師古曰：河溢之處損害田畝，故大飢。

賜徙茂陵者戶錢二十萬，田二頃。初作便門橋。[1]

[1]【顏注】蘇林曰：去長安四十里。服虔曰：在長安西北，茂陵東。師古曰：便門，長安城北面西頭門，即平門也。古者“平”“便”皆同字。於此道作橋，跨渡渭水以趨茂陵，其道易直，即今所謂便橋是其處也。便，讀如本字。【今注】便門橋：一作“便橋”。此橋在長安西渭水上。陳直《漢書新證》說，今便橋遺址，約去平陵十華里。

秋七月，有星孛于西北。[1]

[1]【今注】孛：一般指彗星，有時也可能指新星和超新星。本書卷一《高紀》李奇注、卷四《文紀》文穎注皆認爲"孛"有除舊布新之寓意。

濟川王明坐殺太傅、中傅廢，遷防陵。[1]

[1]【顏注】應劭曰：中傅，官者也（官，蔡琪本、大德本、殿本作"宦"）。師古曰：防陵，漢中縣也，今謂之房州。【今注】濟川：諸侯王國名。治濟陽縣（今河南蘭考縣東北）。後更爲陳留郡，徙治陳留縣（今河南開封市東南）。　明：梁孝王次子。傳見本書卷四七。　太傅：此指諸侯王太傅。掌導王以善，禮如師，不臣。秩二千石。　中傅：《資治通鑑》卷一七《漢紀》孝武皇帝建元三年胡三省注指出，中傅出入王宮，在王左右，亦主傅教導王。然本書卷四七《文三王傳》作"中尉"。今案，本書《文三王傳》言其射殺中尉，而不言及太傅、中傅。　防陵：錢大昭《漢書辨疑》指出，"防陵"，《諸侯王表》《文三王傳》並作"房陵"。房陵，縣名。屬漢中郡，治所在今湖北房縣。

閩越圍東甌，[1]東甌告急。遣中大夫嚴助持節發會稽兵浮海救之；[2]未至，閩越走，兵還。

[1]【顏注】應劭曰：高祖五年立無諸爲閩越王。惠帝立搖爲東海王，都東甌，故号東甌（号，蔡琪本、大德本、殿本作"號"）。師古曰：甌，音一侯反。【今注】閩越：又作"閩粵"。古代越族的一支。秦漢時分布在今浙江南部、福建北部一帶。漢高祖五年（前202）封閩越首領無諸，都東治（今福建福州市）。傳見本書卷九五。　東甌：此指東海國。越族的一支。主要分布在今浙江南部。其首領搖助漢滅項羽，受封爲東海王，因都東甌（今浙

江温州市），故又稱東甌王。事見本書卷九五《兩粵傳》。

[2]【今注】中大夫：官名。掌論議，侍從皇帝左右，無定員，多至數十人。屬郎中令，秩比二千石。漢武帝太初元年（前 104）更名光禄大夫。　嚴助：《史記》卷一一三《南越列傳》、卷一一四《東越列傳》載其名皆作"莊助"。因避東漢明帝諱，故《漢書》書作"嚴助"。漢代辭賦家。莊忌（嚴大子）之子。傳見本書卷六四。　持節：使者持節代表皇帝出使、指揮軍隊或處理政務。節，漢代使者所持的信物，以竹爲杆，柄長八尺，上綴飾旄牛尾。

會稽：郡名。治吳縣（今江蘇蘇州市）。

九月丙子晦，[1]日有蝕之。[2]

[1]【今注】晦：農曆每月最末一日。

[2]【今注】日有蝕之：查諸日食表，公元前 138 年 11 月 1 日，亦即漢武帝建元三年九月丙子晦確有日食，西安地區食甚時刻爲早晨 8 時 51 分，食分爲 0.52，與此記載相合。（參見張培瑜《三千五百年曆日天象》）

四年夏，有風赤如血。六月，旱。秋九月，有星孛于東北。

五年春，罷三銖錢，行半兩錢。[1]置五經博士。[2]

[1]【顏注】師古曰：又新鑄作也。

[2]【今注】五經：先秦儒家原始經典詩、書、禮、樂、易、春秋號爲"六經"。後樂經散佚，乃爲五經。在漢代，指圍繞《詩經》《尚書》《儀禮》《易經》《春秋》五部儒家經典進行研究而形成的學問。　博士：官名。秦置，漢因之，隸屬九卿之一奉常（太常）。漢武帝罷黜百家之前，博士治各家之學，其後乃專立儒學一

家。掌議政、制禮、藏書、顧問及教授經學、考核人材、奉命出使等。初秩比四百石，後升比六百石。

夏四月，平原君薨。[1]

[1]【顏注】服虔曰：王皇后之母，武帝外祖母。【今注】平原君：此指漢武帝外祖母臧兒，燕王臧荼之孫女。其女王夫人本嫁金氏生一女，臧兒強令離異，而獻女於太子（景帝），後生武帝。事見本書卷九七上《外戚傳上》。

五月，大蝗。
秋八月，廣川王越、清河王乘皆薨。[1]

[1]【今注】廣川：諸侯王國名。治所在信都縣（今河北衡水市冀州區）。 越：景帝子。其母王兒姁爲武帝姨母。傳見本書卷五三。 清河：諸侯王國名、郡名。治清河縣（今河北清河縣東南）。 乘：景帝子。其母王兒姁爲武帝姨母。傳見本書卷五三。

六年春二月乙未，遼東高廟災。[1]四月壬子，[2]高園便殿火。[3]上素服五日。

[1]【今注】遼東：郡名。治襄平縣（今遼寧遼陽市）。 高廟：即高祖廟，又稱“太祖廟”，是祭祀開國皇帝劉邦的宗廟。西漢新帝即位，須拜謁高祖廟，以宣示自己的合法性和正統性。霍光廢昌邑王時，即曾以“未見命高廟”爲由。惠帝時始設，地方諸郡國皆立。據《三輔黃圖》，京師高廟在長安城安門街東（參見劉慶柱、李毓芳《關於西漢帝陵形制諸問題的探討》，《考古與文物》1985 年第 5 期）。王先謙《漢書補注》指出，《五行志》記此事在

"六月丁酉"，誤。景帝令郡國各立高祖廟，是故遼東有高廟。災：此指火災。《左傳》宣公十六年有云"凡火，人火曰火，天火曰災"。

［2］【今注】案，四月，蔡琪本、大德本、殿本均作"夏四月"。

［3］【顔注】師古曰：凡言便殿、便室、便坐者，皆非正大之處，所以就便安也。園者，於陵上作之，既有正寢以象平生正殿，又立便殿爲休息閒宴之處耳。説者不曉其意，乃解云便殿、便室皆是正名，斯大惑矣。尋石建、韋玄成、孔光等傳，其義可知。便，讀如本字。【今注】案，《資治通鑑》卷一七《漢紀》孝武皇帝建元六年胡三省注引沈約之説，認爲古時前廟後寢，以象人主前有朝，後有寢。廟以藏主，四時祭祀；寢有衣冠、象生之具。秦時方於墓側設寢，漢因而不改，是故漢氏諸陵皆有園寢。

五月丁亥，大皇太后崩。[1]

［1］【今注】大皇太后：王先謙《漢書補注》指出，太皇太后指文帝竇后。蔡琪本、大德本、殿本作"太皇太后"。

秋八月，有星孛于東方，長竟天。[1]

［1］【今注】案，王先謙《漢書補注》指出，《五行志》對此現象記載更爲詳細："長星出于東方，長終天，三十日去。占曰：'是爲蚩尤旗，見則王者征伐四方。'"今案，本書卷六三《武五子傳》贊語將此事與武帝在位時的兵事乃至巫蠱之亂相聯繫，雖爲無稽，然可見此現象在當時影響之大。

閩越王郢攻南越。[1]遣大行王恢將兵出豫章，[2]大

司農韓安國出會稽,[3] 擊之。未至，越人殺郢降，
兵還。

[1]【今注】南越：國名。都番禺（今廣東廣州市番禺區）。
秦始皇統一六國後，進軍嶺南，設桂林、南海、象郡三郡。秦末天
下大亂，南海龍川令趙佗乃割據三郡，稱南越王。高帝十一年（前
196），封趙佗爲南越王。漢初，南越一度與匈奴並稱，被視爲漢廷
強敵。武帝元鼎五年（前112），南越國相呂嘉殺國王和漢使，武
帝派兵征討平定。

[2]【今注】大行：源自秦代負責少數民族事務的官職典客，
漢景帝時改名大行令，簡稱大行。武帝時復更名爲大鴻臚。因漢代
施行郡國並行制，故除典客舊有職責外，大鴻臚還負責諸侯王的相
關事務。職掌少數民族事務，及諸侯王喪事，又掌引導百官朝會，
兼管京師郡國邸舍及郡國上計吏之接待。成帝時省典屬國併入，又
兼管少數民族朝貢使節、侍子。列卿之一，秩中二千石。　王恢：
西漢燕國人。少爲邊吏，曉習邊事。武帝建元四年（前137）任大
行令，武帝建元六年率軍平復閩越、東越之爭。武帝時議匈奴事，
爲主戰派代表人物，力主馬邑之謀，於元光二年（前133）以將屯
將軍率軍在馬邑伏擊匈奴，功敗垂成，被迫自殺謝罪。　豫章：郡
名。治南昌縣（今江西南昌市東）。

[3]【今注】大司農：西漢武帝時改大農令置。掌管全國租賦
收入和國家財政開支。秩中二千石，列位九卿。王先謙《漢書補
注》指出，據《百官公卿表》，武帝太初元年（前104）方將“大
農令”更名爲“大司農”，此當爲史家之追書。　韓安國：時任梁
國中大夫，後官至梁國內史，武帝時因田蚡入漢廷爲官，官至御史
大夫，對匈奴持主和之策。後任材官將軍守漁陽，戰不利，徙右北
平，嘔血而死。傳見本書卷五二。

元光元年[1]冬十一月，初令郡國舉孝廉各一人。[2]

[1]【顏注】臣瓚曰：以長星見，故爲元光。

[2]【顏注】師古曰：孝，謂善事父母者。廉，謂清廉有廉隅者（清廉，蔡琪本、大德本、殿本均作"清潔"）。【今注】孝廉：漢代選拔科目，孝指孝子，廉指廉潔之士。原爲二科，後多混稱，所舉也不限於孝子和廉吏。郡國每年要向中央推舉一至二人。被舉者大都先除受郎中。　各一人：俞樾《湖樓筆談》卷四指出，此處意謂孝與廉各一人，非郡國各一人。漢制有以孝舉者，亦有以廉舉者。故武帝元朔元年（前128）有司議"不舉孝，不奉詔，當以不敬論。不察廉，不勝任也，當免"，可見當時之制度孝重於廉。《馮唐傳》云"唐以孝著，爲中郎署長"，《淳于長夏承碑》云"察孝不行"，《孔廟置卒史碑》則云"乙君察舉守宅除吏孔子十九世孫麟廉"，皆爲其證。

衛尉李廣爲驍騎將軍屯雲中，[1]中尉程不識爲車騎將軍屯鴈門，六月罷。[2]

[1]【今注】衛尉：戰國秦置，西漢沿置，掌宮門屯衛兵，秩中二千石，列位九卿。　李廣：西漢景、武朝名將。傳見本書卷五四。　驍騎將軍：武官名。漢代雜號將軍之一。　雲中：郡名。治雲中縣（今内蒙古托克托縣古城村）。

[2]【今注】中尉：《漢書考證》齊召南指出，據《百官公卿表》，程不識未任中尉，是時中尉爲張歐。又據《李廣傳》，廣爲未央衛尉，不識爲長樂衛尉。《灌夫傳》田蚡亦云"程、李俱爲東西宮衛尉"，與《李廣傳》合。此文當云"長樂衛尉"，訛爲"中尉"。　程不識：西漢武將，與李廣齊名。　車騎將軍：漢初爲臨時將軍之號，因領車騎士得名，事訖即罷。武帝後常設，地位次於

大將軍、驃騎將軍。常典京城、皇宮禁衛軍隊，出征時常總領諸將軍。文官輔政者亦或加此銜，領尚書政務，成爲中朝重要官員。

鴈門：郡名。治善無縣（今山西右玉縣南）。

夏四月，赦天下，賜民長子爵一級。復七國宗室前絕屬者。[1]

[1]【顏注】師古曰：此等宗室前坐七國反，故絕屬。今加恩赦之，更令上屬籍於宗正也。復，音扶目反。

五月，詔賢良曰："朕聞昔在唐虞，[1]畫象而民不犯，[2]日月所燭，莫不率俾。[3]周之成康，[4]刑錯不用，[5]德及鳥獸，教通四海。海外肅眘、[6]北發、渠搜、[7]氐羌徠服。[8]星辰不孛，日月不蝕，山陵不崩，川谷不塞；麟鳳在郊藪，[9]河洛出圖書。[10]嗚虖，何施而臻此與！[11]今朕獲奉宗廟，夙興旹求，夜寐旹思，[12]若涉淵水，未知所濟。猗與偉與！[13]何行而可旹章先帝之洪業休德，[14]上參堯舜，下配三王！[15]朕之不敏，不能遠德，[16]此子大夫之所睹聞也。[17]賢良明於古今王事之體，受策察問，咸旹書對，著之于篇，[18]朕親覽焉。"於是董仲舒、公孫弘等出焉。[19]

[1]【今注】唐：此指堯帝。傳說中的上古人物，五帝之一。姓伊祁氏，名放勳，號陶唐。高唐氏部落首領，又稱唐堯。在位命羲和定曆法，設諫言之鼓，置四嶽（四方諸侯），命鯀治水患。後禪讓於舜。　虞：此指舜帝。傳說中的上古人物，五帝之一。嬀姓，名重華。有虞氏部落首領，又稱虞舜。在位時放逐四凶（鯀、

共工、驩兜和三苗），命禹治水，后稷掌農業，契行教化，益管山林，皋陶治法律。後死於蒼梧之野（今湖南寧遠縣南蒼梧山）。

［2］【顏注】應劭曰：二帝但畫衣冠，異章服，而民不敢犯也。師古曰：《白虎通》云："畫象者，其衣服象五刑也。犯墨者蒙巾（蒙，蔡琪本作"象"），犯劓者以赭著其衣，犯髕者以墨蒙其髕象而畫之，犯宮者扉（扉，蔡琪本作"屝"），犯大辟者布衣無領。"墨，謂以墨黥其面也（黥，蔡琪本作"點"；面，蔡琪本作"画"）。劓，截其鼻也。髕，去膝蓋骨也。宮，割其陰也。扉，草屨也。劓，音牛冀反，字或作"劓"，其音同耳。髕，音頻忍反。扉，音扶味反。

［3］【顏注】師古曰：燭，照也。率，循也。俾，使也。言皆循其貢職而可使也。【今注】案，《大戴禮記・少閒》有云"昔虞舜以天德嗣堯，布功散德制禮。朔方幽都來服，南撫交趾，出入日月，莫不率俾"。

［4］【今注】成康：周成王與周康王。周成王姬姓，名誦。其父周武王死時，年幼，由叔父周公旦攝政，平定武庚與管叔、蔡叔等叛亂。後年長親政，營建洛邑，東伐淮夷，繼續分封諸侯，周王朝疆域進一步擴大。命周公興禮樂，立制度，民乃和睦，政局安定，邊境息慎族來朝。周康王為成王子，名釗。由召公、畢公輔佐即位，去奢崇儉，簡政安民，伐鬼方及東南夷族，開拓疆土。保持成王以來的安定局面，史稱"成康之治"。

［5］【顏注】師古曰：錯，置也，音千故反。

［6］【顏注】晉灼曰：《東夷傳》今挹婁地是也，在夫餘之東北千餘里，大海之濱。師古曰：《周書》序云"成王既伐東夷，肅胥來賀"，即謂此。【今注】肅胥：即肅慎，"胥"為"慎"的異體字。古國名。在今中國東北地區。

［7］【顏注】服虔曰：地名也。應劭曰：《禹貢》析支、渠搜屬雍州（屬，蔡琪本作"属"），在金城河關之西，西戎也。晉

灼曰：《王恢傳》"北發、月支可得而臣"，似國名也。《地理志》朔方有渠搜縣。臣瓚曰：《孔子三朝記》云"北發渠搜，南撫交阯"，此舉北以南爲對也。《禹貢》渠搜在雍州西北。渠搜在朔方。師古曰：北發非國名也。言北方即可徵發渠搜而役屬之。瓚説近是。【今注】北發：錢大昕《廿二史考異·漢書一》指出，《孔子三朝記》被收於《大戴禮記》，即《千乘》《四代》《虞戴德》《誥志》《小辨》《用兵》《少間》七篇。其中"南撫交阯"僅一見，而"海外肅眘、北發、渠搜、氐羌徠服"之文凡四見。盧辯注《大戴禮記》，以北發爲北狄地名，李善注《文選》，以爲國名，皆與晉灼説同。且渠搜爲西域之國，瓚、顔以爲北方，亦未通於地理，皆誤。此誤當源自《公孫弘傳》載武帝元光五年（前130）制詞"北發渠搜，南撫交阯"之語。然此實爲制詞之誤，故公孫弘對策對此避而不談。今案，北發爲中國古代東北古族。（參見張碧波《説"北發"》，《昭烏達蒙族師專學報》1999年第5期；張碧波《再説北發族》，《黑龍江社會科學》2002年第5期）。　渠搜：中國古代西部民族（參見馬雍《新疆佉盧文書中的 ko śava 即"氈毲"考——兼論"渠搜"古地名》，載《中國民族古文字研究》，中國社會科學出版社1980年版；李文實《〈禹貢〉織皮昆侖析支渠搜及三危地理考實》，《中國歷史地理論叢》1988年第1輯；何光岳《渠搜、叟人的來源和遷徙》，《思想戰綫》1991年第1期；余太山《渠搜考》，載中國社會科學院歷史研究所編《古史文存·先秦卷》，社會科學文獻出版社2004年版，第331—344頁）。又縣名。西漢置，屬朔方郡，爲中部都尉治。治所在今内蒙古杭錦旗北黃河之南。一説在今内蒙古達拉特旗西北黃河南岸。

[8]【顔注】師古曰：徠，古往來之字也（字，大德本同，殿本作"來"）。氐，音丁奚反。【今注】氐：古族名。西漢前期活動在今陝西西南、四川北部、甘肅南部一帶，以畜牧及農耕爲業。　羌：古族名。西漢主要分布在今青藏高原邊緣的青海、甘肅

及四川等地，以游牧爲主業，兼務農作。部族衆多，不相統屬。

[9]【今注】藪（sǒu）：多草的湖澤。代指民間、郊野。

[10]【今注】案，《易·繫辭上》有云"河出圖，洛出書，聖人則之"。

[11]【顏注】師古曰：㦝，讀曰呼。嗚呼，嘆辭也。臻，至也。

[12]【顏注】師古曰：夙興，早起也。夜寐，夜久方寐也。

[13]【顏注】師古曰：猗（狷，蔡琪本作"倚"），美也。偉，大也。與，辭也。言美而且大也。與，讀曰歟，音弋於反。

[14]【顏注】師古曰：章，明也。洪，大也。休，美也。

[15]【顏注】師古曰：三王，夏、殷、周。【今注】三王：夏、商、周三朝的開國之王——禹、湯、周文王、周武王。

[16]【顏注】師古曰：言德不及遠也。

[17]【顏注】師古曰：子者，人之嘉稱。大夫，舉官稱也。志在優賢，故謂之子大夫也。睹，古"覩"字。

[18]【顏注】師古曰：篇，謂竹簡也。

[19]【今注】董仲舒：傳見本書卷五六。　公孫弘：漢武帝元朔五年（前124）任丞相，封平津侯。傳見本書卷五八。　案，《資治通鑑》卷一七《漢紀》孝武皇帝建元元年《考異》引《董仲舒傳》"州縣舉茂才、孝廉，皆自仲舒發之"，並云：舉孝廉在元光元年十一月，若對策在下五月，則不得云自仲舒發之，蓋《武紀》誤也。之前關於對策的記錄在武帝建元元年（前140），故著之。《傳》中又言"先是遼東高廟、長陵高園殿災，仲舒居家推説其意，山稾未上，主父偃候仲舒，私見，嫉之，竊其書而奏焉"。此二災在武帝建元六年，而據《主父偃傳》，其受召見在武帝元光元年。洪邁《容齋隨筆》則認爲，根據策問與對策的用語，當非在即位之始的武帝建元元年。沈欽韓《漢書疏證》認爲，據《董仲舒傳》，其於孝景時即爲博士，則在武帝即位的建元元年對策當無可疑。又武帝建元六年二災，董仲舒皆上對策，則賢良對策不得反

在武帝元光元年（前134）。《公孫弘傳》稱其在武帝初即位時"以賢良徵"，《嚴助傳》稱"武帝善助對"，董、嚴、主父三人當在同歲被舉。弘後爲博士，免歸，武帝元光五年復徵賢良。

　　秋七月癸未，日有蝕之。[1]

　　[1]【今注】日有蝕之：查諸日食表，公元前134年8月19日，亦即武帝元光元年七月癸未確有日食，西安地區食甚時刻爲下午1時42分，食分爲0.66，與此記載相合。（參見張培瑜《三千五百年曆日天象》）

　　二年冬十月，行幸雍，[1]祠五畤。[2]

　　[1]【今注】雍：縣名。屬右扶風，治所在今陝西鳳翔縣西南豆腐村、河南屯之間。
　　[2]【顏注】師古曰：五帝之畤也。【今注】五畤：於雍設立的祭祀黃、赤、青、白、黑五帝的五個處所，在今陝西鳳翔縣西南古雍城之郊，故亦稱雍五畤。其具體名稱説法不一。《史記·封禪書》司馬貞注認爲是密畤、上畤、下畤、畦畤、北畤，張守節注認爲是鄜畤、密畤、上畤、下畤、北畤，錢穆《史記地名考》則認爲是武畤、好畤、上畤、下畤、北畤。

　　春，詔問公卿曰："朕飾子女以配單于，金幣文繡賂之甚厚，單于待命加嫚，侵盜亡已。[1]邊境被害，朕甚閔之。今欲舉兵攻之，何如？"大行王恢建議宜擊。夏六月，御史大夫韓安國爲護軍將軍，[2]衛尉李廣爲驍騎將軍，太僕公孫賀爲輕車將軍，[3]大行王恢爲將屯將

軍，太中大夫李息爲材官將軍，[4]將三十萬衆屯馬邑谷
中，[5]誘致單于，欲襲擊之。單于入塞，覺之，走出。
六月，軍罷。將軍王恢坐首謀不進，下獄死。[6]

[1]【顏注】師古曰：待命，謂承詔命也。"嫚"與"慢"
同。【今注】嫚（màn）：侮辱、輕慢。

[2]【今注】護軍將軍：武官名。由朝廷派遣率軍征戰，監督
協調諸將，並領兵指揮作戰。

[3]【今注】太僕：周置，秦、漢沿置。掌皇帝專用車馬，兼
管官府畜牧業。列位九卿，秩中二千石。　公孫賀：北地人。其祖
父在七國之亂時立功獲封平曲侯，其夫人君孺爲武帝皇后衞子夫之
姐。賀多次隨衞青出征匈奴，後代石慶爲丞相，終以巫蠱罪被殺。
傳見本書卷六六。　輕車將軍：武官名。漢代雜號將軍之一。武帝
元光二年（前133）初置。輕車，又稱馳車、攻車。

[4]【今注】太中大夫：官名。亦作"大中大夫"。郎中令
（光禄勳）屬官。秦始置，居諸大夫之首，武帝時次於光禄大夫。
掌議論，秩比千石（東漢時秩千石），無定員，多至數十人。雖爲
顧問一類散職，但漢世多以寵臣貴戚和功臣充任，侍從皇帝左右，
與皇帝關係親近，爲機密之職。　李息：鬱郅（今甘肅慶陽市西
北）人。武帝元光二年，爲材官將軍，與韓安國、李廣等擊匈奴於
馬邑。後率軍出擊匈奴、平定西羌。武帝元狩元年（前122），任
大行令。　材官將軍：漢代雜號將軍之一。材官爲秦漢時期於内地
郡國設置的步兵部隊，東漢省。李息以此爲號，所率或以步兵
爲主。

[5]【今注】馬邑：縣名。治所在今山西朔州市。

[6]【顏注】師古曰：首爲此謀，而反不進擊匈奴輜重。

秋九月，令民大酺五日。[1]

[1]【今注】酺：聚會飲酒。

三年春，河水徙，從頓丘東南，流入勃海。[1]

[1]【顏注】師古曰：頓丘，丘名，因以爲縣，本衛地也。《地理志》屬東郡。今則在魏州界焉。【今注】頓丘：縣名。治所在今河南清豐縣西。　勃海：即今渤海。

夏五月，封高祖功臣五人後爲列侯。[1]

[1]【今注】案，周壽昌《漢書注校補》根據《功臣表》，指出是年宣平侯張敖後爲廣陵侯，潁陰侯灌嬰孫賢爲臨汝侯，餘三人無考。

河水決濮陽，氾郡十六。[1]發卒十萬救決河。起龍淵宮。[2]

[1]【顏注】師古曰：濮陽，東郡之縣也。水所氾及，凡十六郡界也。氾，音敷劍反。【今注】濮陽：縣名。治所在今河南濮陽市西南。

[2]【顏注】服虔曰：宮在長安西，作銅飛龍，故以冠名也。如淳曰：《三輔黃圖》云有龍淵宮，今長安城西有其處。《溝洫志》救河決亦起龍淵宮於其傍（於，殿本作“于”）。孟康曰：在西平界。其水可用淬刀劍，特堅利。古龍淵之劍取於此水。師古曰：《黃圖》云龍淵廟在茂陵東，不言宮也。此言“救決河，起龍淵宮”，即宮不在長安之西矣（即，大德本、殿本作“則”）。又漢章帝賜尚書韓稜龍淵劍（又，蔡琪本作“及”）。

孟説是也。淬，音千内反。【今注】案，《漢書考正》劉攽、沈欽
韓《漢書疏證》認爲，救決河、起龍淵宮各自一事，非因救河且起
宮，當以服虔與如淳前説是。沈欽韓進一步指出，《溝洫志》所載
起於河旁者非龍淵宮，爲宣房宮，且時在二十餘年之後。如淳的後
一説法亦誤。後來諸多認爲龍淵宮在河旁的記載亦當是混淆了此
二宮。

　　四年冬，魏其侯竇嬰有罪，[1]棄市。[2]

　　[1]【今注】魏其：縣名。治所在今山東臨沂市南。
　　[2]【顔注】師古曰：以黨灌夫也。【今注】棄市：刑罰名。
在鬧市執行死刑，尸暴街頭，言與衆人共棄之。案，何焯《義門讀
書記》卷一五指出，其最終被殺的罪名爲"矯先帝詔"，並非僅爲
黨灌夫一事。

　　春三月乙卯，丞相蚡薨。
　　夏四月，隕霜殺草。五月，地震。赦天下。
　　五年春正月，河間王德薨。[1]

　　[1]【今注】河間：諸侯王國名。治樂成（今河北獻縣東南）。
德：漢景帝與栗姬之子。傳見本書卷五三。據考證，河間獻王作
爲景帝次子，當生於公元前173年至前170年。由於劉德在文化方
面的貢獻，其在兩漢儒學内部地位極高。有觀點認爲，劉德所搜
集、主張的古文經學代表了周代以前的分封制傳統，體現了諸侯王
國的利益，而漢廷所主張的今文經學則代表了秦漢以來的郡縣制傳
統，體現了大一統王朝的利益，帶有文化衝突的因素。不過，《史
記》對河間獻王這些文化貢獻並無記載，因而近代以來，亦有觀點
懷疑《漢書》的這些記載是否有誇大之處。（參見李揚眉《方法論

視野中的"古史辨"派》，博士學位論文，山東大學，2005年，第
83—84頁；成祖明《河間獻王與景武之世的儒學》，《史學集刊》
2007年第4期）

夏，發巴蜀治南夷道，[1] 又發卒萬人治雁門
阻險。[2]

[1]【今注】巴：郡名。治江州（今重慶北嘉陵江北岸）。
蜀：郡名。治成都（今四川成都市）。 治南夷道：王先謙《漢書
補注》指出，此事係從唐蒙之謀，詳見本書《西南夷傳》。
[2]【顏注】師古曰：所以爲固，用止匈奴之寇。【今注】治
雁門阻險：《漢書考正》劉攽認爲，"治險阻"指的是通道令平易，
以便伐匈奴。王念孫《讀書雜志·漢書第一》指出，劉説有誤。
《匈奴傳》云"因邊山險，塹溪谷，可繕者繕之"，即此所云"治
阻險"。上句是治道，下句是治阻險，各爲一事。不當以上句例
下句。

秋七月，大風拔木[1]

[1]【今注】案，拔木，殿本作"扸木"。

乙巳，皇后陳氏廢。[1]捕爲巫蠱者，[2]皆梟首。[3]

[1]【今注】陳氏：堂邑侯陳午之女，其母爲漢景帝之姊館陶
公主劉嫖。其與武帝結親是館陶公主助武帝得爲嗣的重要原因。事
迹見本書卷九七上《外戚傳上》。
[2]【今注】巫蠱：古代迷信活動，用巫術製作木偶人並埋入
地下，用以詛咒他人。

[3]【今注】皆梟首：王先謙《漢書補注》引王先慎説，認爲根據《外戚傳》的記載，梟首者止女巫楚服一人，"皆"字爲衍。

八月，螟。[1]

[1]【顏注】師古曰：食苗心之蟲也，音莫經反。

徵吏民有明當世之務、習先聖之術者，[1]縣次續食，令與計偕。[2]

[1]【今注】案，當世，殿本作"當時"。

[2]【顏注】師古曰：計者，上計簿使也，郡國每歲遣詣京師上之。偕者，俱也。令所徵之人與上計者俱來，而縣次給之食。後世訛誤，因承此語，遂總謂上計爲計偕。闞駰不詳，妄爲解説，云"秦漢謂諸侯朝使曰計偕。偕，次也。晉代有計偕簿"，又改"偕"爲"階"，失之弥遠（弥，蔡琪本、殿本作"彌"），致誤後學。

六年冬，初算商車。[1]

[1]【顏注】李奇曰：始税商賈車舩（舩，蔡琪本、大德本、殿本作"船"），令出算。【今注】案，初算，殿本作"初等"，誤。

春，穿漕渠通渭。[1]

[1]【顏注】如淳曰：水轉運曰漕。師古曰：音才到反。【今注】穿漕渠通渭：王先謙《漢書補注》指出，此事係從鄭當時之

議，詳見《食貨志》。渭，水名。即今渭河。源出今甘肅渭源縣，東流通過陝西關中地區，匯入黃河。

匈奴入上谷，殺略吏民。[1]遣車騎將軍衞青出上谷，[2]騎將軍公孫敖出代，輕車將軍公孫賀出雲中，驍騎將軍李廣出鴈門。青至龍城，[3]獲首虜七百級。廣、敖失師而還。詔曰：“夷狄無義，所從來久。閒者匈奴數寇邊境，故遣將撫師。古者治兵振旅，因遭虜之方入，將吏新會，上下未輯。[4]代郡將軍敖、鴈門將軍廣所任不肖；[5]校尉又背義妄行，[6]棄軍而北；少吏犯禁。[7]用兵之法，不勤不教，將率之過也；教令宣明，不能盡力，士卒之罪也。將軍已下廷尉，使理正之，[8]而又加法於士卒，二者並行，非仁聖之心。朕閔眾庶陷害，欲刷恥改行，[9]復奉正義，厥路亡繇。[10]其赦鴈門、代郡軍士不循法者。”[11]

[1]【今注】案，略，殿本作“畧”。

[2]【今注】車騎將軍：錢大昕《廿二史考異·漢書一》指出，是年衞青自大中大夫爲車騎將軍，武帝元朔五年（前124）春衞青爲大將軍，《百官公卿表》皆不載。當因車騎之號在當時尚不尊貴。而大將軍之失書，則當爲傳寫脫漏。　衞青：西漢名將，武帝皇后衞子夫之同母異父兄弟。傳見本書卷五五。　上谷：郡名。治沮陽縣（今河北懷來縣大古城村）。

[3]【顏注】應劭曰：匈奴單于祭天，大會諸國，名其處爲龍城。【今注】龍城：地名。一作“蘢城”。匈奴單于祭天、大會諸部的地方，也是匈奴王庭所在地。原在今内蒙古烏蘭察布市陰山一帶。漢武帝元狩四年（前119），匈奴被衞青、霍去病挫敗，龍

庭北遷至今蒙古國鄂爾渾河西側和碩柴達木湖附近。案，王先謙《漢書補注》指出，《匈奴傳》記此事在秋季。

[4]【顏注】晉灼曰：入猶還也。不得已而用兵，言師不踰時也。"入"或作"人"，因其習俗土地之宜而教革之也。師古曰：晉說非也。詔言古者出則治兵，入則振旅，素練其衆，不虧戎律。今之出師，因遭寇虜方入爲害，而將吏新會，上下未和，故權劇棄軍而奔北也。"輯"與"集"同。

[5]【顏注】師古曰：肖，似也。不肖者，言無所象類，謂不材之人也。【今注】代郡：治代縣（今河北蔚縣東北）。 所任不肖：王先謙《漢書補注》認爲，"所任不肖"指不稱其任，並非僅責其任用不肖之人。

[6]【今注】校尉：武官名。校尉爲秦漢時中級武官，係由一部一校的軍隊編制而來。

[7]【顏注】文穎曰：少吏，小吏也。【今注】少吏：王先謙《漢書補注》引何若瑤指出，《百官表》秩四百石至二百石爲長吏，百石以下爲少吏。

[8]【顏注】師古曰：下，謂以身付廷尉也。理，法也。言以法律處正其罪。下，音胡嫁反。他皆類此。【今注】廷尉：戰國秦始置，秦、西漢沿置。主管詔獄。列位九卿，秩中二千石。

[9]【顏注】師古曰：刷，除也，音所劣反。

[10]【顏注】師古曰：一陷重刑，無因復從正道也（復，殿本作"後"）。"繇"讀與"由"同。

[11]【顏注】師古曰：循，從也，由也。

夏，大旱，蝗。

六月，行幸雍。

秋，匈奴盜邊。遣將軍韓安國屯漁陽。[1]

[1]【今注】漁陽：郡名。治漁陽縣（今北京市懷柔區北房鎮梨園莊東）。

元朔元年[1]冬十一月，詔曰："公卿大夫，所使總方略，壹統類，廣教化，美風俗也。夫本仁祖義，褒德禄賢，勸善刑暴，[2]五帝三王所繇昌也。[3]朕夙興夜寐，嘉與宇内之士臻於斯路。[4]故旅耆老，復孝敬，[5]選豪俊，講文學，[6]稽參政事，祈進民心，[7]深詔執事，興廉舉孝，庶幾成風，紹休聖緒。[8]夫'十室之邑，必有忠信'；'三人並行，厥有我師'。[9]今或至闔郡而不薦一人，[10]是化不下究，而積行之君子雍於上聞也。[11]二千石官長紀綱人倫，[12]將何以佐朕燭幽隱，勸元元，[13]厲蒸庶，[14]崇鄉黨之訓哉！且進賢受上賞，蔽賢蒙顯戮，古之道也。[15]其與中二千石、禮官、博士議不舉者罪。"有司奏議曰："古者，諸侯貢士，壹適謂之好德，[16]再適謂之賢賢，三適謂之有功，迺加九錫；[17]不貢士，壹則黜爵，再則黜地，三而黜爵地畢矣。[18]夫附下罔上者死，附上罔下者刑，與聞國政而無益於民者斥，[19]在上位而不能進賢者退，[20]此所昌勸善黜惡也。今詔書昭先帝聖緒，令二千石舉孝廉，所以化元元，移風易俗也。不舉孝，不奉詔，當昌不敬論。[21]不察廉，不勝任也，當免。"[22]奏可。

[1]【顏注】應劭曰：朔，蘇也。孟軻曰"后來其蘇"。蘇，息也。言萬民品物大繁息也。師古曰：朔猶始也。言更爲初始也。蘇息之息，非息生義。應説失之。【今注】元朔：王先謙《漢書補

注》指出，是以當時置朔方郡，故稱元朔。武帝初改之元，皆有實事，無空言。

［2］【顏注】師古曰：本仁祖義，謂以仁義爲本始。

［3］【顏注】師古曰：五帝，伏羲、神農、黃帝、堯、舜也。三王，夏、殷、周也。"繇"讀與"由"同。【今注】五帝：傳説中的五位古代帝土，諸書説法不一。《史記》卷一《五帝本紀》認爲是黃帝、顓頊、帝嚳、堯、舜。

［4］【顏注】師古曰：天地四方爲宇。臻，至也。

［5］【顏注】師古曰：旅耆老者，加惠於耆老之人，若賓旅也。復孝敬者，謂優復孝弟之人也。復，音方目反。【今注】旅耆老：王念孫《讀書雜志·漢書第一》指出，根據《廣雅》，"旅"意爲"養"。此即《禮記·王制》所云"養耆老"。

［6］【顏注】師古曰：講，謂和習之。

［7］【顏注】師古曰：祈，求也。

［8］【顏注】師古曰：休，美也。緒，業也。言紹先聖之休緒也。故下言"昭先帝聖緒"。

［9］【顏注】師古曰：《論語》稱孔子云"十室之邑，必有忠信如丘者焉"，又曰"三人行，必有我師焉。擇其善者而從之，其不善者而改之"，故詔引焉。

［10］【顏注】師古曰：闔，閉也。總一郡之中，故云闔郡。

［11］【顏注】師古曰：究，竟也。言見壅過，不得聞達於天子也。雍，讀曰壅。

［12］【顏注】師古曰：謂郡之守尉，縣之令長。

［13］【顏注】師古曰：燭，照也。元元，善意。

［14］【顏注】師古曰：蒸，衆也。

［15］【今注】案，沈欽韓《漢書疏證》指出，《鶡冠子·道端》《黃石公·下略》有與此相類之語句。

［16］【顏注】服虔曰：適，得其人。

[17]【顏注】應劭曰：一曰車馬，二曰衣服，三曰樂器，四曰朱戶，五曰納陛，六曰虎賁百人，七曰鈇鉞，八曰弓矢，九曰秬鬯。此皆天子制度。尊之，故事事錫與，但數少耳。張晏曰：九錫，經本無文，《周禮》以爲九命，《春秋説》有之。臣瓚曰：九錫備物，伯者之盛禮，齊桓、晉文猶不能備，今三進賢便受之，似不然也。當受進賢之一賜（賜，蔡琪本、大德本、殿本作"錫"）。《尚書·大傳》云"三適謂之有功，賜以車服弓矢"是也。師古曰：總列九錫，應説是也。進賢一錫，瓚説是也。【今注】九錫：沈欽韓《漢書疏證》指出，應説出自韓嬰《韓詩外傳》，《禮緯·含文嘉》亦有。王先謙《漢書補注》引蘇輿指出，班固《白虎通·黜陟》稱"能進善者賜納陛"，與《尚書·大傳》不同，或爲今文異説。今案，劉凱《九錫淵源考辨》（《中國史研究》2018年第1期）指出，先秦賜諸侯禮品雖有與"九錫"相合者，然並無詳細規範。齊桓公所受賜僅兩項與"九錫"相合，晉文公所受賜僅四項相合，其所受賜總數亦遠不及"九"數。至《周禮》乃有"九命"之説"職、服、位、器、則、國、牧、伯"，至西漢後期流行的《禮緯·含文嘉》方有應注所謂"九錫"，並與"九命"混爲一談。他認爲此處"九錫"當與"九賜"相通，實指《周禮》之"九命"，且如臣瓚所言，所指爲九賜之一。

[18]【顏注】李奇曰：爵地俱削盡。【今注】案，三而，殿本作"三則"。

[19]【顏注】師古曰："與"讀曰"豫"。斥，謂棄逐之。

[20]【今注】案，沈欽韓《漢書疏證》指出，劉向《説苑·臣術》引《太誓》，與此四語皆同，當即今文《太誓》也。今僞《泰誓》反而漏此四語。

[21]【顏注】張晏曰：謂其不勤求士報國。【今注】不敬：漢律罪名。指危害皇帝尊嚴的犯罪行爲。

[22]【顏注】張晏曰：當率身化下，今親宰牧而無賢人，爲

不勝任也。【今注】察廉：猶舉廉。漢朝選用官吏的一種方法，由郡國薦舉廉潔之士，經過考察，任以官職。

十二月，江都王非薨。[1]

[1]【今注】江都：郡國名。西漢置。漢景帝三年（前154），封劉非爲江都王，治故吳王所屬之地。都廣陵（今江蘇揚州市西北）。轄境相當於今江蘇淮安市及南京市江寧區、溧陽市、句容市、溧水縣和皖南及浙江安吉縣、杭州市臨安區西部地。武帝元狩二年（前121）國除，改爲廣陵郡。　非：漢景帝與程姬之子。傳見本書卷五三。

春三月甲子，立皇后衞氏。[1]詔曰：“朕聞天地不變，不成施化；陰陽不變，物不暢茂。[2]《易》曰‘通其變，使民不倦’。[3]《詩》云‘九變復貫，知言之選’。[4]朕嘉唐虞而樂殷周，據舊也於是盡。[5]其赦天下，與民更始。諸逋貸及辭訟在孝景後三年臼前，皆勿聽治。”[6]

[1]【今注】皇后衞氏：即衞子夫，本爲漢武帝姊平陽公主之歌女，受武帝寵幸而代陳皇后爲皇后。事見本書卷九七上《外戚傳上》。

[2]【顏注】師古曰：暢，通也。

[3]【顏注】應劭曰：黃帝、堯、舜祖述伏羲、神農，結網耒耜，以日中爲市。交易之業，因其所利，變而通之，使民知之，不苦倦也。師古曰：此《易·下繫》之辭也。言通物之變，故能樂其器用，不懈倦也。

[4]【顏注】應劭曰：逸《詩》也。陽數九，人君當陽，言變政復禮，合於先王舊貫。"知言之選"，選，善也。孟康曰：貫，道也。選，數也。極天之變而不失道者，知言之數也。臣瓚曰：先王創制易教，以救流弊也，是以三王之教有文有質。九，數之多也。師古曰：貫，事也。選，擇也。《論語》曰"仍舊貫"。此言文質不同，寬猛殊用，循環復舊，擇善而從之。瓚說近之也。【今注】九變復貫：沈欽韓《漢書疏證》指出，《列子·天瑞》有云："易變而爲一，一變而爲七，七變而爲九。九變者，究也，乃復變而爲一。"又《莊子·天道》有云："古之語大道者，五變而刑名可舉，九變而賞罰可言也。"

[5]【顏注】師古曰：追觀舊跡，以知新政，而爲鑒戒。【今注】案，據呂也於是盡，蔡琪本、大德本、殿本作"據舊昌鑒新"。

[6]【顏注】師古曰：逋，亡也。久負官物亡匿不還者，皆謂之逋。逋，音布胡反。【今注】逋：本意爲逃亡，引申有"拖欠"之意。

　　秋，匈奴入遼西，[1]殺太守；[2]入漁陽、鴈門，敗都尉，[3]殺略三千餘人。遣將軍衞青出鴈門，將軍李息出代，獲首虜數千級。

[1]【今注】遼西：郡名。治陽樂縣（今遼寧義縣西）。

[2]【今注】太守：職官名。漢地方郡的最高長官。原稱郡守。漢景帝中二年（前148）更爲現名，秩二千石。

[3]【今注】都尉：職官名。原稱郡尉，漢景帝中元二年更爲此名，佐郡太守典武職甲卒，掌治安，防盜賊，爲一郡之最高武官。秩比二千石。王先謙《漢書補注》指出，《匈奴傳》稱"敗漁陽太守"，與此"都尉"不同。

東夷薉君南閭等[1]口二十八萬人降，爲蒼海郡。[2]

[1]【顏注】服虔曰：薉貊在辰韓之北，高句麗沃沮之南，東窮于大海。晉灼曰："薉"古"穢"字。師古曰：南閭者，薉君之名。

[2]【今注】蒼海郡：漢武帝元朔元年（前 128）置，治所在今朝鮮江原道境內。元朔三年廢。王先謙《漢書補注》指出，根據《食貨志》，蒼海郡又作"滄海郡"，開道通此郡者爲彭吳，《史記·平準書》作"彭吳賈"，然其事不詳。

魯王餘、長沙王發皆薨。[1]

[1]【今注】魯：諸侯王國名。漢景帝時以薛郡置，治魯縣（今山東曲阜市魯故城）。　餘：景帝與程姬之子。傳見本書卷五三。　長沙：諸侯王國名。治臨湘縣（今湖南長沙市）。　發：景帝與唐姬之子。傳見本書卷五三。今案，長沙王發爲東漢開國皇帝劉秀之祖先。是故孔融與曹操書有謂"景帝非醉幸唐姬，無以開中興"（參見《後漢書》卷七〇《孔融傳》章懷注）。

二年冬，賜淮南王、菑川王几杖，毋朝。[1]

[1]【顏注】師古曰：淮南王安、菑川王志皆武帝諸父列也，故賜几杖焉。【今注】淮南王：劉安，淮南厲王劉長之子。思想家、文學家，與賓客合著《淮南子》，該書以道家思想爲中心，綜合諸子之學而成。後因謀反罪自殺。傳見本書卷四四。淮南，諸侯王國名。治壽春縣（今安徽壽縣）。今案，所謂淮南王反事皆出自伍被一人之供詞，且所敘皆爲反叛意圖，並無實據。因而有觀點認爲淮南王案爲冤獄（參見汪春泓《關於〈史記·五宗世家〉之

"河間獻王"事迹疏證》,《北京大學學報》2010 年第 5 期）。　菑
川王：劉志,齊悼惠王劉肥之子。菑川,一作"甾川"。諸侯王國
名。王都在劇縣（今山東壽光市南）。屬青州刺史部。漢封泥有
"菑川王壐""菑川中尉""菑川内史""菑川後府""菑川丞相"
"菑川郎丞""菑川厩丞"等。案,《資治通鑑》卷一八《漢紀》孝
武皇帝元朔二年《考異》指出,根據《諸侯王表》《齊悼惠王世
家》《高五王傳》,菑川王志早已於武帝元光五年（前 130）去世,
顏説誤。《資治通鑑》删"菑川王"三字。石韞玉指出,繼任菑川
王不當有几杖之賜,故"菑川王"當爲衍文。王先謙觀點與之略同
（參見王先謙《漢書補注》）。

　　春正月,詔曰："梁王、城陽王親慈同生,[1]願舉邑
邑分弟,其許之。諸侯王請與子弟邑者,朕將親覽,
使有列位焉。"於是藩國始分,而子弟畢侯矣。[2]

　　[1]【顏注】文穎曰：慈,愛也。【今注】梁王：梁平王劉
襄,梁孝王之孫。傳見本書卷四七。　城陽王：城陽頃王劉延,城
陽景王劉章之孫。城陽,諸侯王國名。治莒縣（今山東莒縣）。
　　[2]【今注】案,王先謙《漢書補注》指出,此詔係從主父偃
策,詳見《主父偃傳》。

　　匈奴入上谷、漁陽,殺略吏民千餘人。遣將軍衛
青、李息出雲中,至高闕,[1]遂西至符離,[2]獲首虜數
千級。收河南地,[3]置朔方、五原郡。[4]

　　[1]【顏注】師古曰：山名也,一曰塞名也,在朔方之北。
【今注】高闕：地名。在今内蒙古杭錦後旗東北。陰山山脈至此斷

爲一缺口，如同門闕。

[2]【顏注】師古曰：幕北塞名也。【今注】符離：塞名。在今内蒙古河套北巴彥淖爾盟境内。

[3]【今注】河南地：在今内蒙古河套黄河以南地區。

[4]【今注】朔方：郡名。西漢武帝時置，治朔方（今内蒙古杭錦旗東北）。　五原郡：治九原（今内蒙古包頭市西北）。

三月乙亥晦，[1]日有蝕之。

[1]【今注】乙亥晦：殿本"乙"作"巳"。王先謙《漢書補注》指出，《五行志》作"二月乙巳晦，在胃三度"。今案，查諸日食表，公元前127年5月6日，亦即漢武帝元朔二年三月乙亥晦無日食。是年4月6日，亦即元朔二年二月乙巳晦有日食，西安地區食甚時刻爲下午2時51分，食分爲0.51。然則本《紀》記載誤，當以《五行志》爲是（參見張培瑜《三千五百年曆日天象》）。

夏，募民徙朔方十萬口。又徙郡國豪傑及訾三百萬已上于茂陵。[1]

[1]【今注】訾：資產。　案，王先謙《漢書補注》指出，此令及其上立朔方郡之策皆從主父偃計，詳見《主父偃傳》。

秋，燕王定國有罪，自殺。[1]

[1]【今注】燕王定國：燕王劉澤之孫。事見本書卷三五《燕王劉澤傳》。

　　三年春，[1]罷蒼海郡。三月，詔曰："夫刑罰所吕防姦也，内長文所吕見愛也；[2]吕百姓之未洽于教化，朕嘉與士大夫日新厥業，[3]祇而不解。[4]其赦天下。"

　　[1]【今注】案，是年冬，匈奴軍臣單于死。其弟左谷蠡王攻破單于太子，自立爲伊稚斜單于。
　　[2]【顏注】晉灼曰：長，音長吏之長。張晏曰：長文，長文德也。師古曰：詔言有文德者，即親内而崇長之，所以見仁愛之道。見，謂顯示也，音胡電反。
　　[3]【今注】厥：其。
　　[4]【顏注】師古曰："解"讀曰"懈"。【今注】祇：敬。

　　夏，匈奴入代，殺太守；入雁門，[1]殺略千餘人。

　　[1]【今注】案，王先謙《漢書補注》指出，太守名共友。據《匈奴傳》，入雁門在秋季。

　　六月庚午，皇太后崩。
　　秋，罷西南夷。[1]城朔方城。令民大酺五日。

　　[1]【今注】西南夷：西漢時分布於今甘肅南部，四川西部、南部及雲南，貴州一帶少數民族的總稱。王先謙《漢書補注》指出，此令係從公孫弘之請。

　　四年冬，行幸甘泉。[1]夏，匈奴入代、定襄、上郡，[2]殺數千人。[3]

［1］【今注】甘泉：左馮翊雲陽縣有甘泉山，在今陝西淳化縣西北，山上有甘泉宫。

［2］【今注】定襄：郡名。西漢分雲中郡地置，治成樂縣（今内蒙古和林格爾縣盛樂鎮土城子村古城）。　上郡：治膚施縣（今陝西榆林市東南）。

［3］【今注】案，殺數千人，蔡琪本、大德本、殿本作“殺畧數千人”。

五年春，大旱。[1]大將軍衛青將六將軍兵十餘萬人出朔方、高闕，獲首虜萬五千級。[2]

［1］【今注】大旱：王先謙《漢書補注》指出，《五行志》亦載此事。

［2］【今注】大將軍衛青將六將軍：王先謙《漢書補注》指出，案《衛青傳》，青出師時尚爲車騎將軍，立功後始拜大將軍耳。其餘六將軍爲游擊將軍蘇建，彊弩將軍李沮，騎將軍公孫賀，輕車將軍李蔡，將軍李息、張次公。

夏六月，詔曰：“蓋聞導民㠯禮，風之㠯樂，[1]今禮壞樂崩，朕甚閔焉。故詳延天下方聞之士，咸薦諸朝。[2]其令禮官勸學，講議洽聞，舉遺興禮，㠯爲天下先。[3]太常其議予博士弟子，崇鄉黨之化，㠯厲賢材焉。”[4]丞相弘請爲博士置弟子員，[5]學者益廣。[6]

［1］【顔注】師古曰：風，教也。《詩》序曰“上以風化下”。

［2］【顔注】師古曰：詳，悉也。延，引也。方，道也。聞，博聞也。言悉引有道博聞之士而進於朝也。《禮記》曰“隆禮由

禮，謂之有方之士"，又曰"博聞强識而讓（强，蔡琪本作
"彊"），謂之君子"。一曰，方，謂方正也。

[3]【顏注】師古曰：舉遺逸之文而興禮學（舉，蔡琪本作
"學"）。

[4]【顏注】師古曰：爲博士置弟子，既得崇化於鄉黨，又
以獎屬賢材之人。【今注】太常：又名奉常。主管祭祀社稷、宗廟
和朝會、喪葬禮儀，管理皇帝陵墓、寢廟所在縣邑，每月巡視諸
陵，兼管文教。

[5]【顏注】師古曰：公孫弘。

[6]【今注】案，何焯《義門讀書記》卷一五指出，此議發於
公孫弘，故雖先著詔書以表彰帝王興起絕學，但於其後仍記其實。

秋，匈奴入代，殺都尉。[1]

[1]【今注】殺都尉：王先謙《漢書補注》指出，據《匈奴
傳》，都尉名朱央。

六年春二月，大將軍衛青將六將軍兵十餘萬騎出
定襄，[1]斬首三千餘級。[2]還，休士馬于定襄、雲中、
鴈門。赦天下。

[1]【今注】大將軍：戰國以來掌征伐的高級武官統稱，秦漢
沿置，漢初爲臨時封號，位在三公後，事迄則罷，至漢武帝元朔五
年（前124）封衛青爲大將軍後，乃爲掌武職的常置之官。　六將
軍：王先謙《漢書補注》指出，六將軍爲中將軍公孫敖、左將軍公
孫賀、前將軍趙信、右將軍蘇建、後將軍李廣、彊弩將軍李沮。

[2]【今注】級：王先謙《漢書補注》引胡三省説，指出根據
秦法，斬首一，賜爵一級，故而謂斬首爲級。

夏四月，衞青復將六將軍絶幕，[1]大克獲。前將軍趙信軍敗，[2]降匈奴。右將軍蘇建亡軍，[3]獨身脱還，贖爲庶人。[4]

[1]【顏注】應劭曰：幕，沙幕。匈奴之南界也。臣瓚曰：沙土曰幕，直度曰絶。師古曰：應、瓚二説皆是也。而説者或云是塞外地名，非矣。幕者，即今之突厥中磧耳。李陵歌曰"經千里兮渡沙幕"。

[2]【今注】前將軍：官名。漢代有前、後、左、右將軍，漢武帝時始設，初爲大將軍出征時手下裨將臨時名號，事訖即罷，昭、宣以後常置，典掌禁兵，戍衞京師，或任征伐，皆"位上卿，金印紫綬"（《百官公卿表》）。 趙信：本爲匈奴小王（一説爲匈奴相國），降漢後獲封爲翕侯。武帝元朔六年（前123）出擊匈奴被俘而降，被封爲自次王，娶單于之姐。單于用其謀，而遷至漠北，在寘顏山爲其築趙信城。事迹見本書卷五五《衞青霍去病傳》。

[3]【今注】蘇建：衞青部將，蘇武之父。傳見本書卷五四。

[4]【今注】案，元朔五年征匈奴勝利後，漢武帝拜衞青爲大將軍，令諸將以兵屬衞青。此次元朔六年出征，衞青以大將軍率絶對主力，而裨將名號則被改爲整齊的前、後、左、右將軍，所率兵力較少。趙信與蘇建合軍獨行一路，逢單于軍，全軍覆沒，趙信投降，蘇建單身逃回。

六月，詔曰："朕聞五帝不相復禮，三代不同法，所繇殊路而建德一也。[1]蓋孔子對定公以徠遠，[2]哀公以論臣，[3]景公以節用，[4]非期不同，所急異務也。[5]今中國一統而北邊未安，朕甚悼之。日者大將軍巡朔方，征匈奴，斬首虜萬八千級，諸禁錮及有過者，[6]咸蒙厚賞，得免減罪。[7]今大將軍仍復克獲，[8]斬首虜萬九千級，爵賞而欲移賣者，無所流虒。[9]其議爲令。”有司奏請置武功賞官，吕寵戰士。[10]

[1]【顏注】師古曰：復，因也，音扶目反。“繇”讀與“由”同。

[2]【顏注】臣瓚曰：《論語》及《韓子》皆言葉公問政於孔子，孔子荅以悦近徠遠。今云“定公”，與二書異。

[3]【顏注】如淳曰：《韓非》云：“哀公問政。仲尼曰：‘政在選賢。’”【今注】論：王念孫《讀書雜志·漢書第一》指出，“論”字本作“掄”，許慎《説文解字》云“掄，擇也”。《吕氏春秋·當染》“善爲君者，勞於論人”，高、韋注皆云“論，擇也”。“擇”亦“選”之意。

[4]【顏注】如淳曰：《韓非》云：“齊景公問政，仲尼曰：‘政在節財（財，殿本作用）。’”

[5]【顏注】李奇曰：期，更也（更，蔡琪本、大德本、殿本作“要”）。非要當必不同，所急異務，不得不然。

[6]【今注】禁錮：指禁止做官。

[7]【顏注】師古曰：有罪者，或被釋免，或得減輕。

[8]【顏注】師古曰：仍，頻也。

[9]【顏注】應劭曰：虒，音移。言軍吏士斬首虜，爵級多無所移與，今爲置武功賞官，爵多者分與父兄子弟及賣與他人也。師古曰：此説非也。許慎《説文解字》云：“虒，物之重次第也。”此詔言欲移賣爵者，無有差次，不得流行，故爲置官級也。虒，音弋賜反。今俗猶謂凡物一重爲一虒也。【今注】案，漢承秦行二十等爵制，然又分爲官爵與民爵。普通民衆受賞，最高不超過第八等公乘。漢代有詔書同意民衆轉讓或買賣爵位，但在平常無詔之時，爵位顯然不得隨意轉讓、買賣。因而戰士立功所受爵賞受到限制，超過第八等部分並無意義。故而此詔書言及此事，乃有武功爵

之設。

［10］【今注】武功：武功爵，漢爵制名。分爲十一級（詳見本書《食貨志下》顏注），其中八級以下皆可買賣。每級十七萬，買爵至一定級位，可以試補吏、減罪及享有免徭役的特權。（參見晉文《西漢“武功爵”新探》，《歷史研究》2016 年第 2 期）

元狩元年[1]冬十月，行幸雍，祠五畤。獲白麟，[2]作《白麟之歌》。[3]

［1］【顏注】應劭曰：獲白麟，因改元曰元狩也。

［2］【顏注】師古曰：麟，麋身，牛尾，馬足，黃色，圜蹄，一角，角端有肉。【今注】王先謙《漢書補注》指出，正文既云“白麟”，可知非黃色，顏説非也。據京房《易傳》，麟衹是“腹下黃”而已；“麋身”當作“麇身”，形近致誤。

［3］【今注】案，王先謙《漢書補注》指出，此歌載於《郊祀志》。

十一月，[1]淮南王安、衡山王賜謀反，誅。[2]黨與死者數萬人。

［1］【今注】十一月：沈欽韓《漢書疏證》指出，據《淮南王傳》，淮南王劉安謀反在武帝元朔六年（前 123）秋，本《紀》當是因其反事以與衡山王反事相繼，故列於是年冬。

［2］【今注】衡山：王國名。都邾縣（今湖北黃岡市北）。賜：劉賜。淮南厲王劉長之子，獲封衡山王。後因謀反罪自殺。傳見本書卷四四。

十二月，大雨雪，民凍死。[1]

[1]【顏注】師古曰：雨，音于具反。【今注】民凍死：王先謙《漢書補注》指出，《五行志》作“民多凍死”，此處當衍“多”字。

夏四月，赦天下。

丁卯，立皇太子。賜中二千石爵右庶長，[1]民爲父後者一級。[2]詔曰：“朕聞咎繇對禹，[3]曰在知人，知人則哲，惟帝難之。[4]蓋君者心也，民猶支體，支體傷則心憯怛。[5]日者淮南、衡山脩文學，流貨賂，兩國接壤，怵於邪説，[6]而造篡弒，此朕之不德。《詩》云：‘憂心慘慘，念國之爲虐。’[7]已赦天下，滌除與之更始。朕嘉孝弟力田，哀夫老眊孤寡鰥獨，[8]或匱於衣食，甚憐愍焉。其遣謁者巡行天下，存問致賜。[9]曰‘皇帝使謁者[10]賜縣三老、孝者帛，人五匹；鄉三老、弟者、力田帛，人三匹；年九十已上及鰥寡孤獨帛，人二匹，絮三斤；八十已上米，人三石。有冤失職，使者以聞。[11]縣鄉即賜，毋贅聚’。”[12]

[1]【顏注】師古曰：第十一等爵。【今注】右庶長：秦漢時施行二十等爵制，第十一級爲右庶長。

[2]【今注】爲父後者：指家族之嗣子。

[3]【今注】咎繇：一作“皋陶”。舜時爲掌刑法之官。事迹見《史記》卷一《五帝本紀》、卷二《夏本紀》。　禹：傳説中的古代聖王，又稱崇禹、戎禹、伯禹、大禹，一説名文命，姒姓。據説堯、舜在位時發生大洪水，禹之父鯀奉命治水不成而爲舜所殺，禹繼之治水，歷盡艱辛，終獲成功，乃受舜禪位爲王，並大會諸侯於會稽。禹死後，其子啟繼位，結束禪讓制，開始家天下制度，建

立夏朝。禹被後世視作夏朝的開國君主，所謂"三王"之一。近代以來，顧頡剛根據《説文解字》"禹，蟲也"的記載，對禹的傳説提出了質疑，認爲"禹"本是夏代時崇拜的地位最高、時間最古的動物神（"蟲"之古義本泛指動物）。此説提出後引起學界争議，至今未決。現在一般將夏以後的記載視爲信史，而將禹以前的記載視爲傳説。傳説中的事迹亦有歷史的成分，但尚需結合新出考古發現與人類學研究進一步判斷。

[4]【顔注】師古曰：《尚書·咎繇謩》載咎繇之辭也。帝，謂堯也。

[5]【顔注】師古曰：憯，痛也。怛，悼也。憯，音千感反。怛，音丁曷反。

[6]【顔注】服虔曰：怵，音裔。應劭曰：狙怵也（狙，殿本作"怚"）。如淳曰：怴（怴，蔡琪本、大德本、殿本作"怵"），音怵惕，見誘怵於邪説也。師古曰：作"怴"者非。如説云"見誘怵"，其義是也；而音怵惕，又非也。"怵"，或體"訹"字耳。訹者，誘也，音如"戍亥"之"戍"。《南越傳》曰"不可怵好語入朝"。諸如此例，音義同耳。今俗猶云"相謏怵"（怵，蔡琪本、大德本、殿本作"訹"），而説者或改爲"鉥導"之"鉥"，蓋穿鑿也。謏，音先誘反。鉥，音述。

[7]【顔注】師古曰：《小雅·正月》之詩也。慘慘，憂戚之皃（皃，蔡琪本、殿本作"貌"，下同不注）。

[8]【顔注】師古曰：眊，古"耄"字。八十曰耄。耄，老稱也。一曰，眊，不明之皃。

[9]【顔注】師古曰：致，送至也。行，音下更反。【今注】謁者：職官名。春秋戰國已有，秦、漢承之。西漢時掌賓贊受事，郎中令（光禄勳）屬官，員七十人，秩比六百石。

[10]【顔注】師古曰：謁者令使者宣詔書之文。

[11]【顔注】師古曰：職，常也。失職者，失其常業及常理

也。【今注】三老：先秦以來掌教化之鄉官，西漢時又增縣三老。
弟：同"悌"。指禮敬兄長者。 力田：指勤於農事者。皆爲
鄉官。

[12]【顏注】如淳曰：贅，會也。令勿擅徵召贅聚三老、孝
弟、力田也。師古曰：即，就也。各遣就其所居而賜之，勿會聚
也。贅，音之銳反。

五月乙巳晦，日有蝕之。[1]

[1]【今注】日有蝕之：查諸日食表，公元前 122 年 7 月 9 日，
亦即漢武帝元狩元年五月乙巳晦確有日食，西安地區食甚時刻爲上
午 8 時 31 分，食分高達 0.93，與此記載相合（參見張培瑜《三千
五百年曆日天象》）。

匈奴入上谷，殺數百人。
二年冬十月，行幸雍，祠五畤。
春三月戊寅，丞相弘薨。
遣驃騎將軍霍去病出隴西，[1]至皋蘭，[2]斬首八千
餘級。[3]

[1]【今注】驃騎將軍：即票騎將軍。西漢武帝置爲重號將
軍，僅次於大將軍，秩萬石。 霍去病：西漢名將，武帝皇后衛子
夫之外甥。傳見本書卷五五。 隴西：郡名。治狄道（今甘肅臨洮
縣）。

[2]【顏注】應劭曰：在隴西白石縣，塞外河名也。孟康曰：
山關名也。師古曰：皋蘭，山名也。《霍去病傳》云"過焉支山
千有餘里，合短兵鏖皋蘭下"，則此山也，非河名也。白石縣在金

城，又不屬隴西。應劭並失之。鏖，音烏曹反。【今注】皋蘭：山名。在今甘肅臨夏市南。一名石門山。

[3]【今注】八千餘級：本書卷九四《匈奴傳》與此略同。《史記》卷一一〇《匈奴列傳》作"萬八千餘級"。未知孰是。

夏，馬生余吾水中。[1]南越獻馴象、[2]能言鳥。[3]

[1]【顏注】應劭曰：在朔方北也。【今注】馬生余吾水中：王先謙《漢書補注》指出，根據《匈奴傳》，應劭所言之"余吾水"在匈奴北邊，其中生馬，與漢廷無關。應說非。《地理志》上黨郡有余吾縣。酈道元《水經注·濁漳水》則言有水流經余吾縣。所謂"余吾水"，當即此水。余吾，縣名。治所在今山西屯留縣西北余吾鎮。

[2]【顏注】應劭曰：馴者，教能拜起周章，從人意也。師古曰：馴，音巡，謂擾也。應說是也。

[3]【顏注】師古曰：即鸚鵡也，今隴西及南海並有之。萬震《南州異物志》云有三種，一種白，一種青，一種五色。交州以南諸國盡有之。白及五色者，其性尤慧解。蓋謂此也。隨開皇十八年（隨，蔡琪本、大德本、殿本作"隋"），林邑國獻白鸚鵡，時以爲異。是歲貢士咸試賦之。聖皇馭歷，屢有茲獻。上以幽遐勞費，撫慰弗受。

將軍去病、公孫敖出北地二千餘里，[1]過居延，[2]斬首虜三萬餘級。

[1]【今注】公孫敖：衛青至交。事迹見本書卷五五《衛青霍去病傳》。　北地：郡名。治義渠縣（今甘肅寧縣西北）。

[2]【顏注】師古曰：居延，匈奴中地名也，韋昭以爲張掖

縣，失之。張掖所置居延縣者，以安處所獲居延人而置此縣。【今注】居延：湖名。在今内蒙古額濟納旗北。由居延水（弱水，即額濟納河）匯聚而成。因其地時爲匈奴族居延人活動之處，故名。又名居延海、居延澤。

匈奴入鴈門，殺略數百人。遣衛尉張騫、郎中令李廣皆出右北平。[1]廣殺匈奴三千餘人，盡亡其軍四千人，獨身脱還，[2]及公孫敖、張騫皆後期，當斬，贖爲庶人。

[1]【今注】張騫：漢中成固（今陝西城固縣東）人。武帝時，兩次出使西域。因功封博望侯。傳見本書卷六一。張騫去世後葬於其家鄉，其墓在今陝西城固縣博望鎮饒家營村。1938年曾進行過考古發掘，2014年被列入世界遺産名録。（參見卜琳、白海峰、田旭東、梁文婷《張騫墓考古記述》，《考古與文物》2013年第2期）

[2]【今注】獨身脱還：《漢書考正》劉攽指出，《李廣傳》云"廣軍幾没"，以殺傷與損失相當而無賞而已。疑本《紀》有誤。

江都王建有罪，自殺。膠東王寄薨。[1]

[1]【今注】建：劉建，景帝孫，武帝侄。以謀反罪自殺。其女細君後以公主身份和親烏孫。傳見本書卷五三。　寄：景帝與王夫人（武帝母王皇后之妹）之子。傳見本書卷五三。

秋，匈奴昆邪王殺休屠王，[1]并將其衆合四萬餘人來降，置五屬國吕處之。[2]吕其地爲武威、酒泉郡。[3]

　　［1］【顏注】師古曰：昆，音下門反。屠，音儲。【今注】昆邪：匈奴部落名。又稱渾邪。駐牧張掖（今甘肅張掖市西北）等西北邊郡一帶。武帝元狩二年（前121），爲漢驃騎將軍霍去病所敗，昆邪王率衆降漢。武沐《渾邪休屠族源探賾》（《蘭州大學學報》2004年第1期）認爲，渾邪本爲義渠之部落，後附匈奴。　休屠：匈奴部落名。武沐《渾邪休屠族源探賾》認爲，休屠本即月氏人中的“酋涂”部，在匈奴滅月氏後成爲匈奴之一部。

　　［2］【顏注】師古曰：凡言屬國者，存其國號而屬漢朝（號，大德本作“号”），故曰屬國。【今注】屬國：漢廷對歸降部落因其故俗，存其國號而屬漢朝，故稱屬國，由屬國都尉管理。《漢書考證》齊召南指出，杜佑《通典》以爲五屬國爲安定、上郡、天水、張掖、五原。據《地理志》，安定屬國都尉治三水，上郡屬國都尉治龜兹，天水屬國都尉治勇士滿福，五原屬國都尉治蒲澤，而又據《續漢書·郡國志》，武帝置張掖屬國都尉，《通典》之説淵源有自。然安定、天水至武帝元鼎三年（前114）始置，張掖至武帝元鼎六年始分，此時當無置都尉之理。《資治通鑑》卷一九《漢紀》孝武皇帝元狩二年胡三省注以隴西、北地、上郡、朔方、雲中當之，當有一定理由。

　　［3］【顏注】師古曰：武威，今涼州也。酒泉，今肅州。【今注】武威：郡名。治姑臧縣（今甘肅武威市西北）。　酒泉：郡名。治禄福縣（今甘肅酒泉市肅州區）。王先謙《漢書補注》引朱一新説，根據《地理志》，武威於武帝太初四年（前101）開，酒泉於太初元年開，與此不合；或是本《紀》以其最終結果言之。王先謙認爲，當以本《紀》所言爲準。

　　三年春，有星孛于東方。夏五月，赦天下。立膠東康王少子慶爲六安王。[1]封故相國蕭何曾孫慶爲列侯。

　　[1]【今注】六安：諸侯王國名。王都在六縣（今安徽六安市）。屬揚州刺史部。

　　秋，匈奴入右北平、定襄，[1]殺略千餘人。

　　[1]【今注】右北平：郡名。漢初治無終（今天津市薊州區），後徙治平剛（今內蒙古寧城縣西）。

　　遣謁者勸有水災郡種宿麥。[1]舉吏民能假貸貧民者曰名聞。[2]

　　[1]【顏注】師古曰：秋冬種之，經歲乃熟，故云宿麥。
　　[2]【顏注】師古曰：貸，音吐戴反。【今注】案，王先謙《漢書補注》指出，關於此事，《食貨志》有云“遣使虛郡國倉廩以振貧。猶不足，又募豪富人相假貸”。

　　減隴西、北地、上郡戍卒半。[1]

　　[1]【今注】案，王先謙《漢書補注》指出，因三郡胡寇減少，故減戍卒其半，以寬天下之徭役。

　　發謫吏穿昆明池。[1]

　　[1]【顏注】如淳曰：《食貨志》以舊吏弄法，故謫使穿池，更發有貲者為吏也。臣瓚曰：《西南夷傳》有越巂、昆明國，有滇池，方三百里。漢使求身毒國，而為昆明所閉。今欲伐之，故作昆明池象之，以習水戰。在長安西南，周回四十里。《食貨志》又

曰"時越欲與漢用船戰，遂乃大脩昆明池"也。師古曰：謫吏，吏有罪者，罰而役之。滇，音顚。【今注】昆明池：池名。漢武帝爲了操練水軍及解決長安城用水而開鑿。池水北流，解決未央宮、建章宮供水。唐代時乾涸，宋代湮爲田地。遺址在今陝西西安市西南斗門鎮東南的一片窪地，面積約 10 平方公里。池中的石人、石魚尚有遺存。

四年冬，有司言關東貧民徙隴西、北地、西河、上郡、會稽，凡七十二萬五千口，[1]縣官衣食振業，[2]用度不足，請收銀錫造白金及皮幣以足用。[3]初算緡錢。[4]

[1]【今注】關東：函谷關或潼關以東地區。 西河：郡名。治平定縣（今内蒙古鄂爾多斯市東勝區）。

[2]【今注】案，王先謙《漢書補注》指出，《食貨志》亦載此事，稱貧民"尚不能相救，乃徙貧民於關以西，及充朔方以南新秦中，七十餘萬口，衣食皆仰給縣官。數歲，貸與產業"。正文數郡中，會稽本在關東，《志》未言及；未知孰是。

[3]【顏注】應劭曰：時國用不足，以白鹿皮爲幣，朝覲以薦璧。又造銀錫爲白金（又，蔡琪本作"及"）。見《食貨志》。

[4]【顏注】李斐曰：緡，絲也，以貫錢也。一貫千錢，出算二十也。臣瓚曰：《茂陵書》諸賈人末作貰貸，置居邑儲積諸物，及商以取利者，雖無市籍，各以其物自占，率緡錢二千而一算。此緡錢是儲錢也。故隨其用所施，施於利重者，其算亦多也。師古曰：謂有儲積錢者，計其緡貫而税之。李説爲是。緡，音武巾反。

春，有星孛于東北。

夏，有長星出于西北。[1]

[1]【今注】案，王先謙《漢書補注》指出，《五行志》記此事在四月。

大將軍衛青將四將軍出定襄，[1]將軍去病出代，各將五萬騎。步兵踵軍後數十萬人。[2]青至幕北圍單于，斬首萬九千級，至闐顏山乃還。[3]去病與左賢王戰，斬獲首虜七萬餘級，封狼居胥山迺還。[4]兩軍士死者數萬人。[5]前將軍廣、後將軍食其皆後期。廣自殺，食其贖死。[6]

[1]【今注】四將軍：王先謙《漢書補注》指出，四將軍爲前將軍李廣、左將軍公孫賀、右將軍趙食其、後將軍曹襄。

[2]【顏注】師古曰：踵，接也，猶言躡其踵。

[3]【顏注】鄧展曰：音填塞之填。【今注】闐顏山：山名。今蒙古國杭愛山脈南面的一支，具體位置已不可考。

[4]【顏注】師古曰：登山祭天，築土爲封，刻石紀事，以彰漢功。【今注】狼居胥山：即今蒙古國境内肯特山。本書卷九四上《匈奴傳上》載漢武帝元狩四年（前119）霍去病“出代二千餘里，與左王接戰，漢兵得胡首虜凡七萬餘級，左王將皆遁走。票騎封於狼居胥山，禪姑衍，臨翰海而還”。一說在今内蒙古克什克騰旗西北至阿巴嘎旗一帶，一說即今河套西北狼山，但與《史記》《漢書》所載當時用兵路途不合。

[5]【今注】案，兩軍士，大德本、殿本作“兩軍戰士”。

[6]【顏注】如淳曰：《李廣傳》“引兵與右將軍食其合軍出東道”，又曰“廣自剄。右將軍下吏，當死，贖爲庶人”。《霍去

病傳》亦云趙食其爲右將軍，平陽侯襄爲後將軍。此紀爲誤也。師古曰：傳寫者誤以"右"爲"後"。食其，音異基。【今注】後將軍：參見前文武帝元朔六年夏四月注釋。

五年春三月甲午，丞相李蔡有罪，自殺。[1]

[1]【顏注】文穎曰：李廣從弟，坐侵陵壖地。

天下馬少，平牡馬匹二十萬。[1]

[1]【顏注】如淳曰：貴平牡馬賈，欲使人竸畜馬。【今注】牡：雄性。與"牝（雌性）"相對。案，王先謙《漢書補注》認爲，據《平準書》，時皆願乘牡馬，故平其賈。

罷半兩錢，行五銖錢。[1]

[1]【今注】案，《資治通鑑》卷二〇《漢紀》孝武皇帝元狩五年作"罷三銖錢，更鑄五銖錢"。《考異》指出，據《食貨志》，之前已銷半兩錢，鑄三銖錢；次年以三銖錢輕，更鑄五銖錢。本《紀》記載有誤。今案，《食貨志》與《武紀》記載不同。從考古發現來看，三銖錢之鑄當在武帝建元時，且很可能與文爲半兩的四銖錢並行。其後廢三銖，而四銖半兩錢仍行，至此乃廢。然則當以此爲準，《考異》誤。參見前文"三銖錢"條。

徙天下姦猾吏民於邊。[1]

[1]【顏注】師古曰：猾，狡也，音乎八反。

六年冬十月，賜丞相呂下至吏二千石百金，千石呂下至乘從者帛，[1]蠻夷錦各有差。

[1]【顏注】晉灼曰：乘騎諸從者也（殿本無“也”字）。師古曰：流俗書本“乘”上或有“公”字，非也。後人妄加之。

雨水亡冰。[1]

[1]【顏注】師古曰：雨，音于具反。【今注】案，冰，殿本作“氷”。

夏四月乙巳，廟立皇子閎爲齊王，[1]旦爲燕王，[2]胥爲廣陵王。[3]初作誥。[4]

[1]【今注】閎：武帝與王夫人之子。傳見本書卷六三。
[2]【今注】旦：傳見本書卷六三。　燕：諸侯王國名。漢武帝以廣陽郡東部、北部地置燕國，治薊縣（今北京市區西南部）。
[3]【顏注】師古曰：於廟中策命之。【今注】胥：傳見本書卷六三。　廣陵：諸侯王國名。由故江都國部分地區演變而來，治廣陵縣（今江蘇揚州西北蜀岡上）。
[4]【顏注】服虔曰：誥敕王，如《尚書》諸誥也。李斐曰：今敕封拜諸侯王策文亦是也。見《武五子傳》。

六月，詔曰：“日者有司以幣輕多姦，[1]農傷而末衆，[2]又禁兼并之塗，[3]故改幣呂約之。[4]稽諸往古，制宜於今。[5]廢期有月，[6]而山澤之民未諭。[7]夫仁行而從善，義立則俗易，意奉憲者所呂導之未明與？[8]將百姓所安殊路，而撟虔吏因乘執巳侵蒸庶邪？[9]何紛然其擾也！[10]今遣博士大等六人分循行天下，[11]存問鰥寡廢疾，無巳自振業者貸與之。[12]諭三老孝弟巳爲民師，[13]舉獨行之君子，徵詣行在所。[14]朕嘉賢者，樂知其人。廣宣厥道，士有特招，使者之任也。[15]詳問隱處亡位及冤失職，[16]姦猾爲害，野荒治苛者，舉奏。[17]郡國有所巳爲便者，上丞相、御史巳聞。”

[1]【顏注】李奇曰：幣，錢也。輕者，若一馬直二十萬，是爲幣輕而物重也。重難得，則用不足而姦生。【今注】案，王先謙《漢書補注》指出，《食貨志》時鑄三銖錢，盜鑄者不可勝數，“有司言三銖錢輕，輕錢易作姦”，即此所謂“幣輕多姦”也。馬匹直二十萬，自上平之，何預幣輕！李説謬。

[2]【顏注】師古曰：末，謂工商也。

[3]【顏注】李奇曰：謂大家兼役小民，富者兼役貧民，欲平之也。文穎曰：兼并者，食禄之家不得治産，兼取小民之利；商人雖富，不得復兼畜田宅，作客耕農也。師古曰：李説是。

[4]【顏注】李奇曰：更去半兩錢，行五銖錢、皮幣，以檢約姦邪。【今注】改幣：王先謙《漢書補注》指出，如前文所考，改幣者，指改三銖，鑄五銖，並非去半兩。

[5]【顏注】師古曰：稽，考也，音工奚反。

[6]【顏注】應劭曰：禁半兩錢及餘幣物，禁之有期月而民未悉從也。如淳曰：期，音朞。自往年二月至今（二，大德本作“三”），十四月朞有餘月矣（十，蔡琪本、大德本、殿本作“年”）。師古曰：如説是。

[7]【顏注】師古曰：未諭者，未曉告示之意。

[8]【顏注】師古曰：與，讀曰歟。

　　[9]【顏注】孟康曰：虔，固也。矯稱上命以貨賄用爲固。《尚書》曰"敿攘矯虔"（敿，蔡琪本、殿本均作"寇"）。韋昭曰：凡稱詐爲矯，强取爲虔（强，蔡琪本作"彊"）。《左傳》曰"虔劉我邊垂"。師古曰："撟"與"矯"同，其字從手。矯，託也。虔，固也。妄託上命而堅固爲邪惡者也。蒸，衆也。

　　[10]【顏注】師古曰：擾，煩也。

　　[11]【顏注】師古曰：褚大也。行，音下更反。【今注】博士大等六人：王先謙《漢書補注》指出，據《食貨志》其中有褚大、徐偃等人，其餘四人無考。褚大見於《儒林傳》。　循行：皇帝派使者到民間了解民情、安撫百姓、宣示神權政治，以穩定社會。其制草創於文帝時，完善於武帝時，終結於東漢靈帝時（參見張强、楊穎《兩漢循行制度考述》，《南京師大學報》2008 年第 3期）。

　　[12]【顏注】師古曰：貸，音土戴反。

　　[13]【今注】諭：王念孫《讀書雜志·漢書第一》認爲，"諭"爲"論"字之誤也。"論"爲"選"之意。

　　[14]【顏注】如淳曰：蔡雍云（雍，蔡琪本作"邕"）"天子以天下爲家，自謂所居爲行在所"，言今雖在京師，行所在至耳。師古曰：此説非也。天子或在京師，或出巡狩，不可豫定，故言行在所耳。不得亦謂京師爲行也（行也，大德本、殿本作"行在也"）。【今注】徵詣行在所：周壽昌《漢書注校補》指出，武帝當時正在巡游，故謂"徵詣行在所"。

　　[15]【顏注】李奇曰：設士有殊才異行當特招者，任在使者分別之。

　　[16]【顏注】師古曰：無位，不被任用也。冤，屈也。失職，失其常業也。

　　[17]【顏注】師古曰：野荒，言田畝不闢也。治苛，爲政尚細刻。

秋九月，大司馬驃騎將軍去病薨。[1]

[1]【今注】大司馬：《周禮》中所載的夏官之長，掌武事。
漢初承秦制，以太尉爲武官之長，且亦不常置，更不設大司馬一
職。漢武帝於元狩四年（前119）漠北大捷後，設大司馬爲加官，
分別封衛青、霍去病。自霍光封大司馬大將軍之後，此職乃成爲常
置固定之職，内朝官之領袖。成帝時改官制，又以此職比附漢初之
太尉，成爲三公之一。錢大昕《廿二史考異·漢書一》指出，大司
馬書薨自此始。

元鼎元年[1]夏五月，赦天下，大酺五日。

[1]【顏注】應劭曰：得寶鼎故，因是改元。

得鼎汾水上。[1]

[1]【今注】案，王先謙《漢書補注》指出，《資治通鑑》卷
二〇刪此記載。《考異》指出，其後元鼎四年（前113）六月亦載
武帝得鼎於汾陰脽后土祠旁。《封禪書》記載，在樂大封樂通侯之
歲，其夏六月，汾陰巫錦爲民祠魏脽后土營旁，得鼎，故詔曰“間
者巡祭后土”。《恩澤侯表》元鼎四年四月乙巳，樂大封侯。然則
得鼎應在四年。蓋本《紀》因今年改元而誤增此得鼎一事，非兩得
鼎於汾水上，“得鼎汾水上”五字當爲誤文，《漢紀》承之亦誤。

濟東王彭離有罪，廢徙上庸。[1]

[1]【顏注】應劭曰：春秋時庸國。【今注】濟東：諸侯王國

名。西漢武帝時廢爲大河郡，宣帝時復置爲東平國，治無鹽縣（今山東東平縣東）。　上庸：縣名。屬漢中郡，治所在今湖北竹山縣西南。

　　二年冬十一月，御史大夫張湯有罪，自殺。[1]十二月，丞相青翟下獄死。[2]

　　[1]【今注】張湯：西漢酷吏、廉吏。杜陵（今陝西西安市東南）人。與趙禹共定律令，執法嚴酷。先後任廷尉、御史大夫等職。傳見本書卷五九。
　　[2]【顏注】師古曰：莊青翟。【今注】青翟：莊青翟。《漢書》爲避漢明帝諱，多書作“嚴青翟”。武帝時曾爲御史大夫，後爲丞相。武帝元鼎二年（前115）朱買臣等丞相三長史謀陷御史大夫張湯，武帝聞知，盡殺三長史，牽連青翟下獄。

　　春，起柏梁臺。[1]

　　[1]【顏注】服虔曰：用百頭梁作臺，因名焉。師古曰：《三輔舊事》云以香柏爲之。今書字皆作“柏”。服説非（蔡琪本、大德本、殿本句尾有“也”字）。

　　三月，大雨雪。[1]夏，大水，關東餓死者呂千數。[2]

　　[1]【顏注】師古曰：雨，音于具反。【今注】大雨雪：王先謙《漢書補注》指出，《五行志》云“雪平地厚五尺”。
　　[2]【今注】關東餓死者呂千數：錢大昭《漢書辨疑》指出，

據《魏相傳》，是時平原、勃海、太山、東郡皆受災害。

　　秋九月，詔曰："仁不異遠，義不辭難。[1]今京師雖未爲豐年，山林池澤之饒與民共之。今水潦移於江南，迫隆冬至，朕懼其飢寒不活。江南之地，火耕水耨，[2]方下巴蜀之粟致之江陵，遣博士中等分循行，[3]諭告所抵，無令重困。[4]吏民有振救飢民免其厄者，具舉以聞。"

　　[1]【顏注】師古曰：遠近如一，是爲仁也。不憚艱難，是爲義也。

　　[2]【顏注】應劭曰：燒草下水種稻。草與稻並生，高七八寸，因悉芟去，復下水灌之，草死，獨稻長，所謂火耕水耨。【今注】火耕水耨：《史記》卷一二九《貨殖列傳》張守節《正義》注釋"火耕而水耨"云"言風草下種，苗生大而草生小，以水灌之，則草死而苗無損也。耨，除草也"。與應劭說不同。近現代學者對此農業技術的具體解釋分歧較多，尚無定論。不過一般認爲，這衹是南方稻作的方法之一，適用於地廣人稀的地區，並非漢代南方的普遍情況。（參見［日］西嶋定生《中國經濟史研究》第一部第四章，農業出版社1984年版；彭世獎《"火耕水耨"辨析》，《中國農史》1987年第2期）

　　[3]【顏注】師古曰：行，音下更反。【今注】江陵：縣名。治所在今湖北江陵縣。

　　[4]【顏注】師古曰：抵，至也。重，音直用反。

　　三年冬，[1]徙函谷關於新安。[2]以故關爲弘農縣。[3]

[1]【今注】案，是年匈奴伊稚斜單于去世，其子烏維單于立。

[2]【顏注】應劭曰：時樓船將軍楊僕數有大功，恥爲關外民，上書乞徙東關，以家財給其用度。武帝意亦好廣闊，於是徙關於新安，去弘農三百里。【今注】函谷關：在今河南新安縣東。何焯《義門讀書記》卷一五認爲，至漢武帝元鼎五年（前112），南越反，楊僕方拜爲樓船將軍，事在徙關之後。應劭注非實事。新安：縣名。治所在今河南義馬市新安故城。

[3]【今注】弘農：縣名。屬弘農郡。治所在今河南靈寶市東北故函谷關城。

十一月，令民告緡者呂其半與之。[1]

[1]【顏注】孟康曰：有不輸稅，令民得告言，以半與之。【今注】告緡：獎勵告發隱匿緡錢逃避稅款。緡，緡錢，用絲繩貫串的錢。

正月戊子，陽陵園火。[1]夏四月，雨雹，[2]關東郡國十餘飢，[3]人相食。

[1]【今注】陽陵：漢景帝劉啓陵園，遺址在今陝西咸陽市渭城區正陽鎮張家灣。

[2]【顏注】師古曰：雨，音于具反。

[3]【今注】東郡：治濮陽縣（今河南濮陽市西南）。

常山王舜薨。[1]子敎嗣立，有罪，廢徙房陵。[2]

[1]【今注】常山：郡名、諸侯王國名。治元氏縣（今河北元

氏縣西北）。　舜：景帝與王夫人（武帝母王皇后之妹）之子。傳見本書卷五三。

[2]【今注】房陵：縣名。屬漢中郡，治所在今湖北房縣。

　　四年冬十月，[1]行幸雍，祠五畤。賜民爵一級，女子百户牛酒。[2]行自夏陽東幸汾陰。[3]十一月甲子，立后土祠于汾陰脽上。[4]禮畢，行幸滎陽。還至洛陽，詔曰：[5]“祭地冀州，[6]瞻望河洛，巡省豫州，[7]觀于周室，邈而無祀。[8]詢問耆老，迺得孽子嘉紹其封嘉爲周子南君，[9]旦奉周祀。”

[1]【今注】四年：王先謙《漢書補注》指出，是歲置弘農郡。

[2]【今注】女子：“女子”之解釋，分歧較大。本書卷四《文紀》顏師古注認爲指的是賜爵者之妻，《後漢書》卷三《章帝紀》李賢注認爲指的是以女子爲户主的家庭，西嶋定生則認爲包括所有女子（［日］西嶋定生《中國古代帝國的形成與結構——二十等爵制研究》第四章第三節《關於“女子百户牛酒”》，中華書局2004年版）。　百户牛酒：牛酒，牛和酒。古代用作饋贈、宴請、祭祀的物品。“百户”指的是漢廷賞賜民間牛酒的標準。《史記·封禪書》云：“賜民百户牛一，酒十石。”可見此句意當爲“每百户賞賜一頭牛、十石酒”。因賜牛酒往往與賜爵、賜酺並行，因而有觀點認爲，牛酒是用於賜爵之後的酒禮之會，其用意在於通過坐席的序列確立爵位地位。（參見［日］西嶋定生《中國古代帝國的形成與結構——二十等爵制研究》第四章第三節《關於“女子百户牛酒”》；郭俊然《漢代賜牛酒現象探析》，《北方論叢》2016年第6期）

[3]【顏注】師古曰：夏陽，馮翊之縣也。汾陰屬河東。汾，

音扶云反。【今注】夏陽：縣名。戰國秦惠文王時置，漢時屬左馮翊。治所在今陝西韓城市南。　汾陰：縣名。屬河東郡。治所在今山西靜樂縣西。

[4]【顏注】蘇林曰：脽，音誰。如淳曰：脽者，河之東岸特堆掘，長四五里，廣二里餘，高十餘丈。汾陰縣治脽之上。后土祠在縣西。汾在脽之北，西流與河合。師古曰：二說皆是也。脽者，以其形高起如人尻脽（尻，蔡琪本、殿本作“尻”），故以名云。一說此臨汾水之上，地本名“郩”，音與“葵”同，彼鄉人呼“葵”音如“誰”，故轉而爲“脽”字耳；故《漢舊儀》云“葵上”。【今注】后土：漢武帝以泰一爲天神，后土爲地神，分別於甘泉、汾陰祭祀，故武帝至元帝時分別於此二處祭祀天、地。

[5]【今注】詔：周壽昌《漢書注校補》指出，《史記·封禪書》亦叙此事，然所録詔文節略，是爲《漢書》保留原文，《史記》删略之例。　滎陽：縣名。屬河南郡。治所在今河南滎陽市東北。　洛陽：縣名。治所在今河南洛陽東北。

[6]【顏注】服虔曰：后土祠在汾陰。汾陰本冀州地也，周時乃分爲并州（并州，蔡琪本、殿本作“荆州”）。《爾雅》曰“兩河間曰冀州”。【今注】冀州：《尚書·禹貢》所載古九州之一，範圍相當於今河北東南部、山東西北部、河南和山西間黄河以北、山西和陝西間黄河以東地區。

[7]【今注】豫州：漢武帝所置“十三刺史部”之一。轄境約當今淮河以北伏牛山以東豫東、皖北地區。

[8]【顏注】師古曰：邈，遠絶之意。

[9]【顏注】臣瓚曰：《汲冢古文》謂衞將軍文爲子南彌牟（文爲子南，蔡琪本、大德本、殿本作“文子爲子南”）。其後有子南固（固，蔡琪本、殿本作“國”）、子南勁。《紀年》勁朝于魏，後惠成王如衞，命子南爲侯。秦并六國，衞最後亡。疑嘉是

衞後，故氏子南而稱君也。初元五年爲周承休侯，元始四年爲鄭
公，建武十三年封於觀爲衞公。師古曰：子南，其封邑之號；以
爲周後，故總言周子南君。瓚説非也。例不先言姓而後稱君，且
自嘉巳下皆姓姬氏（巳，蔡琪本作“以”），著在史傳。【今注】
迺得孼子嘉紹其封嘉爲周子南君：殿本作“迺得孼子嘉其封嘉爲周
子南君”，缺一“紹”字。周子南君，武帝元鼎四年（前 113），以
三十里地封周室後裔姬嘉，號“周子南君”，地位擬於列侯，以奉
周祀。宣帝地節二年（前 67），君姬當有辠棄市。元康元年（前
65），紹封姬當弟姬萬年爲周子南君。元帝初元五年（前 44），更
封爲周承休侯，位次諸侯王。成帝綏和元年（前 8），以三統説爲
據，進爵爲周承休公，益封地滿百里。平帝元始四年（4），改爲
鄭公。

春二月，中山王勝薨。[1]

[1]【今注】中山：諸侯王國名。治盧奴縣（今河北定市）。
勝：景帝與賈夫人之子，謚號爲“靖”。傳見本書卷五三。中山
靖王據説有上百子嗣，後裔衆多，三國蜀漢昭烈帝劉備據説即爲其
後裔。劉勝陵墓坐落於今河北保定市滿城區陵山主峰東坡，1968 年
開始進行了考古發掘，出土了金縷玉衣等珍貴文物。（參見鄭紹宗
《20 世紀的重大考古發現——西漢中山王陵滿城漢墓發掘紀實》，
《文物春秋》2008 年第 2 期）

夏，封方士欒大爲樂通侯，[1]位上將軍。

[1]【今注】方士：泛指掌握巫醫、占卜、星相等技藝並以之
爲業的人。起源於戰國中期燕、齊近海地區以修煉成仙、尋求不死
之藥的方術之士。

六月，得寶鼎后土祠旁。秋，馬生渥洼水中。[1]作《寶鼎》《天馬》之歌。[2]

[1]【顏注】李斐曰：南陽新野有暴利長，當武帝時遭刑，屯田燉煌界，數於此水旁見群野馬中有奇者，與凡馬異來飲此水。利長先作土人持勒靽於水旁，後馬玩習，久之，代土人持勒靽，收得其馬，獻之。欲神異此馬，云從水中出。蘇林曰：洼，音窒曲之窒。師古曰：渥，音握。洼，音於佳反。【今注】渥洼水：古水名。在今甘肅敦煌市西南。

[2]【今注】案，王先謙《漢書補注》指出，二歌並見於《禮樂志》。

立常山憲王子商爲泗水王。[1]

[1]【今注】泗水：諸侯王國名。治淩縣（今江蘇宿遷市東南）。《資治通鑑》卷二〇《漢紀》孝武皇帝元鼎四年胡三省注指出，泗水國統治淩、泗陽、于三縣，本屬東海郡，後分爲王國。王先謙《漢書補注》指出，根據《景十三王傳》，常山憲王子勃嗣王數月而廢，國除。月餘，詔立憲王子平爲真定王，商爲泗水王。是本《紀》脱“平爲真定王”五字。又據《諸侯王表》，勃之廢，平、商之封，皆在武帝元鼎三年（前114），與《傳》云“月餘”相合。則此事當記於元鼎三年“廢徙房陵”之下。班固此誤，或當源自《史記·諸侯王表》。

五年冬十月，行幸雍，祠五畤。遂踰隴，[1]登空同，[2]西臨祖厲河而還。[3]

［1］【顏注】應劭曰：隴，隴坻坂也。師古曰：即今之隴山。坻，音丁禮反。【今注】隴：隴山。在今陝西隴縣西北。

［2］【顏注】應劭曰：山名也。【今注】空同：古山名。一作"空桐""崆峒"，其地說法不一。根據武帝此次出行路綫，此處所指空同當在今寧夏固原市附近。

［3］【顏注】李斐曰：音嗟賴。【今注】祖厲河：古水名。即今甘肅中部祖厲河。源出會寧縣南華家嶺，西北流，至靖遠縣入黃河。

　　十一月辛巳朔旦，冬至。立泰時于甘泉。天子親郊見，[1]朝日夕月。[2]詔曰："朕旴眇身託于王侯之上，[3]德未能綏民，[4]民或飢寒，故巡祭后土旴祈豐年。冀州雕壞迺顯文鼎，獲薦於廟。[6]渥洼水出馬，朕其御焉。戰戰兢兢，懼不克任，思昭天地，內惟自新。《詩》云：'四牡翼翼，旴征不服。'親省邊垂，用事所極，[6]望見泰一，脩天文禮。[7]辛卯夜，若景光十有二明。[8]《易》曰：'先甲三日，後甲三日。'[9]朕甚念年歲未咸登，[10]飭躬齋戒，[11]丁酉，拜況于郊。"[12]

［1］【顏注】師古曰：祠太一也。見，音胡電反。【今注】泰時：漢武帝以來祭祀天神泰一之處，在左馮翊雲陽縣甘泉山（今陝西淳化縣西北）。王先謙《漢書補注》指出，據《郊祀志》，以十一月朔冬至，昒爽，郊拜泰一。以得鼎推策，與黃帝時等也。立時甘泉在十月。

［2］【顏注】應劭曰：天子春朝日，秋夕月。朝日以朝，夕月以夕。臣瓚曰：《漢儀》，郊泰時，皇帝平旦出竹宮，東向揖日。其夕，西南向揖月，便用郊日，不用春秋也。師古曰：春朝朝日，

秋暮夕月，蓋常禮也。郊泰畤而揖日月，此又別儀。【今注】朝日夕月：王先謙《漢書補注》指出，《郊祀志》云"朝朝日，夕夕月，則揖"，瓚說之儀式即此次所定。

[3]【顏注】師古曰：眇，細末也。

[4]【顏注】師古曰：綏，安也。

[5]【顏注】師古曰：得鼎祠旁，祠在脽上，故（故，蔡琪本、殿本作"或"）云脽壤。壤，謂土也。文鼎，言其有刻鏤之文。

[6]【顏注】李斐曰：極，至也。所至者輒祭也。師古曰：逸《詩》也。

[7]【顏注】文穎曰：禪，祭也。晉灼曰："禪"，古"禪"字也。臣瓚曰：此年初祭太畤於甘泉（太，蔡琪本、大德本、殿本作"泰"），此祭天於大禪也（大，蔡琪本、大德本、殿本作"文"）。祭天則天文從，故曰"脩天文禪"也。師古曰：文、晉二說是也。朝日夕月，即天文禪之謂也。

[8]【今注】案，王先謙《漢書補注》指出，此事《郊祀志》云"有司云'祠上有光'"，《禮樂志》云"光夜燭，德信著"。

[9]【顏注】應劭曰：先甲三日，辛也。後甲三日，丁也。言王者齊戒必自新（新，蔡琪本作"辛"），臨事必自丁寧。師古曰：此《易·蠱卦》之辭。

[10]【顏注】師古曰：登，謂百穀成。

[11]【顏注】師古曰：飭，整也，讀與敕同。

[12]【顏注】師古曰：況，賜也。辛夜有光，是先甲三日也；丁日拜況，是後甲三日也；故詔引《易》文。

夏四月，南越王相呂嘉反，殺漢使者及其王、王太后。[1]赦天下。

[1]【今注】案，時南越太后爲中原人，欲同意漢廷要求，内屬入朝。其相呂嘉不服，乃反。事見本書卷九五《南粤傳》。

丁丑晦，日有蝕之。
秋，鼀、蝦蟇鬪。[1]

[1]【顏注】師古曰：鼀，鼃也，似蝦蟇而長脚，其色青，音下媧反。蝦，音遐。蟇，音麻。鼀，音莫辛反。【今注】鼀："蛙"的異體字。　蝦蟇：即"蛤蟆"。

遺伏波將軍路博德出桂陽，[1]下湟水；[2]樓船將軍楊僕出豫章，[3]下湞水；[4]歸義越侯嚴爲戈船將軍，出零陵，下離水；[5]甲爲下瀨將軍，下蒼梧。[6]皆將罪人，江淮以南樓船十萬人。越馳義侯遺[7]別將巴蜀罪人，發夜郎兵，[8]下牂柯江，[9]咸會番禺。[10]

[1]【今注】伏波將軍：漢代雜號將軍之一。武帝元鼎五年（前112）秋，以路博德爲伏波將軍，征南越。　路博德：西漢武將。事見本書卷五五《衞青霍去病傳》。　桂陽：縣名。治所在今廣東連州市。

[2]【今注】湟水：又名洭水、洗水。即今廣東英德市西南連江。

[3]【今注】樓船將軍：武官名。武帝時置，漢代雜號將軍之一，以兵種命名，掌統率水軍出征。　楊僕：傳見本書卷九〇。

[4]【顏注】鄭氏曰：湞，音楨。孟康曰：湞，音貞。蘇林曰：湞，音橕柱之橕（音橕柱之橕，殿本作"音撑柱之撑"）。師古曰：蘇音是也。音丈庚反。

[5]【顏注】張晏曰：嚴，故越人，降爲歸義侯。越人於水中負人船，又有蛟龍之害，故置戈於船下，因以爲名也。臣瓚曰：《伍子胥書》有戈船，以載干戈（干，殿本作“于”），因謂之戈船也。離水出零陵。師古曰：以樓船之例言之，則非爲載干戈也。此蓋船下安戈戟，以御蛟鼉水蟲之害。張說近之。【今注】歸義越侯嚴：錢大昭《漢書辨疑》指出，若如張晏說，以嚴爲故越人，降爲歸義侯，則“越”字當在“歸義”上，如下文“越馳義侯遺”之例。《功臣表》亦無此侯。　戈船將軍：《漢書考正》劉攽指出，船下安戈難以措置，不可以行，未嘗見舟船有置戈者。當以瓚說爲是。宋祁指出，戈船將軍，爲當時所建之官，與驃騎、虎牙相類。戈船今（指宋祁時）亦有，即設干戈於船上以禦敵而已。　零陵：郡名。治零陵縣（今廣西全州市西南湘江西岸）。　離水：即今之灕江。

[6]【顏注】服虔曰：甲，故越人歸漢者也。臣瓚曰：瀨，湍也，吳楚謂之瀨，中國謂之磧。《伍子胥書》有下瀨船。師古曰：瀨，音賴。【今注】甲：錢大昭《漢書辨疑》指出，因不知其名，故謂之“甲”也。《漢紀》記其名爲“祖廣明”。

[7]【顏注】應劭曰：亦越人也。

[8]【今注】夜郎：即夜郎國。古西南少數民族建立的一個政權。西漢以前，夜郎國名無文獻可考。《華陽國志·南中志》載：“將軍莊蹻泝沅水，出且蘭（今貴州福泉市），以伐夜郎。”一般認爲，夜郎國大約興起於戰國。至漢成帝時，夜郎王興同脅迫周邊二十二邑反叛漢廷，爲漢朝牂柯太守陳立所殺，夜郎遂滅。關於夜郎國都的故地，現有多說，一爲貴州長順縣廣順鎮說，依據《後漢書》卷八六《西南夷傳》記述；一爲湖南懷化市沅陵縣，依據2000年發掘的龐大巨型墓葬群；一爲貴州畢節市赫章縣可樂村說，依據古彝族文獻。或參見侯紹莊、鍾莉《夜郎研究述評》（貴州人民出版社2003年版）。

[9]【今注】案，王先謙《漢書補注》指出，《西南夷傳》記此事云"發南夷兵"，於是且蘭君乃反。至武帝元鼎六年乃令征之。

[10]【顏注】如淳曰：音潘禺，尉佗所都。師古曰：即今之廣州。【今注】番禺：縣名。治所在今廣東廣州市番禺區。秦置。南海郡郡治所在地。漢初趙佗自立爲南越王，都番禺。

九月，[1]列侯坐獻黃金酎祭宗廟不如法奪爵者百六人，丞相趙周下獄死。[2]樂通侯欒大坐誣罔要斬。[3]

[1]【今注】案，王先謙《漢書補注》指出，據《五行志》，是年秋有蝗災。

[2]【顏注】服虔曰：因八月獻酎祭宗廟時，使諸侯各獻金來助祭也。如淳曰：《漢儀注》，諸侯王歲以戶口酎黃金於漢廟，皇帝臨受獻金，金少不如斤兩，色惡，王削縣，侯免國。臣瓚曰：《食貨志》，南越反時，卜式上書願死之。天子下詔襃楊，布告天下，天下莫應；列侯以百數，莫求從軍。至酎飲酒，少府省金，而列侯坐酎金失侯者百餘人。而表云趙周"坐爲丞相知列侯酎金輕，下獄自殺"，然則知其輕而不糾撦之也。師古曰：酎，三重釀醇酒也，音丈救反。【今注】酎祭：漢代每年秋季皇帝會同諸侯於宗廟，用酎酒祭祀祖先。漢武帝時開始施行酎金制度，祭時諸侯當依照規定出金助祭。沈欽韓《漢書疏證》指出，據《通典》引丁孚《漢儀》，《酎金律》爲文帝始設。每年正月作酒，八月成，名酎酒。而令諸侯貢獻黃金助祭。據《漢律·金布令》規定，當時諸侯、列侯各以人口數獻金，每千口貢金四兩、不滿千口至五百以下者，亦助酎，由少府受之。九真、交趾、日南則用長九寸以上犀角二枚，或玳瑁甲；鬱林邑用長三尺以上象牙，或翠各二十，以當黃金。王先謙《漢書補注》指出，據《續漢書·志》注引《漢儀》，封戶不滿千口至五百口之王侯，亦需貢金四兩。　趙周：趙夷吾

子。以父功封商陵侯。任太子太傅。武帝元鼎中爲丞相。後坐酎金下廷尉，自殺。

[3]【今注】要斬：即腰斬之刑。

西羌衆十萬人反，[1]與匈奴通使，攻故安，[2]圍枹罕。[3]匈奴入五原，殺太守。

[1]【今注】案，羌，蔡琪本作“羗”，下同不注。

[2]【今注】故安：王先謙《漢書補注》引胡三省注指出，故安縣在東部的涿郡，西羌之兵無法至此。此當作“安故”。安故，縣名。治所在今甘肅臨洮縣南。

[3]【顏注】鄧展曰：枹，音銖。罕，音漢。師古曰：枹罕，金城之縣也。罕，讀如本字。【今注】枹罕：古縣名。治所在今甘肅臨夏市西南。

六年冬十月，發隴西、天水、安定騎士及中尉、河南、河內卒十萬人，[1]遣將軍李息、郎中令徐自爲征西羌，平之。[2]

[1]【今注】天水：郡名。治平襄縣（今甘肅通渭縣西）。安定：郡名。治高平縣（今寧夏固原市原州區）。騎士：即騎兵，主要設置在北方邊郡與長安周邊。中尉：官名。掌徼循京師，秩中二千石，位列卿，後更名爲執金吾。河南：郡名。即秦三川郡。治洛陽縣（今河南洛陽市東北）。河內：郡名。治懷縣（今河南武陟縣西南）。案，中華書局1962年版《漢書》中，“中尉”後所標爲逗號，然文意似難疏通。按中尉所率兵力又稱中尉卒。如本書卷一《高紀下》有云“上乃發上郡、北地、隴西車騎，巴蜀材官及中尉卒三萬人”，卷九〇《酷吏傳》云“溫舒請覆中尉

脱卒，得數萬人作"，皆爲其例。則"中尉"二字後當爲頓號，所指爲中尉卒（一般認爲中尉在西漢前期掌北軍，此中尉卒所指或即爲北軍）。

　　[2]【今注】案，沈欽韓《漢書疏證》指出，根據《後漢書·西羌傳》，當時先零羌與封養牢姐種解仇結盟，與匈奴聯繫，合兵十餘萬，共攻令居、安故，遂圍枹罕。漢遣將軍李息、郎中令徐自爲將兵十萬人平之。乃置護羌校尉，持節統領。

　　行東，將幸緱氏，[1]至左邑桐鄉，[2]聞南越破，吕爲聞喜縣。[3]春，至汲新中鄉，[4]得吕嘉首，吕爲獲嘉縣。[5]馳義侯遺兵未及下，上便令征西南夷，平之。[6]遂定越地，吕爲南海、蒼梧、鬱林、合浦、交阯、九真、日南、珠厓、儋耳郡。[7]定西南夷，吕爲武都、牂柯、越巂、沈黎、文山郡。[8]

　　[1]【顏注】師古曰：河南縣也。緱，音工侯反。【今注】緱氏：秦置，屬三川郡。西漢時屬河南郡。治所在今河南偃師市東南府店鎮北。因山爲名。

　　[2]【顏注】師古曰：左邑，河東之縣也。桐鄉，其鄉名也。【今注】左邑：縣名。治所在今山西聞喜縣。　桐鄉：古鄉聚名。治所在今山西聞喜縣一帶。

　　[3]【今注】聞喜：縣名。治所在今山西聞喜縣東北。本爲左邑縣桐鄉，漢武帝元鼎六年（前111）巡行經過，適聞漢軍攻破南越國的喜訊，遂將桐鄉從左邑析出，另立爲縣，取名"聞喜"。

　　[4]【顏注】師古曰：汲，河內縣。新中，其鄉名。【今注】汲：縣名。治所在今河南衛輝市西南。　新中：古鄉聚名。治所在今河南新鄉市西南。

　　[5]【今注】獲嘉縣：治所在今河南新鄉市西。

[6]【顏注】師古曰：便，音頻面反。

[7]【顏注】應劭曰：二郡在大海中崖岸之邊。出真珠，故曰珠厓。儋耳者，種大耳。渠率自謂王者耳尤緩，下肩三寸。張晏曰：《異物志》，二郡在海中，東西千里，南北五百里。珠崖（崖，大德本、殿本作“厓”），言珠若崖矣。儋耳之云鏤其頰皮，上連耳匡，分爲數支，狀似雞腸，累耳下垂。臣瓚曰：《茂陵書》，珠崖郡治瞫都去長安七千三百一十四里（一，蔡琪本、殿本作“二”）。儋耳去長安七千三百六十八里，領縣五。師古曰：儋，音丁甘反，字本作“瞻”。瞫，音審。【今注】南海：郡名。治番禺縣（今廣東廣州市番禺區）。屬交阯刺史部。 蒼梧：郡名。治廣信縣（今廣西梧州市）。屬交阯刺史部。 鬱林：郡名。治布山縣（今廣西桂平市西南古城）。 合浦：郡名。治合浦縣（今廣西浦北縣舊州）。 交阯：郡名。治贏陵縣（今越南河内市西北）。 九真：郡名。治胥浦縣（今越南清化市西北東山縣陽舍村）。日南：郡名。治西捲縣（今越南廣治省東河市）。屬交阯刺史部。 珠厓：蔡琪本作“珠崖”。郡名。治瞫都縣（今海南海口市瓊山區東南）。儋耳：郡名。治儋耳縣（今海南儋州市西北南灘）。

[8]【顏注】孟康曰：篤，音髓，本邛都。服虔曰：今蜀郡北部都尉所治（所，蔡琪本作“听”），本筰都也。臣瓚曰：《茂陵書》，沈黎治筰都，去長安三千三百三十五里，領縣二十一。應劭曰：文山，今蜀郡嶍山，本冉駹是也。【今注】武都：郡名。治武都道（今甘肅禮縣南）。 牂柯：郡名。治故且蘭（今貴州凱里市西北）。 越嶲：郡名。治邛都縣（今四川西昌市東南）。 沈黎：郡名。治所在今四川漢源縣東北。 文山：郡名。一作“汶山”，武帝元鼎六年新置，治汶江縣（今四川茂縣北）。 案，王先謙《漢書補注》指出，根據《西南夷傳》，當時平南夷爲牂柯郡。又誅且蘭、邛，筰之君侯，冉駹請臣。乃以邛都爲越嶲郡，筰都爲沈黎郡，冉駹爲文山郡，廣漢西白馬爲武都郡。錢大昕《廿二

史考異·漢書一》指出，宣帝地節三年（前67），省文山入蜀郡。又據《後漢書·西南夷傳》，武帝天漢四年（前97），沈黎"併蜀郡爲西部"。

秋，東越王餘善反，[1]攻殺漢將吏。遣橫海將軍韓説、中尉王温舒出會稽，[2]樓船將軍楊僕出豫章，擊之。[3]又遣浮沮將軍公孫賀出九原，[4]匈河將軍趙破奴出令居，[5]皆二千餘里，不見虜而還。迺分武威、酒泉地置張掖、敦煌郡，[6]徙民以實之。

[1]【今注】東越：此指閩越。　餘善：姓騶氏。事見《史記》卷一一四《東越列傳》。

[2]【顔注】師古曰：説，讀曰悦。【今注】橫海將軍：西漢雜號將軍。　韓説：字少卿。漢初異姓諸侯王韓王信後裔，弓高侯韓頽當之孫，武帝寵臣韓嫣之弟。初以校尉（一説爲都尉）隨大將軍衞青北擊匈奴，因功於武帝元朔五年（前124）封龍頟侯。元鼎五年（前112）因酎金獲罪，免去爵位。武帝元封元年（前110）以橫海將軍征討東越，因功封案道侯。武帝太初三年（前102）以游擊將軍率軍駐屯五原郡邊塞城障，後入爲光禄勳。武帝征和二年（前91）奉詔調查"巫蠱"之事，被戾太子殺死。事迹詳本書卷三三《韓王信傳》。　王温舒：著名酷吏。傳見本書卷九〇。案，王先謙《漢書補注》指出，《東越傳》言韓説出句章，浮海從東方往，王温舒出梅嶺。

[3]【今注】楊僕出豫章：王先謙《漢書補注》指出，《東越傳》言楊僕出武林。

[4]【顔注】臣瓚曰：浮沮，井名，在匈奴中，去九原二千里，見《漢輿地圖》。師古曰：沮，音子閭反。【今注】浮沮：王先謙《漢書補注》指出，據《匈奴傳》，公孫賀所去的目的地即爲

浮苴井。"苴""沮"相通。此處是以率軍的目的地爲將軍號。
九原：縣名。治所在今内蒙古包頭市西。

[5]【顏注】臣瓚曰：匈河，水名，在匈奴中，去令居千里，見《匈奴傳》。師古曰：令，音鈴。【今注】匈河將軍：王先謙《漢書補注》指出，根據《匈奴傳》，趙破奴率萬餘騎，目的地爲匈河水。 趙破奴：西漢將軍。事見本書卷五五《衛青霍去病傳》。

令居：縣名。屬金城郡，治所在今甘肅永登縣西。

[6]【顏注】師古曰：敦，音徒門反。【今注】張掖：郡名。治觻得縣（今甘肅張掖市西北）。 敦煌：郡名。治敦煌縣（今甘肅敦煌市七里鎮白馬塔村）。案，朱一新《漢書管見》指出，根據《地理志》，武威、酒泉均在太初時開，張掖太初元年開，敦煌在後元時分酒泉置，皆與此不合。當是本《紀》有誤。王先謙《漢書補注》指出，《資治通鑑》從《武帝紀》。

元封元年[1]冬十月，詔曰："南越、東甌咸伏其辜，[2]西蠻、北夷頗未輯睦，[3]朕將巡邊垂，擇兵振旅，[4]躬秉武節，置十二部將軍，親帥師焉。"行自雲陽，[5]北歷上郡、西河、五原，出長城，北登單于臺，至朔方，臨北河。[6]勒兵十八萬騎，旌旗徑千餘里，威震匈奴。[7]遣使者告單于曰：[8]"南越王頭已縣於漢北闕矣。[9]單于能戰，天子自將待邊；不能，亟來臣服。[10]何但亡匿幕北寒苦之地爲！"[11]匈奴讋焉。[12]還，祠黃帝於橋山，[13]迺歸甘泉。

[1]【顏注】應劭曰：始封泰山，故改年（年，大德本、殿本作"元"）。

[2]【今注】東甌：此指閩越國。今案，閩地本有閩越、東海

二國，後東海國爲閩越所滅。一般常以“東甌”指東海國，“東越”指閩越國，然亦常有翻過來混用的情況。此處以東甌稱閩越，當是爲了避免“越”字與上文“南越”重複。

［3］【顏注】師古曰：“輯”與“集”同。集，和也。

［4］【今注】擇兵振旅：王先謙《漢書補注》指出，《郊祀志》云“上議曰：‘古者先振兵釋旅，然後封禪。’迺遂北巡朔方，勒兵十餘萬騎，還祭黃帝冢橋山，釋兵涼如”。《封禪書》略同。此處“擇”當爲“釋”字之誤。

［5］【今注】雲陽：縣名。屬左馮翊，治所在今陝西淳化縣西北。

［6］【今注】北河：黃河由甘肅流向河套，至今内蒙古巴彦淖爾市磴口縣，陰山南麓分爲南北兩支。南支稱爲南河，即今黃河干流；北支稱爲北河，約即今烏加河（又作“五加河”）。（參見譚其驤《北河》，《中華文史論叢》第6輯）

［7］【今注】案，威震，殿本作“威振”。

［8］【今注】遣使者告單于：王先謙《漢書補注》指出，據《匈奴傳》，使者名郭吉。

［9］【今注】北闕：闕，古代皇宮門外兩邊供瞭望的樓臺，中有通道，如有空闕，故名闕或雙闕。本書卷一《高紀》云“蕭何治未央宫，立東闕、北闕、前殿、武庫、大倉”。顏注云“未央殿雖南鄉，而上書奏事謁見之徒皆詣北闕，公車司馬亦在北焉。是則以北闕爲正門，而又有東門、東闕。至於西南兩面，無門闕矣。蓋蕭何初立未央宫，以厭勝之術，理宜然乎？”今案，如顏師古所言，未央宫確以北闕爲正門，與後世以南門爲正門的習俗大不相同。然其原因非所謂厭勝，而是當時由北極、北斗崇拜帶來的尊北之風。而設東闕則當與上古以來尊日的習俗有關。（參見宋艷萍《漢闕與漢代政治史觀——漢闕研究之一》，載《形象史學研究（2013）》，人民出版社2014年版；安子毓《方位尊崇淵源考》，《社會科學戰綫》2017年第10期）

[10]【顏注】師古曰：亟，急也，音居力反。

[11]【今注】幕：同"漠"。　案，王先謙《漢書補注》指出，《匈奴傳》"之"上有"無水草"三字。

[12]【顏注】師古曰：讋，失氣也，音之涉反。【今注】匈奴讋焉：讋，畏懼屈服。王先謙《漢書補注》指出，《匈奴傳》載此事云："單于終不肯爲寇於漢邊。"

[13]【顏注】應劭曰：在上郡周陽縣，有黃帝冢。【今注】橋山：即今陝西延安市黃陵縣城北橋山。沈欽韓《漢書疏證》引《大清一統志》："子午山在慶陽府合水縣東及寧州真寧縣東，即橋山也。據《水經注》'古陽周在走馬水北'，應在今延安府安定縣北界。真寧之陽周乃後魏僑置，非故縣也。橋山黃帝陵，皆當據《水經注》改入延安府。"

　　東越殺王餘善降。詔曰："東越險阻反覆，爲後世患，遷其民於江淮閒。"遂虛其地。

　　春正月，[1]行幸緱氏。詔曰："朕用事華山，至于中嶽，[2]獲駮麃，見夏后啓母石。[3]翌日親登嵩高，[4]御史乘屬，在廟旁吏卒咸聞呼萬歲者三。[5]登禮罔不荅。[6]其令祠官加增太室祠，[7]禁無伐其草木。呂山下戶三百爲之奉邑，名曰崇高，[8]獨給祠，復亡所與。"[9]行，遂東巡海上。

[1]【今注】正月：王先謙《漢書補注》指出，《漢紀》《資治通鑑》與此同，《郊祀志》《史記·封禪書》作"三月"。

[2]【顏注】文穎曰：嵩高也，在潁川陽城縣。【今注】中嶽：即嵩山，古稱嵩高，在今河南登封市北。

[3]【顏注】應劭曰：啓生而母化爲石。文穎曰：在嵩高山

下。師古曰：啓，夏禹子也。其母塗山氏女也。禹治鴻水，通轘
轅山，化爲熊，謂塗山氏曰："欲餉，聞鼓聲乃來。"禹跳石，誤
中鼓。塗山氏往，見禹方作熊，慙而去，至嵩高山下化爲石，方
生啓。禹曰："歸我子。"石破北方而啓生。事見《淮南子》。景帝
諱啓，今此詔云"啓母"，蓋史追書之，非當時文。

[4]【顏注】應劭曰：翌，明也。【今注】案，嵩，蔡琪本作
"崇"。

[5]【顏注】服虔曰：乘，同乘。屬，官屬也。如淳曰：《漢
儀注》御史亦有屬。晉灼曰：天子出，御史除二人爲乘曹（二，
殿本作"一"），護車駕。荀悦曰：萬歲，山神稱之也。應劭曰：
嵩高縣有上、中、下萬歲里。師古曰：乘屬，如、晉二説是也。
乘，音食證反。【今注】乘屬：沈欽韓《漢書疏證》指出，《晉
書·職官志》云："侍御史，二漢所掌有五曹，其五曰乘曹，掌護
駕。"《輿服志》云："護駕御史，騎，夾左右。"衞宏《漢舊儀》
云："御史吏員凡三百四十一人，分爲吏（當作史）、少史屬。"沈
氏指出，漢之曹吏有掾有屬，見漢碑者不止一處。王先謙《漢書補
注》指出，既需夾護車駕，顏注"御史除二人爲乘曹"一句自當
以二人爲是。

[6]【顏注】師古曰：罔，無也。言登禮於神，無不荅應。

[7]【顏注】韋昭曰：嵩高山有太室、少室之山，山有石室，
故以名云。【今注】太室祠：古祠名。一作"太室廟"。祠太室山。
在今河南登封市嵩山上。

[8]【顏注】師古曰：謂之崇者，示尊崇之。奉，音扶用反。
【今注】崇高：古邑名。治所在今河南登封市。殿本作"崇嵩"。
王念孫《讀書雜志·漢書第一》指出，此及《郊祀志》顏師古注
分"崇""嵩"爲二字，非。詔云"翌日親登崇高"，《志》云
"以山下户凡三百，封崇高"，則崇高本是山名，崇高即嵩高，而因
以爲邑名，非以崇奉中嶽而名之也。古無"嵩"字，以"崇"爲

之，故許慎《説文解字》有“崇”無“嵩”。

[9]【顏注】師古曰：復，音方目反。與，讀曰預。

夏四月癸卯，上還，登封泰山，[1]降坐明堂。[2]詔曰：“朕以眇身承至尊，[3]兢兢焉，惟德菲薄，不明于禮樂，[4]故用事八神。[5]遭天地況施，[6]著見景象，屑然如有聞。[7]震于怪物，欲止不敢，遂登封泰山，[8]至于梁父，[9]然後升禪肅然。[10]自新，嘉與士大夫更始，其以十月爲元封元年。[11]行所巡至，博、奉高、蛇丘、歷城、梁父，[12]民田租逋賦貸，已除。[13]加年七十以上孤寡帛，人二匹。四縣無出今年算。[14]賜天下民爵一級，女子百戶牛酒。”

[1]【顏注】孟康曰：王者功成治定，告成功於天。封，崇也，助天之高也。刻石紀号（号，蔡琪本、殿本作“號”）有金策石函金泥玉檢之封焉。應劭曰：封者，壇廣十二丈，高二丈，階三等，封於其上，示增高也。刻石，紀績也。立石三丈一尺，其辭曰：“事天以禮，立身以義，事親以孝，育民以仁。四守之内莫不爲郡縣，四夷八蠻咸來貢職，與天無極。人民番息（番，蔡琪本、大德本、殿本作“蕃”），天禄永得。”尚玄酒而俎生魚。下禪梁父，祀地主，示增廣。此古制也。武帝封廣丈二尺，高九尺，其下則有滕書，祕。語在《郊祀志》。

[2]【顏注】臣瓚曰：《郊祀志》“初，天子封太山，太山東北阯古時有明堂處”，則此所坐者也。明年秋乃作明堂耳。

[3]【顏注】師古曰：眇，微細也。

[4]【顏注】師古曰：菲亦薄也。音敷尾反，又音扉（扉，蔡琪本、大德本、殿本作“靡”）。

[5]【顏注】文穎曰：武帝祭太一，并祭名山於太壇西南，開除八通鬼道，故言用事八神也。一曰，八方之神。【今注】八神：《漢書考正》劉攽認爲，《郊祀志》所言之天主、地主、兵主、陰主、陽主、日主、月主、四時主即爲“八神”，其祠皆在齊地，故始皇、武帝皆祀之。王先謙《漢書補注》同意劉説。

[6]【顏注】應劭曰：況，賜也。施，與也。言天地神靈乃賜我瑞應。

[7]【顏注】臣瓚曰：聞呼萬歲者三是也。

[8]【今注】登封：王先謙《漢書補注》引蘇輿説，登封即升封，據班固《白虎通·封禪》，“升封”爲增高之意。

[9]【今注】案，于，大德本作“於”。 梁父：即梁甫，山名。泰山之下的一座小山，在今山東泰安市東南，西連徂徠山。後世以隋梁父縣故城北面一小山爲梁父山，與秦漢時不同。

[10]【顏注】服虔曰：增天之高，歸功於天。禪，闡也，廣土地也。肅然，山名也，在梁父。張晏曰：天高不可及，於大山上立封（大，殿本作“泰”，蔡琪本、大德本作“太”），又禪而祭之，冀近神靈也。師古曰：父，讀曰甫。

[11]【今注】其冬十月爲元封元年：沈欽韓《漢書疏證》指出，此十月即此年年首之十月。

[12]【顏注】鄭氏曰：蛇，音移。【今注】博：縣名。治所在今山東泰安市東南。 奉高：縣名。治所在今山東泰安市東北。蛇丘：縣名。治所在今山東肥城市東南。 歷城：縣名。治所在今山東濟南市西。

[13]【顏注】師古曰：逋賦，未出賦者也。逋貸，官以物貸之，而未還也。貸，音吐戴反。【今注】逋：拖欠。

[14]【顏注】師古曰：自博至梁父凡五縣，今云“四縣毋出算”者，奉高一縣素以供神，非算限也。

行自泰山，復東巡海上，至碣石。[1]自遼西歷北邊
九原，歸于甘泉。[2]

[1]【顏注】文穎曰：在遼西絫縣。絫縣（縣，蔡琪本、大
德本同，殿本無），今罷，屬臨榆。此石著海旁。師古曰：碣，碣
然特立之皃也（皃，蔡琪本、殿本作“貌”），音其列反。【今
注】碣石：地名。一說在今山東無棣縣的碣石山；二說在今河北昌
黎縣的碣石山；三說在今遼寧綏中縣萬家鎮止錨灣。後兩地均發現
秦朝時的行宮遺址。

[2]【今注】案，王先謙《漢書補注》指出，據《郊祀志》，
此次路程爲一萬八千里。

秋，[1]有星孛于東井，[2]又孛于三台。

[1]【今注】秋：王先謙《漢書補注》指出，《五行志》作
“五月”，與此不同。

[2]【今注】東井：即二十八宿中的井宿，屬於南方朱雀七宿
之一。因西方白虎七宿中的參宿內有玉井星宿，故稱井宿爲東井，
以示區分。此句意指五大行星皆運行至井宿的位置。

齊王閎薨。

二年冬十月，[1]行幸雍，祠五畤。春，幸緱氏，遂
至東萊。[2]夏四月，還祠泰山。至瓠子，臨決河，[3]命
從臣將軍已下皆負薪塞河隄，作《瓠子》之歌。[4]赦所
過徒，賜孤獨高年米人四石。還，作甘泉通天臺、長
安飛廉館。[5]

[1]【今注】二年冬：沈欽韓《漢書疏證》指出，據劉歆《西京雜記》，武帝元封二年（前109）冬天在三輔地區有大雪災。

[2]【今注】遂至東萊：東萊，郡名。治掖縣（今山東萊州市）。王先謙《漢書補注》指出，因公孫卿言見神人於東萊山，故武帝至此。

[3]【顏注】服虔曰：瓠子，隄名也，在東郡白馬。蘇林曰：在鄄城以南，濮陽以北，廣百少，深五丈。【今注】瓠子：古河堤名。在今河南濮陽市西南。案，王先謙《漢書補注》指出，河決在武帝元光二年（前133），至此方始臨塞之。

[4]【今注】案，王先謙《漢書補注》指出，此歌見於《溝洫志》。

[5]【顏注】應劭曰：飛廉，神禽能致風氣者也。明帝永平五年，至長安迎取飛廉并銅馬，置上西門外，名平樂館。董卓悉銷以為錢。晉灼曰：身似鹿，頭如爵，有角而蛇尾，文如豹文。師古曰：通天臺者，言此臺高，上通於天也。《漢舊儀》云，高三十丈，望見長安城。【今注】通天臺：臺名。在今陝西淳化縣西北甘泉山故甘泉宮中。　飛廉館：古宮館名。在今陝西西安市西漢上林苑。飛廉，風神之名。

朝鮮王攻殺遼東都尉，[1]迺募天下死罪擊朝鮮。

[1]【今注】殺遼東都尉：王先謙《漢書補注》指出，據《朝鮮傳》，都尉名涉何。

六月，詔曰："甘泉宮內中產芝，九莖連葉。[1]上帝博臨，不異下房，賜朕弘休。[2]其赦天下，賜雲陽都百戶牛酒。"[3]作《芝房》之歌。

　　[1]【顏注】應劭曰：芝，芝草也，其葉相連。如淳曰：《瑞應圖》："王者敬事耆老，不失舊故，則芝草生。"師古曰：內中，謂後庭之室也，故云"不異下房"。

　　[2]【顏注】師古曰：上帝，天也。博，廣也。弘，大也。休，美也。言天廣臨，不以下房爲幽側而隔異之，賜以此芝，是大美也。

　　[3]【顏注】晉灼曰：雲陽甘泉，黃帝以來祭天圜丘處也。武帝常以避暑，有宮觀，故稱都也。師古曰：此說非也。都，謂縣之所居在宮側者耳。賜不徧其境內，故指稱其都，非謂天子之都也。若以有宮觀稱都，則非止雲陽矣。

　　秋，作明堂于泰山下。

　　遣樓船將軍楊僕、左將軍荀彘將應募罪人擊朝鮮。[1]又遣將軍郭昌、中郎將衞廣發巴蜀兵平西南夷未服者，[2]呂爲益州郡。[3]

　　[1]【顏注】應劭曰：樓船者（船，蔡琪本、大德本、殿本作"船"，本注下同），時欲擊越，非水不至，故作大船，上施樓也。【今注】左將軍：漢代有前、後、左、右將軍，武帝時始設，初爲大將軍出征時手下裨將臨時名號，此次則單封荀彘左將軍，事訖即罷。

　　[2]【今注】中郎將：官名。秦、西漢時爲中郎長官，職掌宮禁宿衛，隨行護駕，協助郎中令（光祿勳）考核選拔郎官及從官，亦常奉詔出使，職位清要。後又專設五官、左、右中郎將分領中郎及謁者。西漢昭、宣以來，其職多由外戚及親近官員擔任，加中朝官號。隸郎中令，秩比二千石。

　　[3]【今注】益州郡：治滇池縣（今雲南昆明市晉寧區東）。案，此事詳見本書卷九五《西南夷傳》。

三年春，作角抵戲，[1]三百里内皆觀。[2]

[1]【顏注】應劭曰：角者，角技也。抵者，相抵觸也。文
穎曰：名此樂爲角抵者，兩兩相當角力，角技藝射御，故名角抵，
蓋雜技樂也。巴俞戲、魚龍蔓延之屬也。漢後更名平樂觀。師古
曰：抵者，當也，非謂抵觸。文説是也。【今注】角抵：一種比試
力氣的運動，類似摔跤。

[2]【今注】案，皆觀，蔡琪本、大德本作“皆來觀”，殿本
作“皆采觀”。

夏，朝鮮斬其王右渠降，[1]吕其地爲樂浪、臨屯、
玄菟、真番郡。[2]

[1]【顏注】師古曰：右渠，朝鮮王名。

[2]【顏注】臣瓚曰：《茂陵書》，臨屯郡治東暆縣，去長安
六千一百三十八里，十五縣。真番郡治霅縣，去長安七千六百四
十里，十五縣。師古曰：樂，音洛。浪，音郎。番，音普安反。
暆，音弋支反。霅，音丈甲反。【今注】案，漢武帝元封三年（前
108），漢廷擊降衛滿朝鮮，先後置樂浪、臨屯、真番、玄菟四郡，
史稱“漢四郡”。由於材料稀少等原因，關於此四郡的情況還存在
不少爭議。參見趙紅梅《玄菟郡研究》（博士學位論文，東北師範
大學，2006 年）。樂浪，郡名。治所一般認爲在朝鮮縣（今朝鮮平
壤市）。案，樂浪郡持續時間最長，關於其郡治爭議相對較少，大
部分中國學者都認爲其郡治在今朝鮮大同江流域。臨屯，古代朝鮮
半島以濊人爲主的小國，大致在今朝鮮半島嶺東地區。漢初附屬於
衛滿朝鮮，武帝元封三年置爲漢郡，轄十五縣，治東暆縣（今朝鮮
江原道地方，一説在今朝鮮咸鏡南道北部，其他幾種異説基本也都
在今朝鮮境内）。昭帝始元五年（前82）罷郡，部分屬縣改隸樂浪

郡。錢大昕《廿二史考異・漢書一》指出，《地理志》無霅縣，霅則爲樂浪郡屬縣。據《昭紀》，始元五年罷真番郡。王應麟謂臨屯郡亦始元五年罷，然此説不見於《漢書》。王先謙認爲，"膗"字誤，當從日旁。玄菟，郡名。治沃沮縣，其地一般認爲在今朝鮮咸鏡南道咸興，另有今朝鮮境内和遼寧省内的幾種異説。後在昭帝元鳳六年（前75），遷玄菟郡至遼東，其郡治具體地址仍有若干異説，一般均指在今遼寧省内，也有幾種異説認爲在吉林省内。真番，郡名。治霅縣（今朝鮮境内禮成江與漢江之間），一説治昭明縣（今朝鮮黄海南道信川郡西湖里），另有異説若干。案，真番郡爭議最大，總的來説有在朝鮮境内和在中國境内兩大類説法，各自内部又有若干異説，涉及今遼寧、吉林、黑龍江三省和朝鮮境内若干地區。

樓船將軍楊僕坐失亡多免爲庶民，[1]左將軍荀彘坐爭功棄市。[2]

[1]【今注】免爲庶民：李慈銘《越縵堂讀史札記・漢書二》指出，其他文字中無"免爲庶民"的説法，此"民"字當作"人"。或因顏師古注本《漢書》避李世民諱，將"民"字皆改作"人"，後人回改時，又誤將此"人"字誤改爲"民"。

[2]【顏注】師古曰：棄市，殺之於市也。解在《景紀》。【今注】荀彘：漢武帝時因善於駕車，任侍中。多次以校尉職隨大將軍征戰。後升任左將軍擊朝鮮，無功。因爭功扣押楊僕被斬。

秋七月，膠西王端薨。[1]

[1]【今注】膠西：諸侯王國名。治高密縣（今山東高密市西南）。

武都氐人反，分徙酒泉郡。[1]

[1]【顏注】師古曰：不盡徙。

四年冬十月，行幸雍，祠五畤。通回中道，[1]遂北出蕭關，[2]歷獨鹿、鳴澤，[3]自代而還，幸河東。[4]春三月，祠后土。詔曰：“朕躬祭后土地祇，見光集于靈壇，一夜三燭。[5]幸中都宮，殿上見光。[6]其赦汾陰、夏陽、中都死罪昌下，賜三縣及楊氏皆無出今年租賦。”[7]

[1]【顏注】應劭曰：回中在安定高平，有險阻，蕭關在其北，通治至長安也。孟康曰：回中在北地，有山險，武帝故宮。如淳曰：《三輔黃圖》云，回中宮在汧也。師古曰：回中在安定，北通蕭關。應說是也。而云治道至長安，非也。蓋自回中通道以出蕭關。孟、如二家皆失之矣。回中宮在汧者，或取安定回中爲名耳，非今所通道。

[2]【顏注】如淳曰：《匈奴傳》“入朝郇蕭關（入，殿本作“人”）”。蕭關，在安定朝郇縣也。【今注】蕭關：關塞名。在今寧夏固原市東南。一說在今甘肅環縣西北。

[3]【顏注】服虔曰：獨鹿，山名也。鳴澤，澤名也。皆在涿郡道縣北界也（道，殿本作“遒”）。

[4]【今注】河東：郡名。治安邑縣（今山西夏縣西北）。

[5]【顏注】服虔曰：燭，音注。師古曰：燭，謂照也，讀如本字。

[6]【顏注】師古曰：中都在太原。【今注】中都：縣名。治所在今山西平遙縣西南。王先謙《漢書補注》指出，此爲漢文帝爲

代王時之宮殿。

[7]【顏注】師古曰：楊氏，河東聚邑名。

夏，大旱，民多暍死。[1]

[1]【顏注】如淳曰：暍，音謁。師古曰：中熱而死也。

秋，曰匈奴弱，可遂臣服，迺遣使說之。[1]單于使來，死京師。匈奴寇邊，遣拔胡將軍郭昌屯朔方。[2]

[1]【今注】遣使說之：王先謙《漢書補注》指出，據《匈奴傳》，使者爲王烏等人。

[2]【今注】拔胡將軍：漢代雜號將軍之一。案，殿本作“拔胡將軍”。　郭昌：事迹見本書卷五五《衛青霍去病傳》。案，王先謙《漢書補注》指出，據《匈奴傳》，與郭昌同出者還有浞野侯趙破奴。

五年冬，行南巡狩，至于盛唐，[1]望祀虞舜于九嶷。[2]登灊天柱山，[3]自尋陽浮江，[4]親射蛟江中，獲之。[5]舳艫千里，[6]薄樅陽而出，[7]作《盛唐樅陽》之歌。遂北至琅邪，並海，[8]所過禮祠其名山大川。春三月，還至太山，[9]增封。甲子，祠高祖于明堂，[10]曰配上帝，因朝諸侯王列侯，受郡國計。[11]夏四月，詔曰：“朕巡荆陽，[12]輯江淮物，[13]會大海氣，[14]曰合泰山。[15]上天見象，增修封禪。[16]其赦天下。所幸縣毋出今年租賦，賜鰥寡孤獨帛，貧窮者粟。”還幸甘泉，郊泰畤。

[1]【顏注】文穎曰：案，《地理志》不得，疑當在廬江左右，縣名也。韋昭曰：在南郡。師古曰：韋說是也。

[2]【顏注】應劭曰：舜葬蒼梧。九嶷，山名，今在零陵營道。文穎曰：九嶷山半在蒼梧，半在零陵。如淳曰：舜葬九嶷。九嶷在蒼梧馮乘縣，故或云舜葬蒼梧也。師古曰：文說是也。嶷，音疑。其山九峯，形勢相似，故曰九嶷山。【今注】九嶷：九嶷山，又名蒼梧山，在今湖南寧遠縣南。

[3]【顏注】應劭曰：灊，音若潛。南嶽霍山在灊。灊，縣名，屬廬江。文穎曰：天柱山在灊縣南，有祠。音岑。師古曰：灊，音與潛同。應說是。【今注】灊：縣名。治所在今安徽霍山縣東北。　天柱山：又名霍山，在今安徽潛山市西。

[4]【今注】尋陽：縣名。治所在今湖北黃梅縣西南。

[5]【顏注】師古曰：許慎云："蛟，龍屬也。"郭璞說其狀云"似蛇而四脚，細頸，頸有白嬰，大者數圍，卵生，子如一二斛瓮，能吞人"也。

[6]【顏注】李斐曰：舳，船後持柂處也。艫，船前頭刺櫂處也。言其船多，前後相銜，千里不絕也。師古曰：舳，音軸。艫，音盧。

[7]【顏注】服虔曰：縣名，屬廬江。師古曰：樅，音千松反。【今注】樅陽：縣名。治所在今安徽樅陽縣。

[8]【顏注】師古曰：竝，讀曰傍。傍，依也，音步浪反。

[9]【今注】案，太山，蔡琪本作"泰山"。

[10]【今注】祠高祖于明堂：王先謙《漢書補注》指出，據《郊祀志》，其具體排列爲"祠泰一、五帝於明堂上坐，合高皇帝祠坐對之"。

[11]【顏注】師古曰：計，若今之諸州計帳也。

[12]【今注】荆陽：蔡琪本、殿本作"荆楊"。若作"荆陽"，則"荆"當指荆山，在今湖北南漳縣南。陽，指山之南。若作

"荆楊"，則當指荆州與楊州。荆，荆州。西漢武帝置，爲"十三刺史部"之一。轄境約當今湖北、湖南二省及河南、貴州、廣西、廣東等省區部分地。楊，楊州，亦作"揚州"。西漢武帝置，爲十三刺史部之一。轄境相當今江蘇、安徽江淮以南湖北、河南部分地區及江西、浙江、福建三省。

[13]【顏注】如淳曰：輯，合也。物猶神也。《郊祀志》所祭祀事也。師古曰："輯"與"集"同。

[14]【顏注】鄭氏曰：會合海神之氣，并祭之。

[15]【顏注】師古曰：集江淮之神，會大海之氣，合致於太山（太，蔡琪本作"泰"），然後修封，總祭饗也。

[16]【顏注】師古曰：見，謂顯示也。【今注】封禪：封爲"祭天"，禪爲"祭地"。古代帝王祭祀天地的大型典禮。一般在泰山上筑壇祭天稱爲封，在泰山之南梁父山辟場祭地稱爲禪。

大司馬大將軍青薨。

初置刺史部十三州。[1]名臣文武欲盡，詔曰："蓋有非常之功，必待非常之人，故馬或奔踶而致千里，[2]士或有負俗之累而立功名。[3]夫泛駕之馬，[4]跅弛之士，[5]亦在御之而已。[6]其令州郡察吏民有茂材異等[7]可爲將相及使絕國者。"[8]

[1]【顏注】師古曰：《漢書儀》云，初分十三州，假刺史印綬，有常治所。以秋分行郡（以，大德本、蔡琪本作"常以"，殿本作"治以"；郡，大德本、殿本作"部"），御史爲駕四封乘傳。到所部，郡國各遣一吏迎之界上，所察六條。【今注】初置刺史部十三州：刺史，漢武帝時始置，分全國爲十三部州，州置刺史一人。奉詔巡行諸郡，以六條問事，省察治政，黜陟能否，斷理冤

獄。無治所，秩六百石。《漢書考證》齊召南指出，根據《晉書·地理志》，十三州爲冀、幽、并、兖、徐、青、揚、荆、豫、益、涼及朔方、交趾。至武帝征和四年（前89），又置司隸校尉，督察三輔、三河、弘農。何焯《義門讀書記》卷一五指出，《續漢書·郡國志》劉昭注有謂，刺史"傳車周流，匪有定鎮"。可見此時刺史不常居一地，至東漢始有治所，顏注微誤。全祖望《經史問答》卷九認爲，雖然劉昭、沈約皆認爲西漢時刺史無常治所，然每年刺史行部之前似無羣居京師之理。西漢初置刺史官時，僅六百石，故無詳細記載。顏師古説出於衞宏《漢舊儀》，未必盡爲誣妄。

〔2〕【顏注】師古曰：跚，蹋也。奔，走也。奔跚者，乘之即奔，立則跚人也。跚，音徒計反。

〔3〕【顏注】晉灼曰：負俗，謂被世譏論也。師古曰：累，音力瑞反。【今注】士或有負俗之累而立功名：錢大昭《漢書辨疑》指出，《越絕書》有云"有高世之材，必有負俗之累"。

〔4〕【顏注】師古曰：泛，覆也，音方勇反。字本作"氾"，後通用耳。覆駕者，言馬有逸氣而不循軌轍也。

〔5〕【顏注】如淳曰：跅，音拓。弛，廢也。士行有卓異，不入俗檢而見斥逐者也。師古曰：跅者，跅落無檢局也。弛者，放廢不遵禮度也。跅，音土各反。弛，音式爾反。

〔6〕【顏注】師古曰：在人所以制御之。

〔7〕【顏注】應劭曰：舊言秀才，避光武諱稱茂才。異等者，超等軼群，不與凡同也。師古曰：茂，美也。【今注】茂材異等：茂材，即秀才，漢代察舉仕進的重要科目，東漢時爲避光武帝劉秀諱而稱茂才。何焯《義門讀書記》卷一五指出，《史記·儒林傳》"有秀才異等，輒以名聞"，可見應説爲是。秀才之名，出於《管子·小匡》："其秀才之能爲士者，則足賴也。"

〔8〕【顏注】師古曰：絕遠之國，謂聲教之外。【今注】案，《三國志》卷一《魏書·武帝紀》裴松之注引東漢建安二十二年曹

操所下求賢令云：今天下得無有至德之人放在民間，及果勇不顧，臨敵力戰；若文俗之吏，高才異質，或堪爲將守；負污辱之名，見笑之行，或不仁不孝而有治國用兵之術：其各舉所知，勿有所遺。今案，曹操求賢令與武帝此詔用意略同，而用語又甚之。

六年冬，[1]行幸回中。春，作首山宮。[2]

[1]【今注】案，是歲，匈奴烏維單于死，子詹師廬立，號爲兒單于。

[2]【顏注】應劭曰：首山在上郡，於其下立宮廟也。文穎曰：在河東蒲坂界。師古曰：尋此下詔文及依《地理志》，文説是。【今注】首山：在今山西永濟市西南，屬中條山脈。堯山祠爲祭堯之所，首山祠當爲祭伯夷、叔齊之所。

三月，行幸河東，祠后土。詔曰：“朕禮首山，昆田出珍物，化或爲黃金。[1]祭后土，神光三燭。其赦汾陰殊死已下，賜天下貧民布帛，人一匹。”

[1]【顏注】應劭曰：昆田，首山之下田也。武帝祠首山，故神爲出珍物，化爲黃金。

益州昆明反，[1]赦京師亡命令從軍，遣拔胡將軍郭昌將昌擊之。

[1]【今注】昆明：古族群名。主要居住在今雲南保山東北至大理州一帶。案，《漢書》中華書局 1962 年版此句作“益州、昆明反”。然益州爲郡名，昆明爲族群名，似不當並列。此句意當指益

州郡之昆明族反，不當有頓號。

夏，京師民觀角抵于上林平樂館。[1]秋，大旱，蝗。

[1]【今注】上林：上林苑。在今陝西西安市西南鄠邑區、周至縣界，渭水以南，終南山以北。秦惠文王時即開始興建。至秦始皇時，先後在上林苑中修建了朝宮和阿房宮前殿等。西漢初荒廢，許民入墾荒。漢武帝收回，復加拓展，周圍擴至二百餘里。關於西漢時上林苑的範圍，參見王社教《西漢上林苑的範圍及相關問題》（《中國歷史地理論叢》1995年第3輯）。 平樂館：宮館名。漢高祖時興建，武帝增修。在未央宮北上林苑中。又作"平樂觀"。

太初元年[1]冬十月，行幸泰山。

[1]【顏注】應劭曰：初用夏正，以正月爲歲首，故改年爲太初也。

十一月甲子朔旦，冬至，祀上帝于明堂。
乙酉，柏梁臺災。
十二月，禪高里，[1]祠后土。東臨教海，[2]望祠蓬萊。春，還，受計于甘泉。[3]

[1]【顏注】伏儼曰：山名，在泰山下。師古曰：此高字自作高下之高，而死人之里謂之蒿里，或呼爲下里者也，字即爲蓬蒿之蒿。或者既見太山神靈之府，高里山又在其旁，即誤以"高里"爲"蒿里"，混同一事。文學之士共有此謬，陸士衡尚不免，

況其餘乎？今流俗書本此"高"字有作"嵩"者，妄加增耳。
【今注】高里：又名高禪山。在今山東泰安市西南。

[2]【今注】案，敔，蔡琪本、大德本、殿本作"勃"。

[3]【顏注】師古曰：受郡國所上計簿也。若今之諸州計帳。

二月，起建章宮。[1]

[1]【顏注】文穎曰：越巫名勇《郊祀志》作"越人勇之"，謂帝曰，越國有火災，即復大起宮室以猒勝之（猒，殿本作"厭"），故帝作建章宮。師古曰：在未央宮西，今長安故城西俗所呼貞女樓者，即建章宮之闕也。【今注】建章宮：在今陝西西安市西北二十里，漢長安故城西。

夏五月，正歷，吕正月爲歲首。[1]色上黃，數用五，[2]定官名，協音律。

[1]【顏注】師古曰：謂以建寅之月爲正也。未正歷之前謂建亥之月爲正；今此言吕正月爲歲首者，史追正其月名。【今注】吕正月爲歲首：秦及漢初用顓頊歷，以農曆十月爲歲首。本書卷一《高紀上》顏注引文穎說云"十月，秦正月"，是認爲秦不但以十月爲歲首，亦改稱之爲正月。此處顏師古亦同文穎說。其所謂建寅之月、建亥之月是一種計月方法，以農曆十一月爲建子之月，順次推下，農曆十月爲建亥之月。是知建寅之月即今農曆一月，建亥之月爲農曆十月。顏師古認爲秦以十月爲正月，至於《史記》《漢書》叙此時事以農曆一月爲正月，是據太初曆追改所致。清人趙翼《陔餘叢考》卷一六《周秦改正朔不改月次辨》亦同此說。其文云："周既以建子爲正月，則秦改建亥爲正朔，亦即以亥月爲正月可知也。則《史記》《漢書》於秦及漢初紀年皆從十月起，師古謂

遷等以夏正追敘前事者，信不謬也。太初改曆本史遷及洛下閎建議，故既改從夏正之後，遂以夏正追敘前事，而以秦、漢之春正月爲冬十月也。不然，則豈有一歲之首即以冬十月起數者乎？"然大多數史家皆認爲秦僅以十月爲歲首，但未改月名，仍以一月爲正月。如《高紀上》顏注引如淳説、服虔説意皆如是。《史記》卷九九《叔孫通傳》之司馬貞《索隱》注云"小顏云'漢以十月爲正，故行朝歲之禮，史家追書十月也'。案：諸書並云十月爲歲首，不言以十月爲正月。《山合注》亦云'群臣始朝十月'也"。清人王引之則云："上文秦二世二年及此元年皆先言十月，次十一月，次十二月，次正月，俱謂建寅之月爲正月也。《秦曆》以十月爲歲首，《漢太初曆》以正月爲歲首，歲首雖異，而以建寅之月爲正月則同。太初元年正曆但改歲首耳，未嘗改月號也。顏云'以十月爲歲首，即謂十月爲正月'。上文'秦二年十月'，文注'秦謂十月爲正月'，誤説秦之月號；顏説本之，非也。……蓋當時曆用《顓頊》，建寅之月，《顓頊曆》之正月也。《大衍麻議》引《洪範傳》云：'曆記始於顓頊，上元太始，閼蒙攝提格之歲，畢陬之月，朔旦己巳立春，七曜俱在營室五度。'案《爾雅》，月在甲曰畢，正月爲陬。畢陬之月，正月月在甲也。蔡邕《明堂月令論》引《顓頊曆術》亦曰'天元正月己巳朔旦立春，日月俱起於天廟營室五度'。其以建寅之月爲正月，明矣。秦及漢初皆用《顓頊曆》，正月安得不建寅乎！"此外，何焯、王先謙亦皆不同意顏師古説，認爲此前亦以建寅之月爲正月，此次衹是改變歲首而已。另外，日本瀧川資言《史記會注考證》卷六引中井積德説亦云："秦唯改年始，以十月爲年首而已，其月數則用夏正。"今案，原始史料紛繁，所謂追改之説難度既大，錯誤亦當極多，不合常理。出土《睡虎地秦簡·編年紀》云："（昭王）五十六年，後九月，昭死。"顓頊曆以歲終置閏月，此處既稱"後九月"，然則當時以九月爲歲終甚明，十月自當爲歲首，並未改變月名。此外，1993年發掘的周家臺30號秦墓出土了秦始皇三十四年、三十六年、三十七年以及秦二世元年的曆譜，都以當年的十月爲歲首，並未修改月名。可見，上述爭論當以司馬貞、王引之等人所言爲是，秦及漢初僅以十月爲歲首，但未改月名，仍以農曆一月爲正月。

[2]【顏注】張晏曰：漢據土德，土數五（土，殿本作"上"），故用五，謂印文也。若丞相曰"丞相之印章"，諸卿及守相印文不足五字者，以"之"足之。【今注】色上黃：漢初叔孫通所定禮儀實爲朝儀，其色沿襲先秦上黑。至於祭祀禮儀，因漢初戎馬倥傯，文、景躬修玄默，皆未曾措意。結合相關記載可以看出，此次改制後，最關鍵的朝儀上黑之制實未曾變化。上黃之制見於武帝祭祀之制，然其制實在此次改制之前已確定；此制又見於節旄之色，然其變動實源於武帝晚年巫蠱之變之刺激，亦與此次改制無關。綜上，此所謂"色上黃"實僅是形式上的宣言，對實際制度影響甚微。（參見安子毓《"上黑"淵源考》，《史學月刊》2017 年第2 期）　數用五：王先謙《漢書補注》指出，《郊祀志》"更印章以五字"，此爲張晏説所本。錢穆則認爲，所謂"數用五"對現實制度影響極微，實爲"具文虛説"（參見錢穆《秦漢史》第三章《西漢之全盛》，生活·讀書·新知三聯書店 2005 年版，第 131頁）。

遣因杅將軍公孫敖[1]築塞外受降城。[2]

[1]【顏注】服虔曰：匈奴地名，因所征以名將軍也。師古曰：杅，音羽俱反。

[2]【今注】受降城：城名。位於秦漢長城北，大致在朔方郡高闕關（今內蒙古烏拉特中旗石蘭計村的狼山山口）西北的漠北草原地帶。武帝太初元年（前104）爲接受匈奴左大都尉投降，令將軍公孫敖所築。

秋八月，行幸安定。遣貳師將軍李廣利[1]發天下
謫民西征大宛。[2]

[1]【顏注】張晏曰：貳師，大宛城名。【今注】貳師將軍：
西漢將軍名號。貳師爲大宛國城名，在今吉爾吉斯斯坦奧什城，以
産良馬著稱。武帝太初元年（前104），李廣利奉命遠征大宛貳師
城，故以“貳師”爲將軍號。 李廣利：武帝寵妃李夫人之兄。傳
見本書卷六一。

[2]【顏注】師古曰：庶人之有罪謫者也。大宛，國名。宛，
音於元反（殿本【1】【2】顏注合在一起）。【今注】大宛：西域
古國名。在今烏茲別克斯坦費爾干納盆地，都城在貴山城（今烏茲
別克斯坦塔什干市東南卡散賽）（參見孫危《大宛考古學文化初
探》，《考古與文物》2004年第4期）。案，王先謙《漢書補注》指
出，因大宛不與善馬，並殺漢使，故有此征伐。

　蝗從東方飛至敦煌。[1]

[1]【今注】案，王先謙《漢書補注》指出，《五行志》記此
事在夏季。

　二年春正月戊申，[1]丞相慶薨。[2]

[1]【今注】正月戊申：周壽昌《漢書注校補》指出，《百官
公卿表》作“正月戊寅”，《西漢年紀》所附《考異》云：“《長
曆》，是年二月丙戌朔，逆推之，正月有戊寅，無戊申也。宜
從表。”

[2]【顏注】師古曰：石慶也。【今注】慶：石慶。傳見本書
卷四六。

三月，行幸河東，祠后土。令天下酺五日，腰五日，祠門户，比臘。[1]

[1]【顔注】如淳曰：腰，音樓。《漢儀注》，立秋貙腰。伏儼曰：腰，音劉。劉，殺也。蘇林曰：腰，祭名也。貙，虎屬。常以立秋日祭獸王者，亦以此日出臘（臘，殿本作“獵”），還，以祭宗廟，故有貙腰之祭也。師古曰：《續漢書》作“貙劉”。“腰”“劉”義各通耳。臘者，冬至後臘祭百神也。臘，音來盍反。

夏四月，詔曰：“朕用事介山，祭后土，皆有光應。[1]其赦汾陰、安邑殊死已下。”[2]

[1]【顔注】文穎曰：介山，在河東皮氏縣東南。其山特立，周十十里（十十，蔡琪本、大德本、殿本作“七十”），高三十里。【今注】介山：在今山西萬榮縣西南。
[2]【今注】安邑：縣名。屬河東郡，治所在今山西夏縣西北。

五月，籍吏民馬，補車騎馬。[1]

[1]【顔注】師古曰：籍者，總入籍録而取之。【今注】籍吏民馬：何焯《義門讀書記》卷一五指出，此籍馬是爲了伐大宛。

秋，蝗。遣浚稽將軍趙破奴[1]二萬騎出朔方擊匈奴，不還。

[1]【顔注】應劭曰：浚稽山在武威塞北，匈奴常所以爲障

蔽。師古曰：浚，音峻。稽，音雞。

冬十二月，御史大夫兒寬卒。[1]

  [1]【顏注】師古曰：兒，音五兮反。

三年春正月，[1]行東巡海上。夏四月，還，修封泰山，禪石閭。[2]

  [1]【今注】案，是歲，匈奴兒單于死，其叔父右賢王（烏維單于弟）立爲句黎湖單于。

  [2]【顏注】應劭曰：石閭山在太山下阯南方（太，蔡琪本、大德本同，殿本作"泰"），方士言仙人閭也。【今注】石閭：古山名。在今山東泰安市南。方士說爲仙人之閭。

遣光禄勳徐自爲築五原塞外列城，[1]西北至盧朐，[2]游擊將軍韓説將兵屯之。[3]强弩都尉路博德築居延。[4]

  [1]【顏注】晉灼曰：《地理志》，從五原椆陽縣北出石門鄣即得所築城。師古曰：椆，音固。【今注】光禄勳：秦時稱郎中令，漢因之，武帝時更名光禄勳，掌宮殿掖門户。秩中二千石，位列九卿。　徐自爲：西漢邊將。武帝太初三年（前102）擔任光禄勳，在五原郡以外興築長城，名爲光禄塞。事見《史記》卷一〇〇《匈奴列傳》。　五原塞：古塞名。其地説法不一。《史記》張守節《正義》認爲即五原郡榆林塞，故地在今内蒙古准格爾旗東北黄河南岸十二連城。張維華《中國長城建置考》認爲其地爲五原郡北境

之塞。

　　[2]【顔注】服虔曰：匈奴地名。張晏曰：山名。師古曰：張説是也。朐，音昫。

　　[3]【顔注】師古曰：説，讀曰悦。【今注】游擊將軍：武官名。漢代雜號將軍之一。

　　[4]【今注】案，强，蔡琪本作“彊”。　路博德築居延：路博德在居延築遮虜障。遺址在今内蒙古額濟納旗境内。

　　秋，匈奴入定襄、雲中，殺略數千人，行壞光禄諸亭障；[1]又入張掖、酒泉，殺都尉。

　　[1]【顔注】應劭曰：光禄勳徐自爲所築列城，今匈奴從此往壞敗也。師古曰：漢制，每塞要處別築爲城，置人鎮守，謂之候城，此即障也（障，蔡琪本、殿本作“鄣”）。音之向反。【今注】亭障：古代設置在邊疆險要之處以供防守的堡壘。

　　四年春，[1]貳師將軍廣利斬大宛王首，獲汗血馬來。[2]作《西極天馬》之歌。[3]

　　[1]【今注】案，是歲，句黎湖單于死，其弟左大都尉立爲且鞮侯單于。

　　[2]【顔注】應劭曰：大宛舊有天馬種，蹹石汗血。汗從前肩髆出（髆，大德本、殿本作“膊”），如血。號一日千里。師古曰：蹹石者，謂蹹石而有跡，言其蹄堅利。【今注】汗血馬：一種醬紅色的駿馬，因毛色純一，故有此名。並非真的汗出如血。

　　[3]【今注】西極天馬：王先謙《漢書補注》指出，此歌見於《禮樂志》。

秋，起明光宫。[1]

[1]【顔注】師古曰：《三輔黄圖》云在城中。《元后傳》云
"成都侯商避暑，借明光宫"，蓋謂此。【今注】明光宫：沈欽韓
《漢書疏證》指出，據程大昌《雍録》，西漢有三座明光宫。一在
北宫，與長樂宫相連。一在甘泉宫中，一爲尚書奏事之地。沈氏指
出，尚書奏事明光殿，當即桂宫之明光宫。周壽昌《漢書注校補》
指出，《三輔黄圖》稱明光宫在長樂宫後，並爲武帝求仙所起，其
所指當即此宫。至平帝元始元年（1）方罷。《三秦記》稱桂宫中
有明光殿，劉放《漢官儀》稱尚書奏事於明光殿省中。則桂宫内爲
明光殿，似非此明光宫。

冬，行幸回中。
徙弘農都尉治武關，[1]税出入者目給關吏卒食。

[1]【今注】武關：在今陜西商南縣西南。

天漢元年[1]春正月，行幸甘泉，郊泰畤。三月，
行幸河東，祠后土。

[1]【顔注】應劭曰：時頻年苦旱，故改元爲天漢，以祈甘
雨。師古曰：《大雅》有《雲漢》之詩，周大夫仍叔所作也，以
美宣王遇旱災修德勤政而能致雨，故依以爲年號也。【今注】天
漢：本書卷三九《蕭何傳》有云"何曰：'語曰"天漢"，其稱甚
美。'"注云"其言以漢配天"。王先謙《漢書補注》認爲，"天
漢"紀元取於此。應説非。

匈奴歸漢使者，使使來獻。

夏五月，赦天下。

秋，閉城門大搜。[1]發讁戍屯五原。

[1]【顏注】臣瓚曰：《漢帝年記》：“六月，禁踰侈。七月，閉城門大搜。”則搜索踰侈者也。李奇曰：搜索巫蠱也。師古曰：時巫蠱未起，瓚說是也。踰侈者，踰法度而奢侈也。【今注】閉城門大搜：周壽昌《漢書注校補》指出，下文二年大搜，瓚注謂索奸人。是年冬，又詔關都尉謹察出入。武帝征和元年冬，大搜，瓚注同。《淮南子·天文訓》有云“壬子受制，則閉門閭，大搜客”，高誘注“水用事，象冬閉固”，《時則訓》孟冬月亦有此兩語。是冬時大搜，漢本有此制；觀李斯、商鞅諸傳及《淮南子》，大搜蓋起戰國，至秦益甚。漢初稍寬。武帝復用此法，至巫蠱起而禁益密。班固書之，以記一時苛政。昭、宣以後不見於史，蓋此禁已除。

二年春，行幸東海。[1]還幸回中。

[1]【今注】東海：秦漢時以今黃海、東海爲東海。

夏五月，貳師將軍三萬騎出酒泉，與右賢王戰于天山，[1]斬首虜萬餘級。又遣因杅將軍出西河，[2]騎都尉李陵將步兵五千人出居延北，[3]與單于戰，[4]斬首虜萬餘級。陵兵敗，降匈奴。

[1]【顏注】晉灼曰：在西域，近蒲類國，去長安八千餘里。師古曰：即祁連山也。匈奴謂天爲祁連。祁，音巨夷反。今鮮卑

語尚然。【今注】右賢王：匈奴王號。匈奴謂賢爲"屠耆"，又稱右屠耆王。匈奴單于居中，左右賢王分別居東、西方。　天山：案，晉灼説是，顏師古説誤。匈奴謂天爲祁連，新疆之天山與甘肅之祁連山在匈奴語或爲同名，但在《漢書》中，班固已統一以祁連山稱甘肅之山，以天山稱新疆之山，並無混淆。事實上，在霍去病奪取河西走廊之後，甘肅祁連山已不在匈奴控制之下，此天山自指新疆之天山無疑。天山是亞洲中部的大山系，由數列東西向的褶皺斷塊山組成。橫貫中國新疆中部，西端伸入哈薩克斯坦和吉爾吉斯斯坦。全長 2500 千米，寬 250 千米至 300 千米，爲塔里木、準噶爾兩盆地的分界。最高峰爲托木爾峰，海拔 7443 米。

[2]【今注】因杅將軍：指公孫敖。

[3]【今注】騎都尉：漢置，掌監羽林騎，後掌駐屯騎兵，領兵征伐。漢宣帝時，一人監羽林騎，一人領西域都護。秩比二千石。　李陵：李廣之孫。傳見本書卷五四。

[4]【今注】單于：匈奴人部落聯盟首領的專稱。"單于"意爲"廣大"。

秋，止禁巫祠道中者。[1]大搜。[2]

[1]【顏注】文穎曰：始漢家於道中祠（於，殿本作"于"），排禍咎移之於行人百姓。以其不經，今止之也。師古曰：文説非也。祕祝移過（祕，殿本作"秘"），文帝久已除之。今此總禁百姓巫覡於道中祠祭者耳。

[2]【顏注】臣瓚曰：搜，謂索姦人也。晉灼曰：搜巫蠱也。師古曰：瓚説是。

渠黎六國使使來獻。[1]

[1]【顏注】臣瓚曰：渠黎，西域胡國名。【今注】渠黎：西域國名。轄境在今新疆庫爾勒市、尉犁縣西一帶。其王治渠黎城（今新疆尉犁縣西境沙磧中）。 六國：王先謙《漢書補注》引蘇興指出，《渠犁傳》載武帝詔云"危須、尉黎、樓蘭六國子弟在京師者皆先歸"，疑即此六國；合渠黎得四國名。剩餘二國待考。

泰山、琅邪群盜徐敕等阻山攻城，[1]道路不通。遣直指使者暴勝之等衣繡衣，杖斧，分部逐捕。[2]刺史郡守吕下皆伏誅。

[1]【顏注】師古曰：阻山者，依山之險以自固也。【今注】泰山：郡名。治博縣（今山東泰安市東南），後移治奉高縣（今山東泰安市東北）。 琅邪：郡名。秦置，西漢時治東武縣（今山東諸城市）。 徐敕：《酷吏傳》載關東地區"盜賊滋起"，其中亦有"徐敕"。據此，學界一般認為，《酷吏傳》所載關東民變發生在武帝天漢年間，並往往將其與武、昭之際的政策轉折相聯繫。然細考之，關東民變與暴勝之出使，二者並非一事。結合王溫舒被殺時間、刺史一職設立時間、關東河災的情況及武帝出巡的範圍，大致可判定關東民變當爆發在武帝執政中期的元鼎年間，與武帝晚年的政策轉折並無直接關係。至於此處所載的"徐敕等"不過是關東民變的餘緒而已（參見安子毓《漢武帝時期關東民變時間考》，載《西部史學》第 2 輯，西南師範大學出版社 2019 年版）。案，敕，蔡琪本、大德本、殿本作"勃"。

[2]【顏注】師古曰：杖斧，持斧也。謂建持之以為威也。分，音扶問反。【今注】直指使者：漢武帝置，即繡衣直指，掌出討奸猾，治大獄，不常置。王先謙《漢書補注》指出，《食貨志》"直指夏蘭之屬始出"，蓋亦繡衣直指也。此云"勝之等"，可見並非一人。又，《咸宣傳》"使光祿大夫范昆、諸部都尉及故九卿張

德等衣繡衣，持節、虎符，發兵以興擊”，《資治通鑑》叙於此時。周壽昌《漢書注校補》指出，《江充傳》《元后傳》《趙充國傳》《後漢書·譙玄傳》皆載繡衣使者事，可見當日屢遣直指，武帝以後亦尚有其事。　暴勝之：西漢名臣。武帝時爲直指使者，穿著繡衣，持御賜上方斧，追捕捕盜，督課郡國。武帝太始三年（前94）任御史大夫。參見本書卷七一《雋不疑傳》。

冬十一月，詔關都尉曰：“今豪傑多遠交，依東方群盜。其謹察出入者。”[1]

[1]【今注】關都尉：負責守備函谷關。秩比二千石。函谷關是扼守關中、溝通東西的要衝。故關在今河南靈寶市東北。漢武帝元鼎三年（前114），徙關至今河南新安縣東。

三年春二月，御史大夫王卿有罪，自殺。
初榷酒酤。[1]

[1]【顏注】如淳曰：榷（榷，蔡琪本、大德本、殿本作“榷”，下同），音較。應劭曰：縣官自酤榷賣酒，小民不復得酤也。韋昭曰：以木渡水曰榷。謂禁民酤釀，獨官開置，如道路設木爲榷，獨取利也。師古曰：榷者，步渡橋，《爾雅》謂之石杠，今之略彴是也（略，殿本作“𪲮”）。禁閉其事，揔利入官，而下無由以得，有若渡水之榷，因立名焉。韋說如音是也（殿本無“韋說如音是也”六字）。酤，音工護反。彴，音酌。【今注】初榷酒酤：指開始施行酒業專賣。榷，專。酤，賣酒。案，榷，蔡琪本、殿本作“榷”。

三月，行幸泰山，修封，祀明堂，因受計。還幸北地，[1]祠常山，[2]瘞玄玉。[3]夏四月，赦天下。行所過毋出田租。

[1]【今注】北地：《漢書考證》齊召南指出，此北地非郡名，爲北邊之意。

[2]【今注】常山：即古北嶽恒山，今之大茂山，在今河北曲陽縣西北與山西接境處。因避文帝劉恒諱，故稱常山。明代時，移祀北嶽至山西渾源縣。

[3]【顏注】鄧展曰：瘞，埋也。師古曰：《爾雅》曰：“祭地曰瘞薶。”薶其物者，示歸於地也。瘞，音於例反。【今注】瘞（yì）：與祭祀有關的埋葬行爲。　玄：許慎《説文解字》云“黑而有赤色者爲玄”。肖世孟《先秦色彩研究》（博士學位論文，武漢大學，2011 年）指出，這是一種對赤色織物進行黑色套染，經多重染色形成的一種泛有赤色的黑色。此處將玄色與黑色等同，代表北方，用以祭祀北嶽。

秋，匈奴入鴈門，太守坐畏愞棄市。[1]

[1]【顏注】如淳曰：軍法，行逗留畏愞者要斬（逗，蔡琪本作“逼”；愞，蔡琪本作“懥”）。愞，音如掾反。師古曰：又音乃館反。【今注】愞：同“懦”。

四年春正月，[1]朝諸侯王于甘泉宮。發天下七科謫[2]及勇敢士，遣貳師將軍李廣利將六萬騎、步兵七萬人出朔方，因杅將軍公孫敖萬騎、步兵三萬人出鴈門，[3]游擊將軍韓説[4]步兵三萬人出五原，强弩都尉路博德步兵萬餘人與貳師會。[5]廣利與單于戰余吾水上連日，[6]敖與左賢王戰不利，[7]皆引還。

［1］【今注】四年：錢大昭《漢書辨疑》指出，據《後漢書·西南夷傳》，是年，省沈黎郡，併入蜀郡爲西部都尉。

［2］【顏注】張晏曰：吏有罪一，亡命二，贅壻三，賈人四，故有市籍五，父母有市籍六，大父母有市籍七，凡七科也。【今注】七科讁：《史記》卷六《秦始皇本紀》載秦始皇拓邊，徙讁實邊。司馬貞《索隱》注云“故漢七科讁亦因於秦”。本書卷四九《鼌錯傳》載鼌錯上書，稱秦始皇拓邊，發讁戍邊，“先發吏有讁及贅婿、賈人，後以嘗有市籍者，又後以大父母、父母嘗有市籍者，後入閭，取其左”。此與張晏説對武帝“七科讁”的解釋大略相同，唯缺“亡命”而有閭左。（參見［日］池田雄一《中國古代的聚落與地方行政》第十二章，復旦大學出版社 2017 年版）

［3］【今注】案，三，殿本作“二”。

［4］【顏注】師古曰：説，讀曰悦。【今注】案，游，大德本作“斿”。

［5］【今注】案，强，蔡琪本作“彊”。

［6］【今注】余吾：水名。即今蒙古國境内的土拉河（參見《中國歷史地名辭典》，江西教育出版社 1986 年版）。

［7］【今注】左賢王：匈奴官名。又稱左屠耆王。其名稱來自匈奴語“屠耆”，漢譯爲“賢”。匈奴出兵，單于領中部，左賢王居東，右賢王居西。其中左賢王位略高，僅次於單于，常以太子任之。

夏四月，[1]立皇子髆爲昌邑王。[2]

［1］【今注】四月：王先謙《漢書補注》指出，《漢紀》《資治通鑑》與此同，《諸侯王表》作“六月乙丑”。

　　［2］【顏注】孟康曰：髆，音博。晉灼曰：許慎以爲肩髆字。
【今注】髆：武帝與李夫人之子。　昌邑：諸侯王國名。漢武帝以
山陽郡置，治昌邑縣（今山東巨野縣南）。

秋九月，令死罪入贖錢五十萬減死一等。[1]

　　［1］【今注】案，王先謙《漢書補注》引陳浩指出，後文武帝
太始二年九月有極類似記載，當有一條爲訛。錢大昭《漢書辨疑》
指出，《漢紀》亦重載此事。而《蕭望之傳》所引止言武帝天漢四
年有此詔，不云太始二年復有詔。

太始元年[1]春正月，因杅將軍敖有罪，要斬。[2]

　　［1］【顏注】應劭曰：言盪滌天下，與民更始，故以冠元。
【今注】案，是歲，匈奴且鞮侯單于死，其子左賢王立爲狐鹿姑
單于。
　　［2］【今注】要斬：王先謙《漢書補注》指出，據《公孫敖
傳》，其判斬刑後，詐死而亡居民間，後被發覺，復繫獄，坐其妻
爲巫蠱而族，與此微異。

徙郡國吏民豪桀于茂陵、雲陵。[1]

　　［1］【顏注】師古曰：此當言“雲陽”，而轉寫者（轉，殿本
作“傳”）誤爲“陵”耳。茂陵，帝自所起；而雲陽，甘泉所
居；故總使徙豪傑也（傑，蔡琪本、殿本作“桀”）。鉤弋趙健
伃死（健，蔡琪本、大德本、殿本作“倢”），葬雲陽。至昭帝
即位，始尊爲皇太后而起雲陵。武帝時未有雲陵。

夏六月，赦天下。

二年春正月，行幸回中。

三月，詔曰："有司議曰，往者朕郊見上帝，西登
隴首，獲白麟以饋宗廟，渥洼水出天馬，泰山見黃
金，[1]宜改故名。今更黃金爲麟趾褭蹏以協瑞焉。"[2]因
以班賜諸侯王。

[1]【顏注】師古曰：見，音胡電反。【今注】泰山見黃金：
《漢書考正》劉敞指出，漢武帝元封六年（前105）詔書云"朕禮
首山，昆田出珍物，或化爲黃金"，而此處稱泰山，似非是。所謂
"黃金爲麟趾褭蹏"，或即以首山金爲之。

[2]【顏注】應劭曰：獲白麟，有馬瑞，故改鑄黃金如麟趾褭
蹏以協嘉祉也。古有駿馬名要褭，赤喙黑身，一日行萬五千里也。
師古曰：既云"宜改故名"，又曰"更黃金爲麟趾褭蹏"，是即舊
金（即，大德本、殿本作"則"）雖以斤兩爲名，而官有常形
制，亦由今時吉字金挺之類矣。武帝欲表祥瑞，故普改鑄爲麟足
馬蹏之形，以易舊法耳。今人往往於地中（地，蔡琪本作
"此"）得馬蹏金，金甚精好，而形制巧妙。褭，音奴了反。【今
注】麟趾褭（niǎo）蹏（tí）：麟趾，麟趾金。褭蹏，褭蹏金，亦即
馬蹄金。褭，本意指用絲帶繫馬，此處指良馬。蹏，即蹄。由於早
期出土實物較少，因而對麟趾金、馬蹄金形狀頗有爭議。一種觀點
認爲形如柿子的實心金餅即爲馬蹄金，而中空者爲麟趾金。另一種
觀點則正好相反。黃盛璋《關於馬蹄金、麟趾金的定名、時代與源
流》（《中國錢幣》1985年第1期）指出，實心金餅與麟趾金、馬
蹄金無關。正面橢圓、背面中空者爲麟趾金，正面圓形、背面中空
者爲馬蹄金。從近年出土實物看，黃盛璋此判斷基本正確。黃今言
《西漢海昏侯墓出土黃金的幾個問題》（《史學月刊》2017年第6
期）進一步指出，常見的實心金餅當爲流通貨幣，而麟趾金、馬蹄

金則爲紀念性質的賜物，數量較少，一般不用於流通。

秋，旱。九月，募死罪人贖錢五十萬減死一等。[1]

[1]【今注】案，前文天漢四年詔書與此極類，或有一條爲訛，參見前文。

御史大夫杜周卒。[1]

[1]【今注】杜周：西漢酷吏。傳見本書卷六〇。

三年春正月，行幸甘泉宮，饗外國客。

二月，令天下大酺五日。行幸東海，獲赤鴈，作《朱鴈》之歌。[1]幸琅邪，禮日成山。[2]登之罘，[3]浮大海。山稱萬歲。冬，賜行所過户五千錢，鰥寡孤獨帛，人一匹。

[1]【今注】案，王先謙《漢書補注》指出，此歌載於《禮樂志》。

[2]【顏注】孟康曰：禮日，拜日也。如淳曰：祭日於成山也。師古曰：成山，在東萊不夜縣，斗入海。《郊祀志》作“盛山”，其音同。【今注】成山：在今山東榮成市東。一作“成山頭”。

[3]【顏注】晉灼曰：《地理志》東萊腄縣有之罘山祠。師古曰：罘，音浮。腄，音直瑞反。【今注】之罘：在今山東烟臺市北，三面環海。

四年春三月，行幸泰山。壬午，祀高祖于明堂，呂配上帝，因受計。癸未，祀孝景皇帝于明堂。甲申，修封。丙戌，禪石閭。夏四月，幸不其，[1]祠神人于交門宮，[2]若有鄉坐拜者。[3]作《交門》之歌。夏五月，還幸建章宮，大置酒，赦天下。

[1]【顏注】如淳曰：其，音基。不其，山名，因以爲縣。應劭曰：東萊縣也。【今注】不其：縣名。治所在今山東青島市城陽區北、即墨區西南。

[2]【顏注】應劭曰：神人，蓬萊仙人之屬也。晉灼曰：琅邪縣有交門宮，武帝所造。

[3]【顏注】師古曰：如有神之景象嚮祠坐而拜也。《漢注》云，神並見，且白且黑，且大且小，鄉坐三拜。鄉，讀曰嚮。坐，音才臥反。

秋七月，趙有蛇從郭外入邑，與邑中蛇群鬭孝文廟下，[1]邑中蛇死。

[1]【顏注】服虔曰：趙所立孝文廟也。

冬十月甲寅晦，日有蝕之。[1]

[1]【今注】日有蝕之：查諸日食表，公元前93年12月12日，亦即漢武帝太始四年十一月甲寅朔確有日食，西安地區食甚時刻爲下午3時24分，食分高達0.86。然則日食確在甲寅日，甲寅當爲十一月朔。（參見張培瑜《三千五百年曆日天象》）

十二月，行幸雍，祠五畤，西至安定、北地。

征和元年[1]春正月，還，行幸建章宮。

[1]【顏注】應劭曰：言征伐四夷而天下和平。【今注】征和：《漢書》諸《表》常作"延和"。出土漢簡中，此年號書寫近於"延和"，故而有學者認爲當以"延和"爲是。事實上，本書《景武昭宣元成功臣表》顏師古注已指出，《表》中"延和"之"延"爲"征"字之異體。夏鼐《新獲之敦煌竹簡》（《中研院歷史語言研究所集刊》1948 年 10 月）通過大量的比對，亦指出漢簡中的所謂"延和"之"延"實爲"征"之異體。然則武帝此年號確當作"征和"。

三月，趙王彭祖薨。[1]

[1]【今注】彭祖：景帝與賈夫人之子。傳見本書卷五三。

冬十一月，發三輔騎士大搜上林，閉長安城門索，[1]十一日迺解。巫蠱起。

[1]【顏注】文穎曰：簡車馬，數軍實也。臣瓚曰：搜，謂索姦人也。上林苑周數百里（周數百里，蔡琪本、大德本、殿本作"周回數百里"），故發三輔車騎入大搜索也。《漢帝年記》發三輔騎士大搜長安上林中，閉城門十五日，待詔北軍征官多餓死。然即皆搜索（即，大德本、殿本作"則"），非數軍實也。師古曰：文說非也。索，音山客反。【今注】三輔：長安及周邊的三個郡級區劃，即京兆尹、左馮翊、右扶風，在十三州之外，由司隸校尉部負責監察。京兆尹，西漢京畿地方行政長官之一。武帝時改右內史置，職掌如郡太守。其地屬京畿，故不稱郡。因治京師，又得參與朝政，故又有中央官性質。地位高於郡守，位列諸卿，秩中二

千石（一說秩二千石）。左馮翊，武帝時改左內史置。《百官公卿
表上》注：“馮，輔也。翊，佐也。”職掌相當於郡太守，轄區相當
於一郡，因地屬畿輔，故不稱郡。治所在長安城。轄境範圍相當於
今陝西渭河以北、涇河以東洛河中下游地區。右扶風，秦及漢初設
主爵中尉，掌列侯。武帝時改名右扶風，掌治內史右地。治長安縣
（今陝西西安市西北）。職掌相當於郡太守，因地屬畿輔，故不
稱郡。

二年春正月，丞相賀下獄死。
夏四月，大風發屋折木。[1]

[1]【今注】案，折木，殿本作“折水”。

閏月，諸邑公主、陽石公主[1]皆坐巫蠱死。

[1]【顏注】師古曰：諸邑，琅邪縣也。以封公主，故謂之
邑。陽石，北海縣也。二公主皆衛皇后之女也。“陽”字或作
“羊”。【今注】諸邑：縣邑名。治所在今山東諸城市西南。　陽
石：縣名。治所在今山東萊州市南。

夏，行幸甘泉。
秋七月，按道侯韓說、使者江充等[1]掘蠱太子
宮。[2]壬午，太子與皇后謀斬充，呂節發兵與丞相劉屈
氂大戰長安，[3]死者數萬人。庚寅，太子亡，[4]皇后自
殺。初置城門屯兵。更節加黃旄。[5]御史大夫暴勝之、
司直田仁坐失縱，[6]勝之自殺，仁要斬。八月辛亥，太
子自殺于湖。[7]

[1]【顏注】師古曰：即上游擊將軍韓說也。【今注】按道：《史記·惠景閒侯者年表》作"案道"。其地不詳。　江充：武帝末年酷吏。傳見本書卷四五。

[2]【今注】案，古代傳統説法一般將巫蠱之禍歸因於衛氏寵衰與江充弄權。方詩銘《西漢武帝晚期的"巫蠱之禍"及其前後——兼論玉門漢簡〈漢武帝遺詔〉》（《方詩銘文集》，上海社會科學院出版社2010年版）認爲，此背後有去世李夫人親戚李廣利、劉屈氂等人謀立昌邑王髆之陰謀。孫景壇《蘇文應是漢武帝晚年"巫蠱之禍"的元凶》（《南京社會科學》2008年第10期）則提出，以鉤弋趙夫人及劉弗陵爲中心的政治集團爲此案之主謀，激發此案的主角之一黃門蘇文是此事之推手。成祖明《漢帝國嗣君之爭與春秋史的書寫》（《齊魯學刊》2017年第3期）則認爲，此事爲李氏集團及其背後的用法之臣和趙氏集團及其背後的方士集團多方角力的結果。

[3]【顏注】師古曰：屈，音丘勿反，又音其勿反。氂，音力之反。【今注】劉屈氂：武帝兄中山靖王劉勝之子，由涿郡太守擢升爲丞相，後以巫蠱罪被殺。傳見本書卷六六。

[4]【顏注】師古曰：謂逃匿也。

[5]【顏注】應劭曰：時太子亦發節以戰，故加其上黃以別之。【今注】更節加黃旄：錢大昭《漢書辨疑》指出，據《劉屈氂傳》，漢節本爲純赤色，因巫蠱之變中太子持赤節，故更爲黃旄加其上以別。旄，竿頂以牦牛尾裝飾的旗子。

[6]【今注】司直：丞相屬官。武帝元狩五年（前118）置。輔佐丞相糾舉不法。官秩比二千石。　田仁：田叔之子，田齊後裔。大將軍衛青舍人，多次隨衛青出擊匈奴。事見《史記》卷一○四《田叔列傳》。

[7]【顏注】師古曰：湖，縣名也，即今虢州閺鄉、湖城二縣皆其地。【今注】湖：縣名。武帝時改胡縣置，屬京兆尹，治所

在今河南靈寶市西北。

　　癸亥，地震。
　　九月，立趙敬肅王子偃爲平干王。[1]

　　[1]【今注】案，平干干，殿本作“平干”。

　　匈奴入上谷、五原，殺略吏民。
　　三年春正月，行幸雍，至安定、北地。匈奴入五
原、酒泉，殺兩都尉。三月，遣貳師將軍廣利將七萬
人出五原，御史大夫商丘成二萬人出西河，[1]重合侯馬
通四萬騎出酒泉。[2]成至浚稽山，[3]與虜戰，多斬首。
通至天山，虜引去，因降車師。[4]皆引兵還。廣利敗，
降匈奴。[5]

　　[1]【今注】商丘成：漢武帝征和二年（前91）以大鴻臚鎮壓
戾太子巫蠱之變有功，被擢升爲御史大夫。武帝征和三年與李廣利
等出征匈奴，殺傷匈奴頗重。後以祝詛罪被殺。
　　[2]【今注】重合：侯國名、縣名。治所在今山東樂陵市西
南。武帝征和二年封莽通爲重合侯，後元二年（前87）國除。
馬通：初爲侍郎，因在征和二年巫蠱之變中立功，獲封爲重合侯。
征和四年率四萬軍馬征西域，降伏車師。武帝後元元年（一説爲後
元二年），以與其兄何羅、弟安成謀反之罪名被殺。一説因受馬何
羅謀反連坐被殺。其姓又作“莽”。據説是因東漢名將馬援爲其後
裔，馬援女爲明帝皇后，因惡其祖上反事而更其姓。事見本書卷六
《武紀》、卷六六《劉屈氂傳》、卷九四上《匈奴傳上》、卷九六下
《西域傳下》及《後漢書》卷二四《馬援傳》。

[3]【顏注】師古曰：音峻難。【今注】案，成，大德本、殿本作“城”。 浚稽山：山名。一般認爲在今蒙古國境内。其具體地址尚存在争議。王北辰《古代居延道路》（《歷史研究》1980 年第 3 期）認爲其地是今蒙古國杭愛山脈東端某山，山北即鄂爾渾河上游，匈奴龍城所在。

[4]【今注】車師：原名姑師。西域諸國之一。國都交河（今中國新疆吐魯番市西北）。東南通敦煌，南通樓蘭（鄯善），西通焉耆，西北通烏孫，東北通匈奴，爲絲路要地。案，王先謙《漢書補注》指出，漢廷恐車師兵遮馬通，故别以兵圍車師，盡得其王民衆。

[5]【今注】案，王先謙《漢書補注》指出，廣利降匈奴時，劉屈氂已被要斬；此處書寫在前，是爲了終結上面伐匈奴之文。

夏五月，赦天下。
六月，丞相屈氂下獄要斬，妻子梟首。[1]

[1]【顏注】鄭氏曰：妻作巫蠱，夫從坐，但要斬也。師古曰：屈氂亦坐與貳師將軍謀立昌邑王。【今注】要斬：即腰斬之刑。

秋，蝗。
九月，反者公孫勇、胡倩發覺，皆伏辜。[1]

[1]【顏注】師古曰：倩，音千見反。【今注】公孫勇：《漢國三老袁良碑》作“公先勇”。時爲城父令，漢武帝征和三年（前90）與客胡倩等謀反，詐稱光禄大夫、使督盜賊。淮陽太守田廣明發兵擊討。公孫勇衣繡、乘駟馬車至圉，圉守尉魏不害等誅之。事見本書《高惠高后文功臣表》、卷九〇《酷吏傳》。

四年春正月，行幸東萊，臨大海。

二月丁酉，隕石于雍，二，[1]聲聞四百里。

[1]【顏注】帥古曰：雍，扶風之縣也。二者，石之數。【今注】案，《春秋》有云"隕石于宋，五"。其文法較為獨特，故《公羊傳》《穀梁傳》對此句多有解釋。此處即效仿《春秋》之句式。顧炎武《日知錄》卷四認為，此為當時習用句式，並不需要穿鑿解釋。

三月，上耕于鉅定。[1]還幸泰山，脩封。庚寅，祀于明堂。癸巳，禮石閭。夏六月，還幸甘泉。

[1]【顏注】服虔曰：地名也，近東海。應劭曰：齊國縣也。晉灼曰：案《地理志》，應說是。【今注】鉅定：齊郡屬縣。治所在今山東廣饒縣北。

秋八月辛酉晦，日有蝕之。[1]

[1]【今注】日有蝕之：查諸日食表，公元前89年9月29日，亦即漢武帝征和四年八月辛酉晦確有日食，西安地區食甚時刻為下午3時57分，食分高達0.92，與此記載相合。（參見張培瑜《三千五百年曆日天象》）

後元元年春正月，[1]行幸甘泉，郊泰畤，遂幸安定。

[1]【今注】後元：勞榦《漢武後元不立年號考》（《中研院歷

史語言研究所集刊》，1948 年 4 月）據居延漢簡認爲，後元時武帝
祇稱元年、二年，而不冠年號。然則"後元"並非年號，彼時亦未
用其他年號。此次改元不冠嘉名，與文、景時同，所謂"後元"當
爲其後史家用以區分而冠，故有的稱"後元某年"、有的稱"後某
年"，並不統一。

昌邑王髆薨。

二月，詔曰："朕郊見上帝，[1]巡于北邊，見群鶴
留止，吕不羅罔，靡所獲獻。[2]薦于泰時，光景並見。
其赦天下。"

[1]【顏注】師古曰：見，音胡電反。次下（次，殿本作
"以"）"光景並見"亦同。

[2]【顏注】如淳曰：時春也，非用羅罔時，故無所獲也。

夏六月，御史大夫商丘成有罪，自殺。[1]侍中僕射
莽何羅與弟重合侯通謀反，[2]侍中駙馬都尉金日磾、奉
車都尉霍光、騎都尉上官桀討之。[3]

[1]【顏注】師古曰：坐於廟中醉而歌。【今注】商丘成有
罪：王先謙《漢書補注》指出，顏師古説是根據《功臣表》。《百
官公卿表》所載爲"坐祝詛"。二者不同。

[2]【顏注】孟康曰：征和三年言"重合侯馬通"，今此言
"莽"，明德馬后惡其先人有反，易姓莽。師古曰：莽，音莫户反。
【今注】侍中：官名。秦始置。西漢時爲加官，無員，凡官員加此
頭銜即可入禁中，親近皇帝。初掌雜務，後漸與聞朝政，贊導衆
事，顧問應對，與公卿大臣論辯，平議尚書奏事，爲中朝要職。設

僕射一人。　僕射：秦、漢時置爲侍中、謁者、博士、郎等諸官之長。因古時重武臣，以善射者掌事，故名。依其職事爲稱。　莽何羅：又作“馬何羅”（《史記·建元以來侯者年表》《資治通鑑》《唐六典》引作“馬何羅”）。莽何羅與江充友善，江充被滅族後，莽何羅與弟莽通、莽安成刺殺漢武帝。行刺中，莽何羅被金日磾抱捽，倒在地下被擒。關於其名有二說：其一，莽何羅爲歸順漢朝的匈奴人，匈奴語“莽何”的漢語音譯爲“馬”。但《史記》小載其名爲“馬何羅”，且其弟名爲“莽通”，非“莽何通”。其二，莽何羅祖先是趙國將領趙奢，號馬服君，子孫以馬爲姓。據說是因東漢名將馬援爲其後裔，馬援女爲明帝皇后，因惡其祖上反事而更其姓。案，關於馬氏兄弟謀反事，部分學者亦提出了質疑。參見方詩銘《西漢武帝晚期的“巫蠱之禍”及其前後——兼論玉門漢簡〈漢武帝遺詔〉》（《方詩銘文集》，上海社會科學院出版社 2010 年版）、成祖明《漢帝國嗣君之爭與春秋史的書寫》（《齊魯學刊》2017 年第 3 期）。

　　[3]【顏注】師古曰：磾，音丁奚反。【今注】案，王先謙《漢書補注》指出，當時金日磾擒馬何羅，霍光、上官桀討馬通。

　　駙馬都尉：西漢武帝始置。皇帝出行時掌副車，爲侍從近臣，常用作加官。秩比二千石。　金日磾：字翁叔，本匈奴休屠王太子。霍去病擊河西，昆邪王與休屠王共謀降漢，休屠王臨時反悔，爲昆邪王所殺，其家屬被沒入官府服役。因金日磾養馬有功，復受武帝青睞，累遷至光祿大夫，與霍光同輔昭帝。傳見本書卷六八。　奉車都尉：官名。漢武帝始置，掌天子車輿，秩比二千石，多由皇帝親信充任。　霍光：霍去病之弟，昭、宣朝權臣。傳見本書卷六八。　上官桀：隴西上邽（今甘肅天水市麥積區）人。武帝時，初爲羽林期門郎，後任未央廐令，侍中、騎都尉。以搜粟都尉隨李廣利征大宛，因其敢於深入，在班師後被封爲少府，後遷太僕。武帝病篤，任爲左將軍，與霍光同受遺詔輔少主，封安陽侯。昭帝即位，其孫女被立爲皇后。後聯合御史大夫桑弘羊、帝姊鄂邑長公主及燕王旦與大將軍霍光爭權，最終以謀反罪被族誅。事見本書卷六一《李廣利傳》、卷九七上《外戚傳上》。相關考證參見吳樹平《上官桀歷官搜粟都尉考》（載《文史》第 8 輯，中華書局 1980 年版）。

　　秋七月，地震，往往涌泉出。[1]

　　[1]【今注】案，涌，大德本、殿本作"湧"。

　　二年春正月，朝諸侯王于甘泉宮，賜宗室。
　　二月，行幸盩厔五柞宮。[1]乙丑，立皇子弗陵爲皇太子。[2]丁卯，帝崩于五柞宮，[3]入殯于未央宮前殿。[4]三月甲申，葬茂陵。[5]

　　[1]【顏注】晉灼曰：盩厔，扶風縣也。張晏曰：有五柞樹，因以名宮也。師古曰：盩，音張流反。厔，音竹乙反。【今注】盩厔：縣名。治所在今陝西周至縣東。屬右扶風。　五柞宮：一作"五莋宮"，因宮中有五柞樹，故名。故址在今陝西周至縣東南。
　　[2]【顏注】張晏曰：昭帝也。後但名弗，以二名難諱故。【今注】弗陵：即昭帝，漢武帝與鉤弋夫人之子。王先謙《漢書補注》指出，先帝墓皆稱陵，故不諱"陵"字。
　　[3]【顏注】臣瓚曰：帝年十七即位，即位五十四年，壽七十一。【今注】案，錢大昕《廿二史考異·漢書一》指出，武帝十六歲即位，明年改元，壽至七十。瓚說誤。今案，《漢書》以逾年改元爲即位，然則武帝十七歲即位，在位五十四年，壽七十。
　　[4]【今注】未央宮：漢正宮。在秦章臺基礎上修建，位於漢長安城地勢最高的西南角龍首原上，因在長安城安門大街之西，又稱西宮。（參見李毓芳《漢長安城未央宮的考古發掘與研究》，《文

博》1995 年第 3 期；陳蘇鎮《未央宮四殿考》，《歷史研究》2016
年第 5 期）

[5]【顏注】臣瓚曰：自崩至葬凡十八日。茂陵，在長安西
北八十里也。【今注】茂陵：此指漢武帝陵墓，位於今陝西興平市
東北，東西爲橫亙百里“五陵原”。北遠依九嵕山，南遥屏終南山。
此地漢時原屬槐里縣之茂鄉，故稱“茂陵”。（參見張明惠《漢武
帝茂陵考古調查勘探簡報》，《考古與文物》2011 年第 2 期）

　　贊曰：漢承百王之弊，[1]高祖撥亂反正，文景務在
養民，至于稽古禮文之事，猶多闕焉。孝武初立，卓
然罷黜百家，[2]表章六經。[3]遂疇咨海內，舉其俊
茂，[4]與之立功。興太學，[5]修郊祀，[6]改正朔，定歷
數，[7]協音律，作詩樂，[8]建封禪，禮百神，[9]紹周
後，[10]號令文章，焕焉可述。後嗣得遵洪業，而有三
代之風。[11]如武帝之雄材大略，不改文、景之恭儉以
濟斯民，雖《詩》《書》所稱，[12]何有加焉！[13]

[1]【今注】案，弊，蔡琪本作“獘”。

[2]【顏注】師古曰：百家，謂諸子雜説，違背六經。

[3]【顏注】師古曰：六經，謂《易》《詩》《書》《春秋》
《禮》《樂》也。【今注】案，此事詳見本書卷五六《董仲舒傳》、
卷五八《公孫弘傳》、卷八八《儒林傳》。又案，今人稱武帝尊儒
一事，往往稱之爲“罷黜百家，獨尊儒術”。王文濤《“罷黜百家，
獨尊儒術”語主再考辨》（載《中國秦漢史研究會第十四屆年會暨
國際學術研討會論文集》）指出“罷黜百家，獨尊儒術”一詞並
非出自秦漢古籍，首見於易白沙於 1916 年發表的文章《孔子平議
（下）》，使用此詞時應予規範。且如《史記·龜策列傳》所言，

武帝“博開藝能之路，悉延百端之學，通一伎之士咸得自效，絶倫超奇者爲右，無所阿私”。可見武帝雖然在教育、宣傳領域獨重儒術，但在實際選官用人方面並不拘泥，儒學的全面獨尊需至西漢後期纔得以完成。

［4］【顏注】師古曰：疇，誰也。咨，謀也。言謀於衆人，誰可爲事者也。【今注】案，此當指令地方官舉孝廉之制度。

［5］【今注】太學：漢武帝置五經博士，爲其設弟子員，是爲太學。

［6］【今注】案，漢初未定郊祀之禮，武帝重神仙，乃有郊祀禮儀之設。

［7］【顏注】師古曰：正，音之成反。佗皆類此（佗，蔡琪本、殿本作“他”）。【今注】案，漢初承秦用顓頊曆，以農曆十月爲歲首。至武帝時，方制定太初曆，以農曆正月爲歲首。事見本書《律曆志》。

［8］【今注】案，武帝定郊祀之禮，設樂府采詩夜誦，事見本書《禮樂志》。

［9］【今注】案，武帝設郊祀、封禪等各類祭祀制度，事見本書《郊祀志》。

［10］【今注】案，此指武帝封周王後裔嘉爲周子南君。

［11］【顏注】師古曰：三代，夏、殷、周。

［12］【今注】詩：指《詩經》，儒家五經之一。　書：指《尚書》，儒家五經之一。先秦時稱《書》。漢初始稱《尚書》，指上古之書。尚，同“上”。記載上古及夏商事迹，體裁有典、謨、訓、誥、誓、命六種。

［13］【顏注】師古曰：美其雄材大略，而非其不恭儉（蔡琪本、大德本、殿本句尾有“也”字）。

漢書　卷七

昭紀第七^[1]

[1]【今注】案，昭紀，蔡琪本、大德本、殿本作"昭帝紀"。

　　孝昭皇帝，^[1]武帝少子也。母曰趙倢伃，^[2]本以有奇異得幸，^[3]及生帝，亦奇異。^[4]語在《外戚傳》。武帝末，戾太子敗，燕王旦、廣陵王胥行驕嫚，^[5]後元二年二月上疾病，^[6]遂立昭帝爲太子，年八歲。^[7]以侍中奉車都尉霍光爲大司馬大將軍，^[8]受遺詔輔少主。^[9]明日，武帝崩。^[10]戊辰，太子即皇帝位，謁高廟。^[11]帝姊鄂邑公主^[12]益湯沐邑，^[13]爲長公主，^[14]共養省中。^[15]大將軍光秉政，領尚書事，^[16]車騎將軍金日磾、左將軍上官桀副焉。^[17]

　　[1]【顏注】荀悦曰：諱弗之字曰不。應劭曰：禮謚法"聖聞周達曰昭"。【今注】孝昭皇帝：漢昭帝名弗陵。然荀悦所言諱字僅"弗"一字；張晏稱昭帝即位後改名爲弗；王先謙《漢書補注》則認爲雖諱單字，然昭帝未改名。

　　[2]【顏注】師古曰：倢，接幸也。伃，美貌也（貌，蔡琪本、大德本、殿本作"稱"）。故以名宮中婦官。"倢"音"接"。"伃"音"余"。字或並從女。【今注】趙倢伃：事見本書卷九七

上《外戚傳上》。倢伃，漢景帝之前，除皇后外，後宮高等姬妾多泛稱夫人，至武帝所寵李夫人，亦不聞倢伃之號。此號當始自武帝晚年，有尹倢伃、趙倢伃，地位高於普通夫人。西漢後期制度規定，皇后以下的嬪妃分十四等，倢伃爲第二等，官秩視上卿，爵位比列侯。

[3]【顏注】師古曰：謂望氣者言有奇女天子氣。及召見，手指拳，上自披之，即時伸。

[4]【顏注】文穎曰：十四月乃生。【今注】奇異：本書《外戚傳上》記載趙倢伃懷孕十四月而生昭帝，武帝認爲堯帝亦十四月而生，乃命其所生門爲“堯母門”。但現代醫學一般認爲，懷孕超過 42 周即爲過期妊娠，孕婦、胎兒皆有極大風險。十四月相當於 56 周，超期太久。此記載之真實性似當存疑。另，有學者認爲，西漢後期産生的“漢爲火德”思想即與武帝立“堯母門”的記載有關。（參見宋艷萍《論“堯母門”對西漢中後期政治格局以及政治史觀的影響》，《史學集刊》2015 年第 4 期）

[5]【顏注】師古曰：行，音下更反。【今注】戾太子：漢武帝長子劉據，曾爲太子，因巫蠱之禍而被殺，諡爲“戾”，故稱戾太子。傳見本書卷六三。　燕王旦：傳見本書卷六三。燕，王國名，漢武帝以廣陽郡東部、北部地置燕國，治薊縣（今北京市內西南部）。　廣陵王胥：傳見本書卷六三。廣陵，王國名，由故江都國部分地區演變而來，治廣陵縣（今江蘇揚州市西北蜀岡上）。

[6]【顏注】師古曰：疾甚曰病。

[7]【今注】立昭帝爲太子：依本書卷六《武紀》所載，立太子在乙丑日，亦即武帝去世前二日。　年八歲：本書《外戚傳上》云“太始三年生昭帝，號鉤弋子”。與此合。

[8]【今注】侍中：官名。秦置，原爲丞相史，以其往來殿中奏事，切問近對，故名。西漢爲加官，列侯以下至郎中皆可加此頭銜，無定員。有此加官即可入禁中，多由外戚幸臣及功臣子弟充

任。掌侍從皇帝左右，侍奉生活起居，分掌御用乘輿服物，無員。武帝以後漸參與朝政，常授重臣儒者，與聞朝政，贊導衆事，顧問應對，與公卿大臣論辯，平議尚書奏事。武帝末年令出居宮禁外，有事召入，事畢即出。設僕射一人。　奉車都尉：漢武帝時始置，掌天子車輿。秩比二千石。多由皇帝親信充任。　霍光：霍去病異母弟，昭、宣時期之權臣、能臣。傳見本書卷六八。　大司馬：《周禮》中所載的夏官之長，掌武事。漢初承秦制，以太尉爲武官之長，且亦不常置，更不設大司馬一職。漢武帝於元狩四年（前119）漠北大捷後，設大司馬爲加官，分別封衞青、霍去病。自霍光封大司馬大將軍之後，此職乃成爲常置固定之職，内朝官之領袖。成帝時改官制，又以此職比附漢初之太尉，成爲三公之一。大將軍：戰國以來掌征伐的高級武官統稱，秦漢沿置，漢初爲臨時封號，位在三公後，事迄則罷。至漢武帝元朔五年（前124）封衞青爲大將軍後，乃爲掌武職的常置之官。

[9]【今注】案，關於輔政大臣名單，《漢書》各卷所載有異。本紀僅載霍光，卷六八《金日磾傳》所載爲霍光與金日磾，同卷《霍光傳》所載爲霍光、金日磾、上官桀、桑弘羊，而卷六六《車千秋傳》所載則爲霍光、金日磾、桑弘羊、車千秋。幾處記載差距頗大。

[10]【今注】明日：關於霍光封大將軍時間，相關史料存在歧異。本紀及《霍光傳》載其在武帝駕崩前一日即丙寅日受封，《百官公卿表》則載其在武帝去世當日亦即丁卯日受封，《史記·漢興以來將相名臣年表》則載其在武帝去世後兩日亦即己巳日受封。

[11]【今注】高廟：即高祖廟，又稱“太祖廟”，是祭祀開國皇帝劉邦的宗廟。西漢新帝即位，須拜謁高祖廟，以宣示自己的合法性和正統性。

[12]【顏注】應劭曰：鄂，縣名，屬江夏。公主所食曰邑。師古曰：鄂，音五各反（殿本此條顏注併入下一條）。【今注】鄂

邑公主：漢武帝女，漢昭帝姊。因嫁蓋侯爲妻，故又稱蓋主或鄂邑蓋主。昭帝即位，供養帝於宮中，多次被益封爵邑。聯合上官桀等，合謀與霍光爭權，終以謀反罪被迫自殺。鄂，邑（封給皇太后、皇后、公主的縣級行政區劃）名，屬江夏郡，治所在今湖北鄂州市鄂城區。

［13］【今注】湯沐邑：古封邑名稱。本指周天子在王畿内賜給來朝諸侯住宿和齋戒沐浴用的封邑。漢時沿用此名，指皇帝、皇后、公主以及諸侯王列侯收取賦稅以供私人奉養的封邑。

［14］【顏注】師古曰：帝之姊妹則稱長公主，儀比諸王，又以供養天子，故益邑也。【今注】長公主：漢代皇帝的女兒稱公主，皇帝的姊妹稱長公主。

［15］【顏注】伏儼曰：蔡邕云本爲禁中，門閤有禁，非侍御之臣不得妄入。行道豹尾中亦爲禁中。孝元皇后父名禁，避之，故曰省中。師古曰：省，察也，言入此中皆當察視，不可妄也。共，讀曰“供”，音居用反。養，音弋亮反。他皆類此。【今注】省中：周壽昌《漢書注校補》引《文選》左思《魏都賦》李善注，認爲禁中指“王所居”，省中指“諸公所居”，並非所言避諱王禁之名而來。今案，西漢皇宮中有被稱作“宮”“殿”“省”的三個區域。“宮”指整個皇宮，“殿”指皇帝及其輔助官員的辦公區，“省”指皇帝的生活區。省中爲皇帝生活起居和日常辦公的地方，因門户有禁，非侍御者不得入，故又稱禁中。

［16］【今注】領尚書事：職銜。即以他官兼領尚書政事，參與政務，皆由重臣兼任。尚書，始於戰國，秦時爲少府屬官，掌殿内文書，漢承秦制。漢武帝時漸成爲重要宮廷政治機構，參與國家機密，常以中朝大臣兼領、平、視，以左右曹諸吏平尚書奏事，參與議政決策，宣示詔命。百官奏事先呈尚書，皆爲正、副二封，由領尚書者拆閱副封，加以裁決，可屛抑不奏。百官選舉任用考察詰責彈劾之責亦歸之。漢成帝時設尚書五人，開始分曹辦事，群臣章

奏都經尚書。

[17]【今注】車騎將軍：漢初爲臨時將軍之號，因領車騎士得名，事訖即罷。武帝後常設，地位次於大將軍、驃騎將軍。武帝後常典京城、皇宫禁衛軍隊，出征時常總領諸將軍。文官輔政者亦或加此銜，領尚書政務，成爲中朝重要官員。　金日磾：字翁叔，本爲匈奴休屠王太子，漢武帝末任光禄大夫。傳見本書卷六八。左將軍：官名。漢代有前、後、左、右將軍，武帝時始設，初爲大將軍出征時手下裨將臨時名號，事訖即罷，昭、宣以後常置，典掌禁兵，戍衛京師，或任征伐，皆"位上卿，金印紫綬"。　上官桀：隴西上邽（今甘肅天水市麥積區）人。漢武帝時，初爲羽林期門郎，後任未央厩令、侍中、騎都尉。以搜粟都尉隨李廣利征大宛，因其敢於深入，在班師後被封爲少府，後遷太僕。武帝病篤，任爲左將軍，與霍光同受遺詔輔少主，封安陽侯。昭帝即位，其孫女被立爲皇后。後聯合御史大夫桑弘羊、帝姊鄂邑長公主及燕王旦與大將軍霍光爭權，最終以謀反罪被族誅。事見本書卷六一《李廣利傳》、卷九七上《外戚傳上》。相關考證參見吳樹平《上官桀歷官搜粟都尉考》（載《文史》第 8 輯，中華書局 1980 年版）。

夏六月，赦天下。[1]秋七月，有星孛于東方。[2]濟北王寬有罪，自殺。[3]賜長公主及宗室昆弟各有差。追尊趙倢伃爲皇太后，起雲陵。[4]冬，匈奴入朔方，殺略吏民。[5]發軍屯西河，左將軍桀行北邊。[6]

[1]【今注】赦天下：《漢書考正》引劉攽説，根據《宣紀》及《丙吉傳》，認爲是年二月有赦，本紀失載。今案，依《丙吉傳》，武帝臨終前有赦，然此赦即有，亦與《昭紀》無關，當記於《武紀》。

[2]【今注】孛：一般指彗星，有時也可能指新星和超新星。

本書卷一《高紀》李奇注、卷四《文紀》文穎注皆認爲芓有除舊布新之寓意。

　　[3]【今注】濟北王寬：淮南王長之曾孫，其祖父勃在文帝時獲封衡山王，景帝時徙濟北。傳見本書卷四四。關於濟北王罪名，王先謙《漢書補注》認爲是坐誖人倫祝詛。楊樹達《漢書窺管》根據《諸侯王表》，認爲是坐謀反之罪。濟北，王國名，治博陽縣（今山東泰安市東南）。

　　[4]【顔注】文穎曰：倢伃先葬於雲陽，是以就雲陽爲起雲陵。【今注】雲陵：漢昭帝母趙倢伃之陵園，北距漢甘泉宮遺址 10 公里。趙倢伃在甘泉宮被譴死，乃葬於此，至此乃起陵園。（參見劉慶柱、李毓芳《西漢十一陵》，陝西人民出版社 1987 年版；姚生民《漢雲陵與鉤弋夫人研究》，《文博》1999 年第 1 期）

　　[5]【今注】朔方：郡名。西漢武帝時置，治朔方（今內蒙古杭錦旗東北）。

　　[6]【顔注】師古曰：行，音下更反。【今注】西河：郡名。治平定縣（今內蒙古鄂爾多斯市東勝區）。

　　始元元年春二月，[1]黃鵠下建章宮太液池中。[2]公卿上壽。賜諸侯王、列侯、宗室金錢各有差。己亥，上耕于鉤盾弄田。[3]益封燕王、廣陵王及鄂邑長公主各萬三千户。[4]夏，爲太后起園廟雲陵。益州廉頭、姑繒、牂柯談指、同並二十四邑皆反。[5]遣水衡都尉吕破胡募吏民及發犍爲、蜀郡犇命擊益州，大破之。[6]有司請河內屬冀州，河東屬并州。[7]秋七月，赦天下，賜民百户牛酒。[8]大雨，渭橋絶。[9]八月，齊孝王孫劉澤謀反，[10]欲殺青州刺史隽不疑，[11]發覺，皆伏誅。遷不疑爲京兆尹，賜錢百萬。[12]九月丙子，車騎將軍日磾

薨。閏月，遣故廷尉王平等五人[13]持節行郡國，[14]舉
賢良，[15]問民所疾苦、冤、失職者。冬，無冰。

[1]【今注】始元：漢昭帝年號（前86—前80）。

[2]【顏注】如淳曰：謂之液者，言天地和液之氣爲也（蔡
琪本、大德本、殿本"氣"後有"所"字）。臣瓚曰：時漢用土
德，服色尚黃，鵠色皆白，而今更黃，以爲土德之瑞（土，殿本
作"上"），故紀之也。太液池，言承陰陽津液以作池也。師古
曰：如、瓚之説皆非也。黃鵠，大鳥也，一舉千里者，非白鵠也。
大液池者（大，蔡琪本、大德本、殿本作"太"），言其津潤所
及廣也。鵠，音胡篤反。【今注】建章宮：漢武帝時建，其規模宏
大奢靡，在本書《郊祀志下》中有描述。故址在今陝西西安市西
北，漢長安故城西。沈欽韓《漢書疏證》指出，出現此嘉瑞後，漢
廷以昭帝名義作歌應之，歌詞記載於《西京雜記》中。

[3]【顏注】應劭曰：時帝年九歲，未能親耕帝籍，鈎盾，
官者近署（官，蔡琪本、大德本、殿本作"宦"），故往試耕爲
戲弄也。臣瓚曰：《西京故事》弄田在未央宮中。師古曰：弄田謂
宴游之田，天子所戲弄耳，非爲昭帝年幼創有此名。【今注】案，
王先謙《漢書補注》引王啓原説：根據《成帝紀》"未央宮鈎盾
中"的記載，知鈎盾署在未央宮中，結合臣瓚説，可知弄田在鈎盾
署內，是有"鈎盾弄田"之名。

[4]【今注】案，鄂邑長公主，蔡琪本作"鄂邑公主"。

[5]【顏注】蘇林曰：皆西南夷別種名也。師古曰："並"音
"伴"。【今注】益州：治滇池（今雲南昆明市晉寧區）。錢大昭
《漢書辨疑》認爲，益州無廉頭、姑繒二縣。　牂柯：郡名。治故
且蘭（今貴州凱里市西北）。案，蔡琪本、大德本、殿本皆作"牂
柯"。　談指：縣名。治所在今貴州貞豐縣西北一帶。

[6]【顏注】應劭曰：舊時郡國皆有材官騎士以赴急難，今

夷反，常兵不足以討之，故權選取精勇，聞命奔走，故謂之奔命。李斐曰：平居發者二十以上至五十爲甲卒，今者五十以上六十已下爲奔命（已，蔡琪本、大德本、殿本作"以"）。奔命，言急也。師古曰：應說是也。犇，古奔字耳。"犍"音"虔"，又音鉅言反。【今注】水衡都尉：官名。西漢武帝始置，職掌上林苑諸事，兼管帝室收入及鑄錢等事，職權頗重。秩比二千石。　呂破胡：錢大昭《漢書辨疑》指出，《西南夷傳》《百官表》皆作"呂辟胡"。

　犍爲：郡名。漢武帝建元六年（前135）置，郡治屢遷，先後移治鼈縣（今貴州遵義市西）、廣南縣（今四川筠連縣）、僰道縣（今四川宜賓市西南）、武陽縣（今四川眉山市彭山區東）。　蜀郡：治成都（今四川成都市）。

　[7]【顏注】文穎曰：本屬司州。師古曰：蓋屬京師司隸所部。【今注】河內：郡名。治懷縣（今河南武涉縣西南）。　冀州：漢武帝所置十三刺史部之一，監察趙國、廣平、真定、中山國、河間、信都、魏郡、常山、鉅鹿、清河等郡國，相當於今河北中、南部，山東西端及河南北端。　河東：郡名。治安邑縣（今山西夏縣西北）。　并州：漢武帝所置十三刺史部之一，監察太原、上黨、雲中、定襄、雁門、代郡，相當於今山西大部和河北、內蒙古的一部分。

　[8]【今注】賜民百户牛酒：牛酒，牛和酒。古代用作饋贈、宴請、祭祀的物品。"百户"指的是漢廷賞賜民間牛酒的標準。《史記·封禪書》云："賜民百户牛一，酒十石。"可見此句意當爲"賞賜民衆，每百户賞賜一頭牛、十石酒"。因賜牛酒往往與賜爵、賜酺並行，因而有觀點認爲，牛酒是用於賜爵之後的酒禮之會，其用意在於通過坐席的序列確立爵位地位。此觀點頗有創意，然尚缺乏直接證據。（參見［日］西嶋定生《中國古代帝國的形成與結構——二十等爵制研究》第四章第三節《關於"女子百户牛酒"》，中華書局2004年版；郭俊然《漢代賜牛酒現象探析》，

《北方論叢》2016年第6期）

[9]【今注】渭橋：秦建都咸陽後，渭北有咸陽宮，渭南有興宮。秦昭襄王爲接通南北二宮，於渭水之上造橋，名橫橋。秦統一六國後，在擴建咸陽宮的同時，也擴建了橫橋。西漢初重修橫橋，改名橫門橋、渭橋，也稱中渭橋。故址在秦咸陽城正南，漢長安城北，今陝西咸陽市東南約二十里窰店鎮南東龍村以東150米處。漢景帝五年（前152），在高陵縣耿鎮南建渭橋，後稱柬渭橋。漢武帝建元三年（前138），在今秦都區兩寺渡一帶"初作便門橋"，後稱西渭橋。

[10]【今注】劉澤謀反：據相關記載，劉澤當時本是與燕王旦結謀欲反。事發後劉澤供詞連及燕王，但漢廷並未進一步處理燕王旦。參見本書卷六三《燕王旦傳》、卷七一《雋不疑傳》。

[11]【顏注】師古曰：雋，音材兗反，又音辭兗反。【今注】青州：漢武帝所置十三刺史部之一。轄境約當今山東德州市、平原縣、高唐縣以東，河北吳橋縣及山東馬頰河以南，濟南、安丘、高密、萊陽、棲霞、乳山等市縣以北地。　刺史：漢武帝時始置，分全國爲十三部州，州置刺史一人。奉詔巡行諸郡，以六條問事，省察治政，黜陟能否，斷理冤獄。無治所，秩六百石。　雋不疑：傳見本書卷七一。

[12]【今注】京兆尹：漢武帝時改右內史置，掌治京師，又得參與朝政。位列九卿，秩中二千石。

[13]【顏注】師古曰：前爲此官今不居者，皆謂之故也。【今注】故廷尉王平：廷尉，戰國秦始置，秦、西漢沿置。主管詔獄。列位九卿，秩中二千石。洪頤煊《讀書叢録》卷一九引《百官公卿表》"始元五年，軍正王平子心爲廷尉"的記載，認爲彼時王平未擔任過廷尉，此處有誤。王先謙《漢書補注》則認爲，後文"軍正王平""廷尉王平"皆與表合，當爲表脫王平前爲廷尉之事。吳恂《漢書注商》則認爲，若依王先謙説，王平官職變動似太不合

常情，且西漢似未有九卿巡行郡國之例。他認爲"王"字或爲"正"字之誤，"廷尉王平"當爲"廷尉正平"。

[14]【顏注】師古曰：行，音下更反。

[15]【今注】賢良：選舉科目。始於漢文帝，常與方正、文學、能直言極諫者連稱，也稱賢良文學、賢良方正。

　　二年春正月，[1]大將軍光、左將軍桀皆以前捕斬反虜重合侯馬通功封，[2]光爲博陸侯，桀爲安陽侯。[3]以宗室毋在位者，舉茂材劉辟彊、劉長樂皆爲光禄大夫，[4]辟彊守長樂衛尉。[5]三月，遣使者振貸貧民毋種、食者。[6]秋八月，詔曰：往年災害多，今年蠶麥傷，所振貸種、食勿收責，毋令民出今年田租。冬，發習戰射士詣朔方，調故吏將屯田張掖郡。[7]

[1]【今注】案，據本書卷九四《匈奴傳》，之前曾擊降貳師將軍李廣利的匈奴狐鹿姑單于於是年去世，據說其去世時欲立其弟右谷蠡王，而衛律等人與顓渠閼氏密謀，改立其子左谷蠡王，是爲壺衍鞮單于。此事開啓了匈奴内訌的前奏。據稱狐鹿姑單于去世前有與漢廷和親之意，而壺衍鞮單于繼位後，亦向漢使者暗示有和親之意。

[2]【今注】重合：侯國名、縣名。治所在今山東樂陵市西南。漢武帝征和二年（前91）封莽通爲重合侯，後元二年（前87）國除。　馬通：初爲侍郎，因在征和二年巫蠱之變中立功，獲封爲重合侯。征和四年率四萬軍馬征西域，降伏車師。後元元年（一說爲後二年），以與其兄何羅、弟安成謀反之罪名被殺。一說其是因受馬何羅謀反連坐被殺。其姓又作"莽"。據說是因東漢名將馬援爲其後裔，馬援女爲明帝皇后，因惡其祖上反事而更其姓。關於馬氏兄弟謀反事，部分學者亦提出了質疑。事見本書卷六《武紀》、

卷六六《劉屈氂傳》、卷九四上《匈奴傳上》、卷九六下《西域傳下》及《後漢書》卷二四《馬援傳》。相關質疑參見方詩銘《西漢武帝晚期的"巫蠱之禍"及其前後——兼論玉門漢簡〈漢武帝遺詔〉》（《方詩銘文集》，上海社會科學院出版社2010年版）、成祖明《漢帝國嗣君之争與春秋史的書寫》（《齊魯學刊》2017年第3期）。案，王念孫《讀書雜志·漢書第一》根據相關史事與《漢紀》對霍光、上官桀封侯事之記録，認爲，"重合侯馬通"上當有"侍中僕射莽何羅"七字，王先謙《漢書補注》同意此説。楊樹達《漢書窺管》則認爲，金日磾以捕何羅封，而霍光、上官桀則以捕馬通封，故此處不及何羅，並指出王先謙在《武紀》注中本已注意到此種區分，本不當同意王念孫説。

[3]【今注】博陸：霍光封號。漢昭帝始元二年（前85）始封。一説爲廣平之義。一説爲城名，在今北京市密雲區東南。案，本書卷六八《霍光傳》載王忽語云"帝崩，忽常在左右，安得遺詔封三子事！群兒自相貴耳"。沈欽韓《漢書疏證》云："果有遺詔，何至自逾兩年？遺詔信妄也。"今人方詩銘、辛德勇皆疑封侯之遺詔爲僞（參見方詩銘《西漢武帝晚期的"巫蠱之禍"及其前後——兼論玉門漢簡〈漢武帝遺詔〉》；辛德勇《建元與改元》中篇《漢宣帝地節改元事發微》，中華書局2013年版）。

[4]【今注】茂材：漢朝選舉科目。西漢稱秀才，始於武帝元封間。東漢避光武帝劉秀諱，改爲茂才，或茂材。此是班固據東漢之名追改。　劉辟彊：楚元王之後，事見本書卷三六《楚元王傳》。
劉長樂：劉氏宗室，漢武帝征和二年巫蠱之變時曾任宗正，奉命收衛皇后璽綬。　光禄大夫：西漢武帝時改中大夫置，掌論議。屬光禄勳，秩比二千石。

[5]【顔注】師古曰：長樂宮之衛尉也。【今注】長樂衛尉：太后屬官，不常置，掌長樂宮衛士守衛宮門和宮中巡邏，秩二千石。長樂，即長樂宮。本秦興樂宮，漢高祖時擴建，改名長樂宮，在此視朝。漢惠帝以後爲太后寢宮。遺址在今陝西西安市西北漢長

安故城東南隅。

［6］【顏注】師古曰：貣，音吐戴反。其下並同。【今注】振
貣：賑災措施。本書卷四《文紀》顏注云“爲給貣之，令其存立
也”。其物係借貣與受災民衆，到期需歸還，此時爲慶祝祥瑞，而
令勿收。近人呂思勉對此制梳理頗詳（參見呂思勉《呂思勉讀史札
記》，上海古籍出版社 2005 年版，第 598—600 頁）。振貣，殿本作
“賑貣”。

［7］【顏注】師古曰：調謂發選也。故吏，前爲官職者。令
其部率習戰射士於張掖爲屯田也。調，音徒釣反。將，音子亮反。
【今注】張掖郡：治𪜶得縣（今甘肅張掖市西北）。

三年春二月，有星孛于西北。秋，募民徙雲陵，[1]
賜錢田宅。冬十月，鳳皇集東海，[2]遣使者祠其處。十
一月壬辰朔，日有蝕之。[3]

［1］【今注】雲陵：縣名。屬左馮翊，治所在今陝西淳化縣
北。本指昭帝母趙倢伃之陵園，後因陵置縣。

［2］【今注】東海：郡名。秦置，治郯縣（今山東郯城縣北）。

［3］【今注】日有蝕之：查諸日食表，公元前 84 年 12 月 3 日，
亦即始元三年十一月壬辰確有日食，西安地區食甚時刻爲上午 11
點 44 分，食分爲 0.67，與此記載相合。（參見張培瑜《三千五百年
曆日天象》，大象出版社 1997 年版）。

四年春三月甲寅，立皇后上官氏。[1]赦天下。辭訟
在後二年前，皆勿聽治。[2]夏六月，皇后見高廟。賜長
公主、丞相、將軍、列侯、中二千石以下及郎吏宗室
錢帛各有差。[3]徙三輔富人雲陵，賜錢，户十萬。[4]秋

七月，詔曰：比歲不登，民匱於食，^[5]流庸未盡還，^[6]往時令民共出馬，其止勿出。諸給中都官者，且減之。^[7]冬，遣大鴻臚田廣明擊益州。^[8]廷尉李种坐故縱死罪棄市。^[9]

[1]【顏注】文穎曰：上官桀孫，安女女。

[2]【顏注】孟康曰：武帝後二年。

[3]【今注】中二千石：漢朝二千石爲中央政府機構的列卿，及地方州牧郡守、諸侯王國相等。又可細分爲中二千石、二千石、比二千石三等。據本書《百官公卿表》顏師古注，中二千石者月各百八十斛，二千石者百二十斛，比二千石者百斛。《續漢書·百官志五》所載與此略同。根據張家山漢簡《秩律》與《新書》《史記》等傳世文獻，閻步克先生又指出漢初祇有二千石，並無中二千石等細分等級，最早的中二千石的記載出現在文帝死後景帝發布的詔書中。楊振紅先生則進一步認爲中二千石的官位是文帝時在賈誼的建議下設立的，是爲了區別漢廷官員與諸侯官員之地位。而早期中二千石官員亦不止《百官公卿表》所載諸官，如內史、主爵都尉均曾列於中二千石。案，石，漢代度量衡單位，有兩義：一爲重量單位，合一百二十斤。二爲容量單位，合十斗，亦即一斛。馬彪等先生指出，“石”本爲官方重量單位，合十斗的官方容量單位爲“桶（甬）”。因一石重的禾黍可得十斗糙米，一石重的稻禾可得十斗稻米，故實踐中有將十斗稱爲“石”的習慣。王莽時以“斛”作爲合十斗的官方容量單位，此後容量單位“石”便逐漸淡出了。然則根據前文顏注所引二千石的俸祿換算，二千石當指二千石（容量單位）容積的米，抑或二千石重（重量單位）的禾，其餘官秩與此相類。又案，陳夢家先生根據傳世與出土文獻指出，雖然西漢承秦制，官俸以“石”爲名，但主要是代表官秩，實際發俸實以錢爲主。至王莽後期，變爲以穀爲主，東漢則爲半錢半穀，而以穀數

爲標準。前文所引顏注所舉具體官俸，當出自東漢之材料，且亦祇是一種計算標準，並非兩漢官俸的實際發放情況。（參見閻步克《〈二年律令·秩律〉的中二千石秩級闕如問題》，《河北學刊》2003年第5期；楊振紅《出土簡牘與秦漢社會（續編）》，廣西師範大學出版社2015年版，第51—57頁；馬彪、林力娜《秦、西漢容量"石"諸問題研究》，《中國史研究》2018年第4期；陳夢家《漢簡所見奉例》，《文物》1963年第5期） 郎吏：官名。或稱郎官、郎。漢九卿之一郎中令（光祿勳）屬官，掌守皇宮門户，出行充皇帝車騎。有議郎、中郎、侍郎、郎中等。秩自比六百石至比三百石不等，無定員。

［4］【今注】三輔：長安及周邊的三個郡級區劃，即京兆尹、左馮翊、右扶風。在十三州之外，由司隸校尉部負責監察。京兆尹，西漢京畿地方行政長官之一。武帝時改右内史置，職掌如郡太守。因治京師，又得參與朝政，故又有中央官性質。地位高於郡守，位列諸卿，秩中二千石（一説秩二千石）。左馮翊，西漢武帝時改左内史置。本書《百官公卿表上》注："馮，輔也。翊，佐也。"職掌相當於郡太守，轄區相當於一郡。治所在長安城。轄境範圍相當於今陝西渭河以北、涇河以東洛河中下游地區。右扶風，秦及漢初設主爵中尉，掌列侯。漢武帝時改名右扶風，掌治内史右地。治長安縣（今陝西西安市西北）。職掌相當於郡太守。

［5］【顏注】師古曰：匱，空也。

［6］【顏注】師古曰：流庸，謂去其本鄉而行爲人庸作。

［7］【顏注】師古曰：中都官，京師諸官府。

［8］【今注】大鴻臚：源自秦代負責少數民族事務的官職典客，漢景帝時更名爲大行令，武帝時復更名爲大鴻臚。因漢代施行郡國並行制，故除典客舊有職責外，大鴻臚還負責諸侯王的相關事務。列卿之一，秩中二千石。 田廣明：西漢武、昭、宣時期酷吏、將軍。傳見本書卷九〇。

[9]【顔注】師古曰：縱謂容放之。"种"音"冲"。【今注】案，本書卷六八《霍光傳》載任宣語云："廷尉李种、王平、左馮翊賈勝胡及車丞相女婿少府徐仁皆坐逆將軍意下獄死。"

　　五年春正月，追尊皇太后父爲順成侯。[1]夏陽男子張延年[2]詣北闕，[3]自稱衞太子，[4]誣罔，要斬。[5]夏，罷天下亭母馬及馬弩關。[6]六月，封皇后父驃騎將軍上官安爲桑樂侯。[7]詔曰：朕以眇身獲保宗廟，[8]戰戰栗栗，夙興夜寐，修古帝王之事，通《保傅傳》《孝經》《論語》《尚書》，未云有明。[9]其令三輔、太常舉賢良各二人，郡國文學高第各一人。[10]賜中二千石以下至吏民爵各有差。罷儋耳、真番郡。[11]秋，大鴻臚廣明、軍正王平擊益州，[12]斬首捕虜三萬餘人，獲畜產五萬餘頭。

　　[1]【今注】皇太后父：指趙倢伃之父，獲罪被宮刑，後爲中黃門，死於長安。

　　[2]【顔注】師古曰：夏陽，馮翊之縣（殿本此注位於"要斬"後）。【今注】夏陽：縣名。戰國秦惠文王時置，漢屬左馮翊。治所在今陝西韓城市南。　張延年：《資治通鑑》卷二三《漢紀》孝昭皇帝五年指出，本書卷七一《雋不疑傳》記其名爲"成方遂"。

　　[3]【今注】北闕：闕，古代皇宮門外兩邊供瞭望的樓臺，中有通道。本書卷一下《高紀下》云"蕭何治未央宮，立東闕、北闕、前殿、武庫、大倉"。顔注云："未央殿雖南向，而上書奏事謁見之徒皆詣北闕，公車司馬亦在北焉。是則以北闕爲正門，而又有東門、東闕。至於西南兩面，無門闕矣。蓋蕭何初立未央宮，以厭

勝之術，理宜然乎？"今案，如顔師古所言，未央宮確以北闕爲正門，與後世以南門爲正門的習俗大不相同。然其原因非所謂厭勝，而是當時由北極、北斗崇拜帶來的尊北之風（參見宋艶萍《漢闕與漢代政治史觀》，載《形象史學研究（2013）》，人民出版社 2014 年版；安子毓《方位尊崇淵源考》，《社會科學戰綫》2017 年第 10 期）。

[4]【今注】衞太子：即戾太子劉據，因其母衞子夫之姓，而有此號。見前文"戾太子"條。

[5]【今注】要斬：即腰斬之刑。案，此事詳見本書《雋不疑傳》。

[6]【顔注】應劭曰：武帝數伐匈奴，再擊大宛，馬死略盡，乃令天下諸亭養母馬，欲令其繁孳，又作馬上弩機關，今悉罷之（今，蔡琪本、大德本作"令"）。孟康曰：舊馬高五尺六寸齒未平，弩十石以上，皆不得出關，今不禁也。師古曰：亭母馬，應説是；馬弩關，孟説是也。【今注】馬弩關：周壽昌《漢書注校補》指出，本書《地理志》有云"太原郡有家馬官……南郡有發弩官"。周氏認爲，此當爲設關以征馬弩，至是方罷，但此官並未被廢。今案，漢初設馬弩關之目的如孟康説，是出於政治軍事目的，爲防止諸侯坐大，然武帝後諸侯已式微，已無此必要。此句將罷馬弩關與罷亭母馬並列，顯然皆爲減少民衆負擔之措施。是知此時之馬弩關當從周壽昌説，不過意在征税而已。

[7]【顔注】師古曰：樂，音來各反。【今注】驃騎將軍：即票騎將軍。西漢武帝時置爲重號將軍，僅次於大將軍，秩萬石。案，《漢書考證》齊召南指出，上官安之職位，《霍光傳》亦記載爲"驃騎將軍"，然《外戚傳》《恩澤侯表》《百官公卿表》俱作"車騎將軍"，未知孰是。

[8]【顔注】師古曰：眇，微也。

[9]【顔注】文穎曰：賈誼作《保傅傳》，在《禮大戴記》。

言能通讀之也。晉灼曰：帝自謂通《保傅傳》，未能有所明也。臣瓚曰：帝自謂雖通舉此四書，皆未能有所明，此帝之謙也。師古曰：晉、瓚之説皆非也。帝自言雖通《保傅傳》，而《孝經》《論語》《尚書》猶未能明也。【今注】案，《漢書考正》引劉攽説，同意臣瓚的觀點。李慈銘《越縵堂讀史札記·漢書一》認爲，賈誼《保傅》一書不當冠於諸書，此句當斷作"通保傅，傳《孝經》《論語》《尚書》"，意爲"雖通接保傅，傳授《孝經》《論語》《尚書》，皆未能有明"。王先謙《漢書補注》同意李慈銘之説。吳恂《漢書注商》認爲，"通"爲"誦"字之誤，意謂"誦此四書，均未能明也"。至於《保傅傳》排於前面是按授業順序排列。張沛林認爲，吳恂所摘兩條史料不成立，但從漢代的語義與固定用法來看，學習某部經典當用"受"字，教授傳播某部經典纔用"傳"字，此處既謂昭帝學習這些經典，自不當用"傳"字，確當斷作"保傅傳"。通過梳理漢代相關史料，可進一步發現，在當時"通"表示較爲普通的學習水平，"明"代表較爲高級的學習水平。（參見張沛林《西漢經典的"傳""受"與"通""明"——漢昭帝始元五年六月詔書疑義辨正》，《史志學刊》2019 年第 2 期）今案，李慈銘以《保傅》不當冠於諸書爲説，甚誤。觀後文《孝經》《論語》置於五經之一的《尚書》之前，即可知此排名與諸書地位無關。張沛林説史料證據充分，或可從之，故此句句意當爲"（昭帝）學習《保傅傳》《孝經》《論語》《尚書》，已有了一定的了解，但還不够精通"。

[10]【今注】太常：漢初名奉常，景帝時改名太常，掌宗廟禮儀。位列九卿之首，秩中二千石。案，王先謙《漢書補注》引蘇輿説指出，曾有觀點據《鼂錯傳》以爲賢良、文學爲一科，然據上文記載及《鹽鐵論》所列，賢良、文學實爲兩科。文帝時立此名義，武帝興學之後定員數，至此復申舊制。

[11]【顏注】師古曰：儋耳本南越地，真番本朝鮮地，皆武

帝所置也。番，音普安反。【今注】儋耳：郡名。治儋耳縣（今海南儋州市西北南灘）。今案，據本書卷六四《賈捐之傳》，此次罷儋耳郡是併入珠崖郡，元帝時則徹底罷廢珠崖。　真番郡：治所尚存爭議。一説治霅縣（今朝鮮境内禮成江與漢江之間），一説治昭明縣（今朝鮮黃海南道信川郡西湖里），另有若干其他説法。《漢書考證》齊召南指出，據《後漢書》卷八五《東夷傳》，此年係罷臨屯、真番併入樂浪、玄菟，不止罷真番一郡。今案，漢武帝元封三年（前108），漢廷擊降衛滿朝鮮，先後置樂浪、臨屯、真番、玄菟四郡，史稱“漢四郡”。由於材料稀少等原因，關於此四郡的情況還存在不少爭議。其中，持續時間最長的樂浪郡爭議相對較少，大部分中國學者都認爲其郡治在今朝鮮大同江流域。臨屯郡治一般認爲在今朝鮮江原道地方，其他幾種異説基本也都在今朝鮮境内。玄菟郡初設之郡治一般認爲在今朝鮮咸鏡南道，另有今朝鮮境内和遼寧省内的幾種異説。後在昭帝元鳳六年（前75），遷玄菟郡至遼東，其郡治具體地址仍有若干異説，一般均指在今遼寧省内，也有幾種異説認爲在吉林省内。真番郡爭議最大，有在朝鮮境内和在中國境内兩大類説法，各自内部又有若干異説，涉及今遼寧、吉林、黑龍江三省和朝鮮境内若干地區。關於此次撤併，是僅撤真番，還是撤真番、臨屯，所撤之地又是如何併入樂浪、玄菟二郡，亦有若干爭議。較爲常見的觀點是，此次撤併，本質上是合今朝鮮境内的四郡爲一，稱樂浪郡，而於遼東重置玄菟郡。參見趙紅梅《玄菟郡研究》（博士學位論文，東北師範大學，2006年）。

[12]【顏注】師古曰：廣明，田廣明。【今注】軍正：本書卷九六下《西域傳下》云：“時漢軍正任文將兵屯玉門關，爲貳師後距。”卷六七《胡建傳》云：“正亡屬將軍，將軍有罪以聞，二千石以下行法焉。”是知軍正既率兵馬，亦有監軍負責刑罰之責。王平以擊益州之功，於是年獲封爲廷尉。至元鳳三年，以縱反者之罪名被殺，見後文。

六年春正月，上耕于上林。[1]

[1]【今注】上林：上林苑。在今陝西西安市西南鄠邑區、周至縣界，渭水以南、終南山以北。秦惠文王時即開始興建。至秦始皇時，先後在上林苑中修建了朝宫和阿房宫前殿等。西漢初荒廢，許民入墾荒。漢武帝收回，復加拓展，周圍擴至二百餘里。

二月，詔有司問郡國所舉賢良文學民所疾苦。議罷鹽鐵榷酤。[1]栘中監蘇武[2]前使匈奴，留單于庭十九歲迺還，奉使全節，以武爲典屬國，[3]賜錢百萬。夏，旱，大雩，不得舉火。[4]秋七月，罷榷酤官，[5]令民得以律占租，[6]賣酒升四錢。以邊塞闊遠，取天水、隴西、張掖郡各二縣置金城郡。[7]詔曰：鉤町侯毋波[8]率其君長人民擊反者，斬首捕虜有功。其立毋波爲鉤町王。大鴻臚廣明將率有功，賜爵關內侯，食邑。[9]

[1]【顏注】應劭曰：武帝時，以國用不足，縣官悉自賣鹽鐵，酤酒。昭帝務本抑末，不與天下爭利，故罷之。【今注】議罷鹽鐵榷酤：王先謙《漢書補注》指出，此會議雖商議罷鹽、鐵、酤酒，然根據後文，最後所罷僅止酤酒而已。應劭之説有誤。今案，本次會議以罷鹽鐵專營爲名，故常被稱爲鹽鐵會議，但事實上，本次會議是對武帝時期推行的各項政策進行了總體的評估。宣帝時，桓寬根據當時會議的記録，整理爲《鹽鐵論》流傳至今，是研究西漢經濟、政治的重要材料。在本次會議上，反對鹽鐵專營等政策的賢良、文學與支持鹽鐵專營等政策的桑弘羊發生了激烈爭論，出自民間的賢良、文學對貴爲御史大夫的桑弘羊毫不相讓，最後甚至發展到互相人身攻擊的地步。由於賢良、文學這種膽量極爲罕見，且

在其後亦未遭到任何打擊報復，因而許多學者都認爲此次會議背後
實有霍光與桑弘羊政爭的成分，是霍光利用賢良、文學打擊桑弘羊
甚至丞相車千秋等人的手段。其中，部分學者認爲，之所以有這一
政爭，是因爲霍光與桑弘羊等人政治理念不同。反對者則指出，此
後漢廷僅罷榷酤，其餘一仍照舊，可見霍光政治理念與桑弘羊差別
不大，此政爭純爲權力之爭，無關乎政治理念。（參見郭沫若《鹽
鐵論讀本·序》，《郭沫若全集·歷史編第八卷》，人民出版社 1985
年版；辛德勇《建元與改元——西漢新莽年號研究》中篇《漢宣
帝地節改元事發微》；晉文《西漢鹽鐵會議若干問題再評議》，《江
海學刊》2010 年第 2 期）

　　[2]【顔注】蘇林曰："栘"音"移"（栘，蔡琪本、大德本、
殿本作"移"），廐名也。應劭曰：栘，地名。監，其官也，掌
鞏馬鷹犬射獵之具（鞏，蔡琪本、殿本作"鞍"）。如淳曰：栘，
《爾雅》："唐棣，栘也"。栘園之中有馬廐也。師古曰：蘇音如説
是（殿本此注位於"十九歲迺還"後）。【今注】栘（yí）中監：
官名。掌管鞍馬、鷹犬、射獵等事。其中有養馬廐，設廐監。　蘇
武：衞青下屬裨將蘇建之子，漢武帝天漢元年（前 100）出使匈
奴，因副使張勝參與匈奴内亂被扣在匈奴。此事成爲武帝晚年漢匈
再次開戰的導火索，直至始元二年（前 85）壺衍鞮單于即位後，
因其得位不正而又年少，難以服衆，無力與漢廷抗衡，乃在衞律的
斡旋下歸還蘇武等人。傳本書卷五四。案，據本書卷九四《匈奴
傳》記載，當時匈奴釋其所扣漢使不降者蘇武、馬宏等，以向漢廷
示好。又據卷七〇《常惠傳》記載，隨蘇武出使的常惠亦被釋放。
蘇武、馬宏使團的其他未降者應也被釋放。

　　[3]【顔注】如淳曰：以其久在外國，知邊事，故令典主諸
屬國。師古曰：典屬國，本秦官（本，殿本作"木"；大德本
"秦"後有"易"字），漢因之，掌歸義蠻夷，屬官有九譯令。後
省，并大鴻臚。【今注】典屬國：官名。秦置，漢承之，掌蠻夷降

者，即負責歸附少數民族事務，秩中二千石（一説二千石），銀印青綬，居列卿之位。

[4]【顏注】臣瓚曰：不得舉火（舉，大德本作“牽”），抑陽助陰也。【今注】雩：古代爲求雨而舉行的祭祀。

[5]【今注】罷榷酤官：指廢止酒業專賣，百姓得以賣酒。沈欽韓《漢書疏證》根據《鹽鐵論·第四十一》補當時之奏疏：“公卿奏曰：‘賢良、文學不明縣官事，猥以鹽鐵爲不便，請且罷郡國榷酤、關内鐵官。’奏可。”

[6]【顏注】如淳曰：律，諸當占租者家長身各以其物占，占不以實，家長不身自書，皆罰金二斤，没入所不自占物及賣錢縣官也。師古曰：占謂自隱度其實，定其辭也。占，音章贍反。下又言占名數，其義並同。今猶謂獄訟之辨曰占，皆其意也。蓋武帝時賦斂繁多（繁多，蔡琪本、大德本、殿本作“繁多”），律外而取，今始復舊。【今注】以律占租：《漢書考正》劉攽認爲“罷榷酤官，令民得以律占租，賣酒升四錢”一句，所指共爲一事。租即賣酒之税。以律占租，指賣酒者依所得利高低不同而交數量不等的税，不以實上繳，則依律法論處。賣酒升四錢，則是限定酒價，令民不得厚利。否則官方既已不賣酒，何必有“賣酒升四錢”之規定？本書《王子侯表》記載旁光侯殷因貸款獲利而不“占租”被免侯，其義與此處“占租”相同。

[7]【今注】案，闐遠，殿本作“澗遠”。　天水：郡名。治平襄（今甘肅通渭縣西）。　隴西：郡名。治狄道（今甘肅臨洮縣）。　金城：郡名。治允吾（今甘肅永靖縣西北）。周壽昌《漢書注校補》指出，據此記載，金城郡最初祇有六縣，然按《地理志》記載，後實領十三縣。按《地理志》所載，宣帝神爵二年（前60）置破羌、允街二縣。又據《水經注·河水》所載，宣帝神爵二年復置河關縣。其餘諸縣無可考。

[8]【顏注】服虔曰：鉤音《左傳》射兩鞠之鞠。應劭曰：

町音若挺，西南夷也。毋波（毋波，大德本、殿本作“母波”），其名也。今牂牁鉤町縣是也（牂牁，蔡琪本、大德本、殿本作“牂柯”）。師古曰：音劬挺（殿本此注位於“斬首捕虜有功”後）。【今注】鉤町：又作“句町”。縣名。治所在今雲南廣南縣西北。　毋波：鉤町當地酋長之名。案，本書卷九五《西南夷傳》載其名爲“亡波”，“亡”與“毋”通，是知此處作“毋波”是。

[9]【今注】關内侯：秦置二十等爵，漢沿襲，關内侯爲第十九級，一般無具體封土而享受租稅收入。此處田廣明食邑，爲特殊封賞。

元鳳元年春，[1]長公主共養勞苦，復以藍田益長公主湯沐邑。[2]泗水戴王前薨，[3]以毋嗣，國除。後宮有遺腹子煖，[4]相、内史不奏言，上聞而憐之，立煖爲泗水王。相、内史皆下獄。三月，賜郡國所選有行義者涿郡韓福等五人帛，人五十匹，遣歸。詔曰：朕閔勞以官職之事，[5]其務修孝弟以教鄉里。[6]令郡縣常以正月賜羊酒。[7]有不幸者賜衣被一襲，祠以中牢。[8]武都氐人反，[9]遣執金吾馬適建、[10]龍頟侯韓增、[11]大鴻臚廣明將三輔、[12]太常徒，皆免刑擊之。[13]夏六月，赦天下。秋七月乙亥晦，日有蝕之，既。[14]八月，改始元爲元鳳。[15]

[1]【顏注】應劭曰：三年中，鳳皇比下東海海西樂鄉，於是以冠元焉。【今注】元鳳元年：據本書卷九四《匈奴傳》記載，是年匈奴發左右部二萬騎，分爲四隊，入邊爲寇，爲漢軍所破，匈奴歐脱王被擒。

[2]【今注】長公主：此指昭帝姊鄂邑蓋主。見前文“鄂邑公

主"條。　藍田：縣名。屬京兆尹，治所在今陝西藍田縣西灞河西岸。

　　[3]【今注】泗水戴王：漢景帝子泗水思王商之庶子。此事詳見本書卷五三《景十三王傳》。泗水，王國名。治凌縣（今江蘇宿遷市泗陽縣）。

　　[4]【顏注】師古曰：嫒，音許遠反。

　　[5]【顏注】鄧展曰：閔哀韓福等，不忍勞役以官職之事。

　　[6]【今注】案，孝弟，蔡琪本作"孝悌"。

　　[7]【今注】案，楊樹達《漢書窺管》指出，此詔書中的"正月"，本書卷七二《王貢兩龔鮑傳》作"八月"。楊氏結合《後漢書》中劉平等傳考證，認爲"八月"正確。

　　[8]【顏注】師古曰：幸者，吉而免凶也，故死謂之不幸。一襲，一稱也，猶今言一副也。中牢即少牢，謂羊、豕也。【今注】中牢：豬羊二牲。

　　[9]【顏注】師古曰：氐，音丁奚反。【今注】武都：郡名。治武都道（今甘肅禮縣南）。　氐：古族名。西漢前期活動在今陝西西南、四川北部、甘肅南部一帶，以畜牧及農耕爲業。

　　[10]【今注】執金吾：官名。西漢中央諸卿之一，即西漢前期之中尉，漢武帝時改稱執金吾，職掌宮殿之外、京城之內的警備事務，天子出行時充任儀衛導行。秩中二千石。

　　[11]【顏注】師古曰：姓馬適，名建也。龍頟，《漢書》本或作雒字。功臣侯表云弓高壯侯韓穨當子頹封龍頟侯（穨，蔡琪本、殿本作"頹"。頟，殿本作"雒"，此注下同），元鼎五年坐酎金免。後元元年頹弟子增紹封龍頟侯。而荀悅《漢紀》龍頟皆爲頟（頟，蔡琪本、殿本作"雒"）字。崔浩曰："頟"音"洛"（洛，大德本作"雒"）。今河閒龍頟村（頟，蔡琪本、殿本作"雒"），與弓高相近。然此既地名，無別指義，各依書字而讀之，斯則通矣。頹，音女交反。【今注】龍頟：侯國名。治所在今

山東齊河縣西北。漢武帝元朔五年（前 124）封韓説爲龍頷侯，元鼎五年（前 112）國除。武帝後元元年（前 88）復置，成帝鴻嘉元年（前 20）國除。　韓增：韓王信後裔，弓高侯韓頽當曾孫，按道侯韓説子。韓説爲戾太子所殺，嗣子復坐祝詛被殺，韓增乃獲封龍頷侯。韓增在昭、宣二朝頗有戰功，得列麒麟閣，然其行事有"保身固寵，不能有所建明"之譏。參見本書卷三三《韓王信傳》、卷七《昭紀》顏師古注、卷一六《孝文功臣表》、卷五四《蘇武傳》。案，錢大昭《漢書辨疑》指出，"增"字《（文帝功臣）表》作"曾"；"頷"字《宣紀》作"雒"。

[12]【今注】案，王先謙《漢書補注》指出，此處"大鴻臚"三字有誤。據表，當時田廣明已擔任衛尉。

[13]【顏注】蘇林曰：是時太常主諸陵縣治民也。【今注】案，西漢前期因陵置縣，其人口歸太常管理。參見後文"太常郡"條。《資治通鑑》卷二三《漢紀》孝昭皇帝元鳳元年胡三省注認爲，這裏是指輸作三輔及太常的刑徒。

[14]【今注】乙亥：王先謙《漢書補注》根據《五行志》對此次日食的記載及孟康注，指出此處"乙亥"當作"己亥"。今案，張培瑜《三千五百年曆日天象》載是年七月己亥晦，西安地區食甚時刻爲下午 1 點 33 分，食分 0.75，王先謙説是。

[15]【今注】改始元爲元鳳：西漢武帝時方有年號，在其初期，改元不甚規範，常爲事後所追改。此即爲其例。

　　九月，鄂邑長公主、燕王旦與左將軍上官桀、桀子票騎將軍安、御史大夫桑弘羊皆謀反，[1]伏誅。初，桀、安父子與大將軍光争權，欲害之，詐使人爲燕王旦上書言光罪。時上年十四，[2]覺其詐。後有譖光者，上輒怒曰：大將軍國家忠臣，先帝所屬，[3]敢有譖毁者，坐之。[4]光由是得盡忠。語在燕王、霍光傳。冬十月，詔曰：左將軍安陽侯桀、票騎將軍桑樂侯安、御史大夫弘羊皆數呂邪枉干輔政，[5]大將軍不聽，而懷怨望，與燕王通謀，置驛往來相約結。燕王遣壽西長、孫縱之等[6]賂遺長公主、丁外人、謁者杜延年、大將軍長史公孫遺等，交通私書，[7]共謀令長公主置酒，伏兵殺大將軍光，徵立燕王爲天子，大逆毋道。故稻田使者燕倉先發覺，[8]以告大司農敞，[9]敞告諫大夫延年，[10]延年以聞。丞相徵事任宮手捕斬桀，[11]丞相少史王壽誘將安入府門，[12]皆已伏誅，吏民得以安。封延年、倉、宮、壽皆爲列侯。又曰：燕王迷惑失道，前與齊王子劉澤等爲逆，抑而不揚，望王反道自新，[13]今迺與長公主及左將軍桀等謀危宗廟。[14]王及公主皆自伏辜。其赦王太子建、公主子文信及宗室子與燕王、上官桀等謀反父母同產當坐者，[15]皆免爲庶人。其吏爲桀等所詿誤，未發覺在吏者，除其罪。[16]

[1]【今注】票騎將軍：即驃騎將軍。　御史大夫：丞相副貳，秩中二千石，協調處理天下政務，而以監察、執法爲主要職掌，爲全國最高監察、執法長官。主管圖籍秘書檔案、四方文書，百官奏議經其上呈，皇帝詔命由其承轉丞相下達執行，負責考課、監察、彈劾官吏，典掌刑獄，收捕、審訊有罪官吏等，或派員巡察地方，鎮壓事變，有時亦督兵出征。丞相缺位，常由其遞補。詳見本書《百官公卿表上》。　桑弘羊：洛陽（今河南洛陽市）人。出身商人家庭。年十三被武帝召爲侍中，後任治粟都尉。領大農令。積極參與制定、推行鹽鐵酒官營專賣政策，並建議設立均輸、平準機構，由政府直接經營運輸和貿易，平抑物價。昭帝即位，他被任爲御史大夫，與霍光、金日磾共同輔政。後以罪被殺。事見本書卷

二四《食貨志》、卷六三《武五子傳》、卷六六《田千秋傳》、卷六八《霍光傳》、卷九六下《西域傳下》。

[2]【顏注】張晏曰：武帝崩時八歲，即位於今七歲，今年十五。師古曰：此云"初，桀、安子父與大將軍爭權，詐爲燕王上書"，蓋追道前年事耳（蓋，蔡琪本作"盖"），非今歲也。張説失之。

[3]【顏注】師古曰：屬，音之欲反。【今注】案，本書《霍光傳》亦稱此書爲上官桀詐上，然卷六三《燕王旦傳》稱此書確爲燕王旦所上，與此不同。

[4]【今注】案，敢有譖毀者，蔡琪本作"敢有毀者"。

[5]【顏注】師古曰：枉，曲也，以邪曲之事而干求也。【今注】案，弘羊，大德本、殿本作"桑弘羊"。

[6]【顏注】蘇林曰：壽西，姓也。長，名也。孫，姓。縱之，名（殿本此條注釋位於"孫縱之"後）。【今注】案，壽西長、孫縱之二人爲燕王旦幸臣，爲燕王打探消息，聯絡權貴。事見本書《燕王旦傳》。

[7]【顏注】服虔曰：外人，主之所幸也。晉灼曰：《漢語》：字少君。師古曰：此杜延年自別一人，非下諫大夫也（自別，大德本、殿本作"別自"）。【今注】謁者：職官名。春秋戰國已有，秦、漢承之。西漢時掌賓贊受事，郎中令（光禄勳）屬官，員七十人，秩比六百石。　長史：官名。爲將軍幕府諸掾史之長，秩千石。

[8]【顏注】如淳曰：特爲諸稻田置使者，假與民收其稅入也。【今注】稻田使者：本書《百官公卿表》云"治粟内史……郡國諸倉農監……皆屬焉"。陳直《漢書新證》認爲，稻田使者即爲農監諸官之一。案，燕倉之子時爲蓋長公主舍人，故得受發此事，事見本書卷六三《武五子傳》。

[9]【顏注】師古曰：楊敞也。【今注】大司農：西漢武帝改

大農令置。掌管全國租賦收入和國家財政開支。秩中二千石，列位九卿。　敞：楊敞。霍光親信，司馬遷之壻，後封丞相。傳見本書卷六六。

[10]【顏注】師古曰：杜延年，杜周之子。【今注】諫大夫：漢武帝置，掌諫争、顧問應對，議論朝政，無定員，秩比八百石。延年：杜延年，事見本書卷八〇《杜周傳》。

[11]【顏注】文穎曰：徵事，丞相官屬，位甚尊（甚，蔡琪本、大德本、殿本作“差”），掾屬也。如淳曰：時宫以時事召，待詔丞相府，故曰丞相徵事。張晏曰：《漢儀注》徵事比六百石。皆故吏二千石不以贓罪免者爲徵事，絳衣奉朝賀正月。師古曰：張説是也。

[12]【顏注】如淳曰：《漢儀注》：丞相、太尉、大將軍史秩四百石。武帝又置丞相少史，秩四百石。【今注】王壽：錢大昭《漢書辨疑》指出，《功臣表》作“王山壽”。《補史記》作“王山”。

[13]【顏注】師古曰：所爲邪僻，違失正道，欲其旋反而歸正，故云反道（云，蔡琪本作“曰”）。

[14]【今注】案，長公主及左將軍，殿本作“長公主左將軍”。

[15]【今注】同産：在秦漢時期，“同産”一般指同父的兄弟姐妹。晉代以後，由於法律規定較秦漢時寬鬆，“同産”的概念相對縮小，一般指“同父同母”的兄弟姐妹。（參見田煒《説“同生”“同産”》，《中國語文》2017 年第 4 期；李建平《“同生”“同産”辨正》，《中國語文》2018 年第 6 期）

[16]【顏注】師古曰：其罪未發，未爲吏所執持者。

　　二年夏四月，[1]上自建章宫徙未央宫，[2]大置酒。賜郎從官帛，及宗室子錢，人二十萬。吏民獻牛酒者

賜帛，人一匹。六月，赦天下。詔曰：朕閔百姓未
贍，[3]前年減漕三百萬石。[4]頗省乘輿馬及苑馬，[5]以補
邊郡三輔傳馬。[6]其令郡國毋斂今年馬口錢，[7]三輔、
太常郡得以叔粟當賦。[8]

[1]【今注】二年：據本書卷九四《匈奴傳》記載，是年匈奴
遣九千騎屯於受降城，以備漢廷回擊。

[2]【今注】未央宮：漢正宮。在秦章臺基礎上修建，位於漢
長安城地勢最高的西南角龍首原上，因在長安城安門大街之西，又
稱西宮。（參見李毓芳《漢長安城未央宮的考古發掘與研究》，《文
博》1995 年第 3 期；陳蘇鎮《未央宮四殿考》，《歷史研究》2016
年第 5 期）

[3]【顏注】師古曰：贍，足也。

[4]【顏注】師古曰：減省轉漕，所以休力役也。

[5]【顏注】師古曰：乘輿馬謂天子所自乘以駕車輿者。他
皆類此。【今注】乘輿馬：日常爲皇室駕車的馬，歸太僕管理。陳
直《漢書新證》指出，《再續封泥考略》卷一、一〇頁，有“乘輿
馬府”封泥，此部門當歸太僕管轄。　苑馬：《史記·平準書》
云：“孝景……益造苑馬以廣用。”《索隱》注云：“謂增益苑囿，造
厩而養馬以廣用，則馬是軍國之用也。”本書卷五《景紀》如淳注
“苑馬”云：“《漢儀注》太僕牧師諸苑三十六所，分布北邊、西邊。
以郎爲苑監，官奴婢三萬人，養馬三十萬疋。”依此注，此“苑”
即“牧師苑”，養“苑馬”以供軍用。　（參見陳寧《秦漢馬政研
究》，中國社會科學出版社 2015 年版）

[6]【顏注】張晏曰：驛馬也。師古曰：傳，音張戀反。【今
注】傳馬：用於郵遞的馬。傳，指郵驛。傳世史籍對此相關內容記
載較少，但出土簡牘中有不少關於傳馬的材料。（參見趙倩男《關
於秦漢時期傳馬的幾個問題》，碩士學位論文，雲南大學，2017

年）

　　［7］【顏注】文穎曰：往時有馬口出斂錢，今省。如淳曰：
所謂租及六畜也。【今注】馬口錢：馬政爲漢初以來一大重事，武
帝以來尤其鼓勵養馬，似不當以馬設税，文、如之説或難成立。沈
欽韓《漢書疏證》認爲，武帝令亭畜馬，馬口錢或爲斂民出錢養馬
之費用。今案，漢初以來有針對未成年人征收的“口錢”，此處
“馬”字或因上文而衍。

　　［8］【顏注】如淳曰：《百官表》：太常主諸陵，別治其縣，
爵秩如三輔郡矣。元帝永光五年，令各屬在所郡也。師古曰：諸
應出賦算租税者，皆聽以叔粟當錢物也。叔，豆也。【今注】太常
郡：漢初以來，凡置皇帝陵園輒徙民於周邊，進而因陵設縣，由太
常管理，積少成多，至此乃有太常郡之名，至元帝時將諸陵管理權
劃歸三輔，此架構乃罷。（參見張焯《西漢“太常郡”考述》，《歷
史教學》1993年第4期）　　叔粟：叔，通“菽”，豆子的總稱。菽
爲五穀之一，在秦漢時期是重要的主食。粟，穀子，去殼後即小
米。粟亦是五穀之一，起源於中國，從史前時代便成爲中國人最重
要的主食，直至東晉南朝以後，其地位方被稻米與小麥逐漸取代
（參見劉興林《先秦兩漢農作物分布組合的考古學研究》，《考古學
報》2016年第4期）。顧炎武《日知録》卷二七指出，漢時田租本
是叔粟，此處特指口錢算賦等本用錢上繳的税賦皆令以叔粟代之。
之所以此令獨行於三輔、太常郡，不僅是因爲穀賤傷農，還因爲上
文有“減漕三百萬石”之令，政府擔心中央糧食儲蓄缺乏。周壽昌
《漢書注校補》則認爲，有地域區分是因爲近畿便於輸送；其他郡
國則路途太遠。何焯《義門讀書記》卷一五認爲，此事與《尚
書·禹貢》甸服本意相符，可視年景不同，時時施行。沈欽韓《漢
書疏證》指出，後文復有“令以叔粟當賦”的記載，可見並非
常制。

　　三年春正月，[1]泰山有大石自起立，上林有柳樹枯僵自起生。[2]罷中牟苑賦貧民。[3]詔曰：迺者民被水災，頗匱於食，朕虛倉廩，[4]使使者振困乏。其止四年毋漕。三年以前所振貸，非丞相御史所請，邊郡受牛者勿收責。[5]夏四月，少府徐仁、廷尉王平、左馮翊賈勝胡皆坐縱反者，[6]仁自殺，平、勝胡皆要斬。冬，遼東烏桓反，[7]以中郎將范明友爲度遼將軍，[8]將北邊七郡郡二千騎擊之。[9]

[1]【今注】三年：據本書卷九四《匈奴傳》記載，是年，匈奴右賢王、犁汙王率四千騎分三隊攻張掖，大敗而歸，犁汙王戰死。

[2]【顏注】師古曰：僵，偃也，謂樹枯死偃臥在地者也。僵，音紀良反（反，殿本作“友”）。【今注】案，據説彼時還有蟲食樹葉成“公孫病已立”五字，而昌邑國有枯木復生。經師眭弘據此上書建議昭帝選賢禪位，以大逆不道罪被殺。後昭帝早夭，昌邑王賀被迎立，旋即被廢，之後宣帝劉病已即位。漢代信奉天人相應的理念，因此前述異象被視作後來這些政治大事的徵兆，故得列本紀。事見本書《五行志中之上》、卷七五《眭弘傳》。

[3]【顏注】師古曰：在滎陽。【今注】中牟：縣名。屬河南郡。治所在今河南中牟縣東。

[4]【顏注】師古曰：倉，新穀所藏也。廩，穀所振入也。

[5]【顏注】應劭曰：武帝始開三邊，徙民屯田，皆與犁牛（犁牛，殿本作“犁牛”）。後丞相御史復間有所請（間，蔡琪本作“閒”）。今勅自上所賜與勿收責，丞相所請乃令其顧稅耳。

[6]【今注】少府：官名。漢代中央諸卿之一。爲皇帝私府，專管帝室財政及生活諸事。機構龐大，屬官繁多。秩中二千石。

反者：王先謙《漢書補注》指出，"反者"指侯史吳。案，侯史吳曾隱匿桑弘羊子，大赦後自首，徐仁等依赦釋之。霍光以縱反者之名殺徐仁等。因徐仁爲丞相車千秋女婿，車千秋力圖營救，亦險些獲罪。事見本書卷六〇《杜延年傳》。有觀點認爲，此案本就是霍光爲了打擊丞相車千秋的地位而刻意尋釁的産物（參見辛德勇《建元與改元》中篇《漢宣帝地節改元事發微》）。

　　[7]【今注】遼東．郡名。治襄平（今遼寧遼陽市）。　烏恒：北方古族名。亦作"烏丸"。本爲東胡的一支，秦末爲匈奴所破，退保大興安嶺南部。漢武帝時，烏桓南遷至上谷、漁陽、右北平、遼西、遼東等邊郡近塞之地，監視匈奴動向，協助漢廷保衛邊塞。

　　反：楊樹達《漢書窺管》根據本書卷九四《匈奴傳》，指出當時匈奴發兵擊烏桓，霍光欲發兵要擊，故遣范明友往，稱其爲"反"不過是避邀擊之名而已。《昭紀》所載爲官樣文本，《匈奴傳》則紀其實，是爲互文見義之例。今案，楊氏所言是，據《匈奴傳》，雖然烏桓之前確有"間數犯塞"的行爲，然霍光令范明友出擊，首要目的本爲邀擊匈奴，因其到達時匈奴已退，乃擊烏桓以求功，與所謂"烏桓反"並無直接關係。

　　[8]【顏注】應劭曰：當度遼水往擊之，故以度遼爲官號。【今注】中郎將：官名。秦、西漢爲中郎長官，職掌宮禁宿衛，隨行護駕，協助郎中令（光祿勳）考核選拔郎官及從官，亦常奉詔出使，職位清要。後又專設五官、左、右中郎將分領中郎及謁者。西漢昭、宣以來，其職多由外戚及親近官員擔任，加中朝官號。隸郎中令，秩比二千石。　范明友：霍光女婿，事見本書卷六八《霍光傳》。

　　[9]【今注】七郡郡二千騎：《漢書考證》齊召南根據《匈奴傳》范明友"將二萬騎出遼東"的記載，指出此處"七郡"應作"十郡"，每郡二千騎，十郡正合二萬之數。今案，漢代隸書"十""七"兩字寫法極其相似，因而《史記》《漢書》等漢代文獻中"十""七"兩字多有混淆（參見張勳燎《古文獻論叢》之

《"七"、"十"考》，巴蜀書社 1990 年版)。

　　四年春正月丁亥，帝加元服，[1]見于高廟。賜諸侯王、丞相、大將軍、列侯、宗室下至吏民金帛牛酒各有差。賜中二千石以下及天下民爵。毋收四年、五年口賦。[2]三年以前逋更賦未入者，皆勿收。[3]令天下醵五日。甲戌，丞相千秋薨。[4]夏四月，詔曰：度遼將軍明友前以羌騎校尉將羌王侯君長以下擊益州反虜，後復率擊武都反氐，今破烏桓，斬虜獲生，有功。[5]其封明友爲平陵侯。[6]平樂監傅介子持節使，[7]誅斬樓蘭王安，[8]歸首縣北闕，封義陽侯。[9]五月丁丑，孝文廟正殿火，[10]上及群臣皆素服。發中二千石將五校作治，六日成。[11]太常及廟令丞郎吏皆劾大不敬，[12]會赦，太常轑陽侯德免爲庶人。[13]六月，赦天下。

　　[1]【顏注】如淳曰：元服，謂初冠加上服也。師古曰：如氏以爲衣服之服，此說非也。元，首也。冠者，首之所著，故曰元服。其下《汲黯傳》序云"上正元服（正，殿本作"加"）"，是知謂冠爲元服。【今注】案，據本書卷九四《匈奴傳》，是年，匈奴以三千餘騎兵殺略數千五原吏民，又以數萬騎略取塞外吏民。

　　[2]【顏注】如淳曰：《漢儀注》：民年七歲至十四出口賦錢，人二十三。二十錢以食天子，其三錢者，武帝加口錢以補車騎馬（大德本、殿本"馬"後有"也"字）。【今注】口賦：何焯《義門讀書記》卷一五指出，根據本書卷七二《貢禹傳》記載，武帝以來本是三歲即出口錢。至於如淳所引《漢儀注》，實爲元帝以後之制度。

[3]【顏注】如淳曰：更有三品，有卒更，有踐更，有過更。古者正卒無常人，皆當迭爲之，一月一更，是爲卒更（爲，殿本作“謂”，本注下同；蔡琪本、大德本、殿本“更”後有“也”字）。貧者欲得顧更錢者，次直者出錢顧之，月二千，是謂踐更也。天下人皆直戍邊三日，亦名爲更，律所謂繇戍也。雖丞相子亦在戍邊之調。不可人人自行三日戍，又行者當自戍三日，不可住便還，因便住一歲一更。諸不行者，出錢三百入官，官以給戍者，是爲過更也。律說，卒踐更者，居也，居更縣中五月乃更也。後從尉律，卒踐更一月，休十一月也。《食貨志》曰：“月爲更卒，已復爲正，一歲屯戍，一歲力役，三十倍於古。”此漢初因秦法而行之也。後遂改易，有謫乃戍邊一歲耳（謫，蔡琪本、大德本、殿本作“讁”）。逋，未出更錢者也。師古曰：更，音工衡反。【今注】案，何焯《義門讀書記》卷一五指出，如淳所謂更三品，實爲兩品，即卒更與繇戍。踐更、過更實即雇更，當服役者按要求花費金錢雇人卒更、繇戍而已。他認爲卒更源自古者田賦出兵之制，戍邊三日則源自力役之制，雇更則爲後世雇役之法所仿效。

[4]【顏注】師古曰：田千秋。

[5]【顏注】師古曰：既斬反虜，又獲生口也。俘取曰獲。【今注】羌騎：由歸附羌人組成的騎兵，由羌騎校尉掌管。羌，西北古族名。西漢主要分布在今青藏高原邊緣的青海、甘肅及四川等地，以游牧爲主業，兼務農作。部族衆多，不相統屬。

[6]【今注】平陵：縣名。治所在今陝西咸陽市西北。其地本屬槐里縣，割地以爲昭帝修建平陵，因陵爲縣。漢封泥有“平陵獄丞”。初屬太常管轄，元帝永光三年（前41）改屬右扶風。（參見劉慶柱、李毓芳《西漢十一陵》）

[7]【顏注】師古曰：持節而爲使。【今注】案，傅介子出使事見本書卷七〇《傅介子傳》、卷九六《西域傳上》。

[8]【今注】樓蘭：西域古國名。後改名鄯善。在今新疆羅布

泊西。

[9]【今注】義陽：鄉名。在今河南桐柏縣東。

[10]【今注】火：此指人爲原因導致的火災。《左傳》宣公十六年有云"凡火，人火曰火，天火曰災"。

[11]【顏注】師古曰：率領五校之士以作治也。校，音下教反。【今注】五校：《漢書考證》齊召南引王禕説，認爲五校爲中壘、屯騎、越騎、射聲、虎賁。

[12]【今注】不敬：漢律罪名。指危害皇帝尊嚴的犯罪行爲。

[13]【顏注】文穎曰："轑"音"料"。德，江德也。轑陽在魏郡清淵。師古曰：會六月赦耳。史終言之。【今注】太常轑陽侯德：錢大昭《漢書辨疑》指出，《百官表》作"轑陽侯江德爲太常"，與本紀略同。本書卷九〇《田廣明傳》並同卷《田延年傳》亦皆作"轑陽侯"。《史記·建元以來侯者年表》作"潦陽侯江德"。《水經注·淇水》則稱"太常江德爲榆陽侯"。而本書《景武昭宣元成功臣表》作"轑陽侯江喜"，其名當有誤。

五年春正月，廣陵王來朝，益國萬一千户，賜錢二千萬，黄金二百斤，劍二，安車一，[1]乘馬二駟。[2]夏，大旱。六月，發三輔及郡國惡少年吏有告劾亡者，屯遼東。[3]秋，罷象郡，[4]分屬鬱林、牂牁。[5]冬十一月，大雷。十二月庚戌，丞相訢薨。[6]

[1]【今注】安車：可以坐乘的小車。

[2]【顏注】師古曰：八匹也。

[3]【顏注】如淳曰：告者，爲人所告也。劾者，爲人所劾也。師古曰：惡少年謂無賴子弟也（謂，殿本作"爲"）。告劾亡者，謂被告劾而逃亡。

[4]【今注】象郡：《漢書考證》齊召南根據本書《地理志》

的記載，認爲象郡在漢滅南越後即改置爲日南郡，而日南郡又從未被罷，此文當存在問題。沈欽韓《漢書疏證》指出，牂牁距日南極遠，從“分屬鬱林、牂牁”一句看，此處所指非日南郡。他認爲此處所言“象郡”當爲“合浦郡”。案，象郡，秦始皇三十三年（前214）置，後爲南越所據。本書《地理志》云“日南郡，故秦象郡，武帝元鼎六年開，更名”，故傳統上往往將象郡與日南郡等同。至1916年，法國漢學家馬伯樂作《秦漢象郡考》，據《漢書·昭紀》“罷象郡，分屬鬱林、牂牁”與《漢書·高紀》臣瓚注“《茂陵書》：象郡治臨塵，去長安萬七千五百里”等記載，提出象郡並非日南郡，治在廣西臨塵。此說爲譚其驤主編《中國歷史地圖集》所采，周振鶴《西漢政區地理》進一步證成此說。據此說，漢武帝滅南越後，將象郡所管轄的部分地區置日南郡，而象郡仍存，至昭帝始元五年（前82）方罷；郡治臨塵縣（今廣西崇左縣境内）。

[5]【今注】鬱林：郡名。治布山縣（今廣西桂平市西南古城）。　案，牂牁，蔡琪本、大德本皆作“牂柯”。

[6]【顔注】師古曰：王訢也。訢亦欣字。【今注】訢：王訢。傳見本書卷六六。

　　六年春正月，募郡國徒築遼東玄菟城。[1]夏，赦天下。詔曰：夫穀賤傷農，[2]今三輔、太常穀減賤，[3]其令以叔粟當今年賦。[4]右將軍張安世宿衛忠謹，[5]封富平侯。[6]烏桓復犯塞，遣度遼將軍范明友擊之。

　　[1]【今注】築遼東玄菟城：漢武帝擊降朝鮮後，設玄菟等四郡，昭帝時撤併，僅剩樂浪、玄菟兩郡。一般認爲，玄菟郡於此年前後西遷至遼東，故有此築城之事，史稱第二玄菟郡。也有觀點認爲並無所謂第二玄菟郡，此城與玄菟郡無關。關於此城（亦即第二玄菟郡治）的位置，尚有若干爭議，較爲常見的觀點認爲，其地位

於今遼寧新賓縣。山東博物館藏有標著"玄兔（菟）太守爲虎符"的虎符一枚。（參見倪屹《第二玄菟郡探討》，《延邊大學學報》2002 年第 2 期；趙紅梅《玄菟郡研究》，《文物天地》2016 年第 9 期；王冬梅《山東博物館藏玄兔太守虎符解讀》，《文物天地》2016 年第 9 期）

[2]【顏注】師古曰：糶多而錢少，是爲傷也。

[3]【顏注】鄭氏曰：减，音減少之减。

[4]【顏注】應劭曰：太常掌諸陵園，皆徙天下豪富民以充實之，後悉爲縣，故與三輔同賦。

[5]【今注】右將軍：官名。漢代有前、後、左、右將軍，漢武帝時始設，初爲大將軍出征時手下裨將臨時名號，事訖即罷，昭宣以後常置，典掌禁兵，戍衛京師，或任征伐，皆"位上卿，金印紫綬"。　張安世：酷吏張湯之子，宣帝麒麟閣十一功臣之一。傳見本書卷五九。2008 年開始，在陝西西安市南郊鳳棲原上發掘了一片西漢家族墓地。其中形制爲有西漢中期風格的 M8 號墓叢葬器物規格較高，出土有"張"字青銅印，又出土二十多枚封泥皆爲"衛將軍史"。結合相關記載，判定墓主人當爲張安世，這片墓地爲張氏家族墓地。（參見張仲立等《鳳棲原漢墓——西漢大將軍的家族墓園》，《中國文化遺產》2011 年第 6 期）

[6]【今注】富平：侯國名。治所在今山東德州市陵城區西南。本爲厭次縣，東方朔即平原郡厭次縣人。

元平元年春二月，詔曰：天下以農桑爲本。日者省用，罷不急官，[1] 減外繇，[2] 耕桑者益衆，而百姓未能家給，[3] 朕甚愍焉。其減口賦錢。有司奏請減什三，[4] 上許之。甲申，晨有流星，大如月，衆星皆隨西行。夏四月癸未，帝崩于未央宮。[5] 六月壬申，葬平陵。[6]

[1]【顏注】師古曰：謂非要職者（殿本無"者"字）。

[2]【顏注】師古曰："繇"讀曰"傜"。

[3]【顏注】師古曰：給，足也。家家自給足，是爲家給也。

[4]【今注】什三：十分之三。

[5]【顏注】臣瓚曰：帝年九歲即位，即位十三年，壽二十二。師古曰：帝年八歲即位，明年改元，改元之後凡十三年，年二十一。【今注】案，《漢書》體例以逾年改元爲"即位"。然則瓚、顏皆有誤，昭帝九歲即位，即位十三年，壽二十一。

[6]【顏注】臣瓚曰：自崩至葬凡四十九日。平陵在長安西北七十里。【今注】案，楊樹達《漢書窺管》根據本書卷七二《貢禹傳》，指出霍光沿襲武帝茂陵之俗，葬昭帝頗厚，多藏物於陵。

贊曰：昔周成以孺子繼統，而有管、蔡四國流言之變。[1]孝昭幼年即位，亦有燕、盍、上官逆亂之謀。[2]成王不疑周公，孝昭委任霍光，各因其時以成名，大矣哉！承孝武奢侈餘敝師旅之後，海内虛耗，户口減半，[3]光知時務之要，輕繇薄賦，與民休息。[4]至始元、元鳳之間，匈奴和親，[5]百姓充實。舉賢良文學，問民所疾苦，議鹽鐵而罷榷酤，尊號曰昭，不亦宜乎！[6]

[1]【顏注】師古曰：四國，謂管、蔡、商、奄也。流，放也。武王崩，成王幼弱，周公攝政，四國乃流言曰公將不利於孺子，遂致雷風之異。成王既見金縢之册，乃不疑周公。事見《豳詩》及《周書·大誥》。【今注】案，管蔡流言譖周公事見《史記》卷三三《魯周公世家》。本書卷六八《霍光傳》稱"上乃使黄門畫者畫周公負成王朝諸侯以賜光"，是知霍光執政時相關宣傳當

以之與周公相比，此贊語所言當源於此。

[2]【今注】盍：同“蓋”。此指鄂邑長公主。殿本作“蓋”。

[3]【顏注】師古曰：耗，損也，音火到反。減讀爲減省之減。

[4]【顏注】師古曰：“縣”讀曰“懸”。

[5]【今注】匈奴和親：本書卷九四《匈奴傳》云：“單于欲求和親，會病死……是歲，始元二年也。壺衍鞮單于既立，風謂漢使者，言欲和親……單于弟左谷蠡王思衛律言，欲和親而恐漢不聽，故不肯先言，常使左右風漢使者。然其侵盜益希，遇漢使愈厚，欲以漸致和親，漢亦羈縻之。”然則當時是匈奴方面有和親之意願，但並未落實。

[6]【今注】案，楊樹達《漢書窺管》引本書《食貨志》云：“至昭帝時，流民稍還，田野益開，頗有畜積。”